製造聖經

聖經中不爲人知的矛盾（以及爲什麼我們看不出來！）

JESUS,
INTERRUPTED

Revealing the Hidden Contradictions in the Bible. And Why We Don't Know About Them.

Bart D. Ehrman　巴特・葉爾曼 ——— 著　黃恩鄰 ——— 譯

獻給艾雅（Aiya），無與倫比的孫女

《製造聖經》所贈予的禮物
——給熱愛自由思考、喜愛思辨、勇於探詢真理的你

邱凱莉（台灣神學院副教授）

　　葉爾曼的英文著作 *Jesus, Interrupted* 中文譯本《製造聖經》在台灣出版面世，我誠摯推薦給喜愛批判性思考、面對信仰課題勇於質詢提問、熱愛探究真理的深度思考者。宛如這本書的英文書名般，它在我異常忙碌著例行性的工作時找上我。而它以一個很特別的方式**打斷**了我的日常工作，讓我忍不住停下來想要跟葉爾曼對話。

　　《製造聖經》的內容主要是關於聖經批判理論中的歷史批判法，以及這個研讀聖經的方法所形構對信仰的挑戰。歷史批判法是一系列方法論，用以檢視聖經文本的起源，以及其他同時代文本的關係，以形成批判性的閱讀聖經方法，目的是盡可能接近「原文」及其「原意」。很有意思的是，這本書的對象是一般閱聽大眾以及教會的信徒。藉著這本書葉爾曼邀請讀者用放大鏡、

科學方法、偵探般的精神，來仔細閱讀聖經（本書集中討論新約聖經）中可能出現的不同版本、來源，共觀福音書對於同一段敘事中不同的細節，並探討聖經中不同作者、編輯者對於福音不同的理解與觀點。

在《製造聖經》一書中，葉爾曼用振聾發聵的方式在書中提出了各種批判角度，逐一檢視聖經的一致性、歷史性與真實性。而這樣的方式主要是挑戰傳統的研讀聖經的方法—例如傳統教會堅持的「聖經無謬論」。堅持「聖經無謬論」的讀者可能會發現，聖經中對於單一歷史事件通常有不同的敘事角度、細節，有時甚至會出現看似矛盾或衝突的觀點。而相較於傳統派以虔敬但不容許一絲質疑的態度來讀經，葉爾曼鼓勵讀者用批判性思考、仔細推敲、與反覆辯證的態度來閱讀聖經。

閱讀《製造聖經》，讀者不盡然要同意葉爾曼的觀察：聖經是人為的發明。如果讀者受導引得出了這樣的結論，可能就浪費了葉爾曼的這本好書，以及它要對社會大眾傳遞的信息。誠如葉爾曼在書中所言，他的同事有許多人接受聖經批判理論，但仍保持虔誠的信仰；接受聖經批判理論者不一定都會放棄信仰。葉爾曼也在書中誠實揭露自己在信仰上遇見的困難，讓讀者看見他真實的信仰掙扎與對耶穌的真誠叩問。

一個很重要的理解是，葉爾曼很有可能受到西方學界非神話化的詮釋潮流影響，而將科技理性帶入了聖經詮釋學中。這樣的科技理性推到極致，會排除神蹟、超自然現象的存在可能，也因

此窄化了聖經作為超越性的神聖啟示的空間。需要思考的是——無法被現代科學檢證的宗教現象（如神蹟奇事），未必就不存在或是荒謬的迷信。例如，關於耶穌復活神蹟的討論，葉爾曼似乎採用了一種非神話化的方式去解釋，主張關於神蹟不可能有歷史證據，這是因為歷史學訓練的本質，歷史學者無法說明神蹟是否確實發生過。因而，關於耶穌的空墳墓以及耶穌顯現的神蹟，接受者會是以信仰者而非歷史學者的角度。然而，這似乎也顯示了歷史研究法的限制。

二〇〇九年葉爾曼出版了本書之後，美國學術界對於葉爾曼提出的問題嚴肅以對，相繼出版了相關書籍、也舉辦了研討會來回應歷史批判理論的嚴肅課題。例如：*Can We Trust the Bible on Historical Jesus*? 這本書就記錄了葉爾曼與埃文斯（Craig A. Evans）在二〇一一年於紐奧良浸信會神學院所舉辦的論壇上的對話。論壇上探討了歷史研究法可能的限制，以及如何看待聖經經文的「歷史性」問題。讀完《製造聖經》，想要更進一步探究歷史研究方法的讀者，不妨借閱此書一讀。

二〇一四年葉爾曼也出版了聖經導論的教科書（*The Bible: Historical and Literary Introduction*），以相當嚴謹歷史批判與文學批判法介紹聖經，喜歡探究聖經中的歷史問題、文本比較、編輯者觀點的讀者，會很享受這樣的聖經學導論。其中，葉爾曼仍看重研讀聖經，他強調，以這樣嚴謹的方法來閱讀聖經，很重要的一個原因是要**避免聖經被誤用：被誤用來支持戰爭暴力、奴隸**

制度、白人至上主義、以及對女性與同性戀者的壓迫。

葉爾曼所言之於我並不太陌生。自大學起，我自身的信仰培育環境即強調自由批判思考，並在長老教會大專青年研究班就接觸到四個底本說，並以編輯批判、文本批判的方式來閱讀《創世紀》；可以說，聖經批判學相關理論早已在長老教會大專青年培育工作行之有年。而我所身處的工作環境有著宗教改革的信仰淵源，允許我在信仰課題上保持著自由質疑的精神。我在台灣神學院也跟舊約聖經學曾宗盛老師合開「聖經詮釋與當代神學思潮」課程，介紹聖經批判相關理論、引介新的聖經詮釋學方法，以及相關的聖經詮釋新解。

《製造聖經》之所以深深吸引我，而**打斷**了我的工作日程，另一個很重要的原因是它次在書中所提出的問題：為什麼在地方教會的宗教教育，牧者通常不會介紹歷史批判法？這刺激我開始思考，為何在地方教會的查經課程與神學院的聖經課程出現斷裂？學術與信仰生活必然脫節嗎？一個很核心的問題是：**如果在地方教會的信徒培育課程、查經班中不容許獨立自由思考和批判質疑的空間，來塑造信仰的深度，那麼宗教教育與洗腦教育究竟有何不同**？

或許，需要追問的是，如果讓信徒接觸這些聖經批判理論，必然導致聖經權威的全然崩解，而讓信徒失去信仰嗎？這個問題之於我個人，答案是：不必然如此。然而，我想，葉爾曼在書中所言是有洞察力的：這些批判性的閱讀聖經方法，未曾在地方教

會實施，導致信徒在地方接受的宗教教育與神學院所教授的宗教教育有些落差。其中的原因是什麼，值得從事宗教教育者嚴肅地思考與面對。葉爾曼的書之所以有吸引力，就在於它更像一個召喚：**是時候思考教會信徒的宗教教育了**。

那麼，經歷了歷史批判法以及接續而來的文學批判法、文化批判法、意識形態批判法，以整合性的方法來研讀聖經還是可能的嗎？關於這個問題，讀完《製造聖經》的讀者，不妨閱讀台灣神學院教會歷史學鄭仰恩教授的文章〈經文·閱讀·新眼光——試論「新眼光讀經運動」的詮釋學〉（刊載於《道雜誌》6 期，2002.02），或許這篇文章能讓讀者穿越批判法的荒原，再次被召喚。

的確，聖經可能充滿了人為的謬誤，但文本的有限性，並不必然會限制真理的無限性；因為字面解經、聖經無謬論已被證明是無效的聖經閱讀策略，聖經也清楚明示：「文字使人死，聖靈能使人活。」（哥林多後書 3 章 6 節，和合本 2010 版）聖經之所以有著神聖經典的權威性，在於其中的敘事和信息不斷地引起討論、反覆辯證、歷時數千年之久，並且成為鼓舞解放運動的動能來源。聖經中看似相互矛盾衝突的敘事細節或觀點，更不必然代表聖經缺乏一致性，反而是讓人看到無限真理的開放性與多重複雜而細緻的豐富面向。

更有意思的是，經過了嚴肅的聖經批判學、歷史批判學、考古學的嚴苛檢驗，聖經作為神聖啟示的地位依然屹立不搖。也

許每個人對於神聖的理解各自有其脈絡，但是，何妨大膽質疑，但保持著開放的信心，並嚴謹細心地推論求證，讓信仰證明自身的力量呢？唯有如此，宗教信仰才不會淪為鴉片，麻痺社會大眾的良知，導致威權思想和洗腦教育以不同的形式復辟。也唯有如此，聖經作為引介人進入真理的管道才能繼續保持暢通。我想這是葉爾曼的書《製造聖經》所贈予的禮物。

在這個充斥假訊息、社群媒體容易操控思想、驅使人們更依賴同溫層、依賴權威人士來判讀訊息、決定立場，漸漸失去思辨能力的時代，我們需要召喚個人重新肩負獨立思考、明辨真理的責任；也迫切需要群體的力量，致力投入解放教育的使命，幫助建立一個更自由開放、熱愛追尋真理的社會。據此，誠摯推薦此書給熱愛自由思考、喜愛思辨、勇於探詢真理的讀者。

不思考將帶來的信仰災難

孫寶玲（台灣神學研究學院教授）

　　華人教會也許對巴特・葉爾曼（Bart Ehrman）未必很熟悉。英語（特別北美）世界對葉爾曼教授必定不會陌生。事實上，在新約研究領域中，葉爾曼是甚為知名的學者。對廣大的教牧信徒或對信仰有正面或負面興趣的非信徒而言，葉爾曼的作品和他曾經參與有關基督宗教和典籍的辯論更是「引人入勝」。葉爾曼從熱情的基要派信徒逐漸成為不信，其思想的改變未必是獨特的，但他所具備清晰和銳利的語言論據、豐富和專業的聖經學識，並且將之轉化為公共論述的能力，並不多見。單就因為這點，他的作品就有可讀性。

　　也許讀者奇怪我為什麼會為一部挑戰聖經（甚至信仰）的作品推薦。道理很簡單，因為他提出的挑戰是許多人的疑問。我們可以不理會這些問題，卻不能否定這些問題的存在和意義。在

資訊流通的時代，我們更無法逃避這些直接或間接衝擊信仰群體的問題。儘管我對葉爾曼的問題有不同的看法和回答，但我必須承認他的提問，從某個角度而言，的確會讓我們更認識聖經的本質、形式和意義，從而對信仰有更深邃的反思。

我不擔心葉爾曼的論述會絆倒讀者，葉爾曼不是歷來唯一提出問題質疑聖經的人，世界頂尖的聖經學者也沒有因為研究和思考而變為不信。我反倒擔心缺乏或不願意思考的教牧信徒，對信仰的誤解和扭曲帶來的災難和禍害。

———2021 年中秋嶺頭

目次

《聖經》是西方文明中人們最廣泛購買、詳細閱讀並深受崇敬的書籍。儘管它承載著上帝對祂的子民的重要教訓，但它同時也是一本充滿人為觀點和錯誤的書籍。

各個經卷當中歷史敘述的差異，會使我們難以重建耶穌的生平或早期教會史。這些經卷無法被當作客觀的歷史紀錄來閱讀，因為它們從來就不是。

《聖經》的歷史批判法並不假設每位作者都有相同的訊息，它允許作者可能有自己的觀點、自己的看法、自己對基督信仰是什麼和應該是什麼的理解。

———前言———

　　我在一九七八年的八月來到普林斯頓神學院（Princeton Theological Seminary），當時我大學剛畢業，而且才新婚不久。除了一本翻爛的希臘文《新約聖經》和對知識的熱情以外一無所有。我過去對於學習並沒有很大的熱情，五、六年前或更早之前認識我的人，沒有人會預見我後來會走上學術生涯。但從大學開始，這種學術「蟲子」就不斷嚙咬著我的心。我想，一開始是芝加哥的慕迪聖經學院（Moody Biblical Institute）吧，這是一間基本教義派的聖經學院，我在年輕氣盛的十七歲進入該學院就讀。在那裡，宗教信仰上對確定性的期望遠大於知性上的好奇，驅動著我的學術熱情。

　　在慕迪聖經學院就學的經驗讓我印象深刻，我會去那裡讀書，是因為我先前在高中階段有過一段「重生」經驗，因此我決定如果我要當個「認真」的基督徒，我就要接受認真的《聖經》訓練。不知何故，在大學第一學期，我對《聖經》知識的追求突

然變得非常熱情（或說非常火熱）。我不但盡可能選修了慕迪所有的《聖經》和神學課程，還把《聖經》經卷整卷地硬背了下來。我只要一有空就讀書，不但讀書，還寫了很多課堂筆記，幾乎每週都會熬夜備課。

三年會改變一個人的一生，也會讓人的心理變得更為堅強。從慕迪畢業後，我到惠頓學院（Wheaton College）修讀英語文學學位，但我仍然保有對《聖經》的專注和熱忱，不但修習《聖經》詮釋的相關課程，還每週在教會的青年小組中教導《聖經》。同時，我還修習了希臘文，這樣我可以用《聖經》原本的語言來閱讀它。

作為一個虔誠且相信《聖經》的基督徒，我非常確信《聖經》上的每字每句都是上帝所啟示的。也許這是驅動我這麼認真閱讀的原因：這些是上帝的話語，是宇宙的創造者和一切的主宰對我們這些微小凡人所說的話。至少對我來說是這樣。對文學更廣泛的認識能幫助我認識這一特殊文本（因此我修了英語文學），而能使用希臘文來閱讀有助於我認識這本書的作者真正使用到的是哪些字彙。

我在慕迪的第一年就決心要成為《聖經》教授。在惠頓時，我發現我的希臘文學得很好，因此我的下一步也就很順理成章：我要讀《新約》研究的博士，特別是跟希臘文有關的研究。我在惠頓最敬愛的希臘文老師霍桑教授（Gerald Hawthorne）向我介紹了梅茨格教授（Bruce Metzger）的書，梅茨格是國內希臘文

《聖經》抄本的權威，而他就在普林斯頓神學院教書。因此，在知道梅茨格教授在那裡教書，以及若想成為希臘文抄本專家就該去那裡讀書以外，我在對該學院一無所知的情況下申請了普林斯頓神學院。

我想我還是知道**一點**關於普林斯頓神學院的事，那就是它並不是福音派的機構。在我即將前往新澤西之前的一個月，我聽聞到得越多就越緊張。我從朋友那邊聽到，普林斯頓是個「自由派」神學院，他們並不相信《聖經》字句的真理，也不相信《聖經》是逐字被啟示的。我最大的挑戰並不純粹來自於學術——把我的碩士課程修得夠好，讓我可以**繼續**攻讀博士學位——而是該如何緊抓住我的信仰，相信《聖經》是上帝啟示並且正確無誤的話語。

就這樣，我來到了普林斯頓神學院，貧窮、年輕，但充滿熱情，並滿有戰鬥意志，隨時準備好對付那些低估《聖經》的「自由派」人士。作為一個好的福音派基督徒，我隨時準備好對抗任何對我的《聖經》信仰的攻擊。不論是《新約》還是《舊約》，我都能對那些顯然矛盾的情節、或是上帝話語中潛在的差異提出回答。我知道我還有很多要學，但我**不打算**知道那些神聖經文有任何錯誤。

事情總不如計畫，我在普林斯頓所學的確實改變了我對《聖經》的看法。我不是自願改變的，我苦苦地掙扎求救，不斷禱告，努力搏鬥，用盡全身力氣地抵抗，但同時我又想到，如果我

真的相信上帝，那麼我也應該全然地相信真理。而顯然地，這些真理我知道很久了，我過去認為《聖經》是上帝無誤的啟示是全然錯了。我要不選擇相信那些我終於領悟的看法是錯的，要不就是讓真理帶我繼續往我相信的方向走去。最終，其實也不算是做出了選擇，而是凡是真的就是真的，假的就是假的！

這幾年來，我認識不少人說「若我的信仰跟事實不符，那就是那些事實的問題」。我從不是這樣的人。在接下來幾章裡，我會試著解釋為何《聖經》的學術研究會迫使我改變自己的看法。

這些資訊，不僅對我這種奉獻一生在嚴肅研究上的學者而言是重要的，對於每一位對《聖經》有興趣的人也是如此，不論他們是否自認為是信仰者，在我看來，這真的很重要。不論你是一位基本教義派、福音派、折衷派還是自由派的信仰者，或者根本不是信仰者，《聖經》仍是我們文明史上最重要的一本書。知道它究竟是什麼、不是什麼，是我們社會中任何一個人都可以著手進行、最重要的知識冒險。

某些讀本書的人可能會對當中呈現的資訊感到不舒服，我只要求照我說的來做：以開放的心胸接近這些資訊，如果必須改變心意就改變吧！另一方面來說，如果書中沒有任何讓你感到震驚或不安的內容，那就坐下來好好享受吧。

我誠摯地感謝許多細心、有見識的讀者，他們仔細爬梳過我的書稿，並且極力地要求我改動它，使它變得更好（我希望沒有失敗），耶魯大學的戴爾・馬丁（Dale Martin），羅耀拉瑪

麗蒙大學（Loyola Marymount University）的傑夫・希克爾（Jeff Siker），我的女兒凱莉・葉爾曼・卡茲（Kelly Ehrman Katz），我的研究生賈里德・安德森（Jared Anderson）和班傑明・懷特（Benjamin White）。特別感謝 HarperOne 出版社的同仁與他們的努力：馬克・陶伯（Mark Tauber）、米奇・毛德林（Mickey Maudlin）、泰瑞里・歐娜（Terri Leonard）、蘇珊・史特拉德雷（Suzanne Stradley）、珍・堡蒙（Jan Baumer）、金・華納（Jim Warner）、蘇珊・維克漢（Suzanne Wickham）、茱莉・伯頓（Julie Burton）、萊納・阿德勒（Laina Adler）、雅比・貝倫特（Abby Berendt），其中尤其感謝克勞狄亞・布托特（Claudia Boutote）堅定不移的協助，以及我敏銳且有益的編輯羅傑・富里特（Roger Freet）。

希伯來《聖經》（《舊約》）的翻譯來自新修訂標準本（New Revised Standard Version，NRSV），《新約》的翻譯如果不是來自 NRSV，就是我自行翻譯的，使徒教父們的引文則是我自行翻譯的。

我將此書獻給我各方面都完美無瑕的兩歲孫女艾雅。

· Jesus, Interrupted ·

—— 第一章 ——

歷史對信仰的衝擊

　　《聖經》是西方文明中人們最廣泛購買、詳細閱讀並深受崇敬的書籍。但也可以說，它是徹頭徹尾被誤解得最嚴重一本書，特別是對一般大眾讀者而言。

　　在過去兩百年間，考古發現增進了我們對上古希伯來文和希臘文的知識（這兩種語言是《聖經》的原始語言），加上深入而透徹的歷史、文學和文本分析，在在都讓《聖經》學者對《聖經》的瞭解有了顯著的進步。這是眾多學者努力的成果。數以千計的北美學者繼續在這一領域進行嚴謹的研究，而他們的研究成果也持續且規律地教導給大學的研究生，以及前來神學院就讀、準備成為神職人員的神學生們。

　　然而，這樣對《聖經》的觀點，對大多數人而言卻是陌生的。在不小的程度上，是因為我們這些把時間花在專業研究《聖

經》上的人，沒有做好與普羅大眾溝通專業知識的工作；同時，有許多神職人員雖然在神學院學過這些材料，但因為種種原因，當他們在教會裡擔任教牧角色後，並沒有將這些分享給自己教區的信徒（教會，當然也顯然是，而且應該是教導和討論《聖經》的地方）。結果就是，不僅大部分的美國人（而且這樣的人越來越多）對《聖經》的**內容**一無所知，而且對過去兩百年來學者說過關於《聖經》的話更是完全無知。這本書正是為了這個問題而寫，可以把它視為一部我試圖揭露祕密的著作。

接下來幾章我呈現的觀點並不是我個人對《聖經》的特有意見，而是那些在大學中、在北美或歐洲教書的許多嚴謹而富批判性的學者多年來共同接受的意見。雖然他們大多不曾有效地與大眾溝通，更別說與尊崇《聖經》且顯然對這主題最感興趣的信仰者溝通。但對那些對我們文明中最重要的一本書抱持嚮往、希望它能被良好認識和瞭解的人而言，這一情況勢必要改變了。

神學院對《聖經》的教導

大部分受過《聖經》學術教養的人，都曾在神學院中受過教育。當然，每一年都有各式各樣的學生前來神學院學習。許多人在學校時就學過《聖經》，有些甚至可以追溯到小時候的主日學課程。但這些訓練典型都是從敬拜事奉的角度來閱讀《聖經》，認為《聖經》可以告訴他們該相信什麼以及該如何生活。這樣的

學生通常都不曾接觸學者從學術性和歷史性角度來研究《聖經》時在《聖經》中發現的問題，也不曾對其產生過興趣。

另一些學生能夠嚴肅且認真對待神學院中的學術研究，卻對《聖經》不是很瞭解，對《聖經》作為上帝啟示的話語評價也不高。這些學生通常是從小就被養成的信徒，覺得自己受到宣教的呼召（大部分是在教會裡，但有不少人的呼召是在其他類型的社會服務中）。這個國家的主流教派學生（長老會、循道會、信義宗、聖公會等等）有很多已是我所謂的「自由派」信徒了。他們不相信《聖經》絕無錯誤，對教會和組織遠比對《聖經》作為一種該相信什麼、該怎麼生活的藍圖，有著更深的信念。因此，這樣的人對《聖經》也不是很瞭解，僅隱約知道其宗教價值而已。

在過去的新教神學院中，事情不是這樣的。在數十年前，我們可以假設一個來神學院就讀的學生一定對《聖經》擁有大量知識，至於神職人員的再教育則會預設學生對新、舊約《聖經》的基礎內容早已得心應手。可惜，往事不堪回首。當我在一九七〇年代到普林斯頓神學院時（那是一間長老會的學校），大部分同學都要先修一門補救課程，以通過一場我們稱為「幼兒聖經」的考試，這項考試包含許多基礎的《聖經》知識，例如摩西五經是什麼？或登山寶訓出自《聖經》哪一書卷？或者提阿非羅是誰？這些知識對我們這些有強大福音派背景的學生來說，早就滾瓜熟爛並了然於胸。

我的直覺是，大部分讀神學院一年級的學生並不知道會從《聖

經》課程中學到什麼;該課程只是整張課表中的一小部分。他們還要修教會史、系統神學、宗教教育、講道、宣教和教會管理等課程,而這些都要壓縮在三年當中上完。即使如此,每個人還是被要求要上《聖經》研究的入門和進階課程。大部分學生或多或少會以為這一課程會從較虔敬的角度來進行,告訴他們在將來的宣教中如何使用《聖經》,以及在每週的講道裡如何應用到人們的生活上。

然而,他們勢必會受到震撼教育。這個國家的主流新教神學院通常惡名昭彰,因為它們挑戰學生對《聖經》所抱持的信念,即使這些信念僅是一種溫暖模糊的感覺,認為《聖經》是一部對信仰和生活實踐絕佳的指導手冊,應該被敬重和虔敬地對待。這些神學院卻教導嚴肅和扎實的《聖經》學術研究。他們不考慮虔敬問題。這些課程由熟悉這兩、三百年來德語與英語《聖經》研究的教授所教導,他們熱衷於教導學生**關於**《聖經》的知識,而不是《聖經》**當中**的知識。神學院中的《聖經》課程,通常從純粹學院和歷史角度來教導,不同於任何一位一年級生所以為的那樣,也不同於他們先前在家、在教會或在主日學中聽過的內容。

這個幾乎所有主流新教神學院對《聖經》所採取的進路(現在天主教也是了)被稱為「歷史批判」法。這方法完全不同於一般人在教會中學到的「虔敬」進路。對《聖經》的「虔敬」進路主要關懷的是《聖經》說了什麼,特別是關於它對我們個人或社會所說的內容:《聖經》告訴我上帝是什麼、基督是什麼、教

會是什麼、我與世界的關係是什麼，告訴我該相信什麼、該做什麼，或是我們對社會的責任是什麼、《聖經》如何幫我與上帝更接近，以及如何幫助我的生活。

至於歷史批判法則有完全不一樣的關懷，因而提出不同的問題。這一進路的核心是關於《聖經》的歷史問題（這也是為什麼被稱為「歷史」批判）；也就是這文本在它原有的歷史情境中具有什麼意義：誰才是《聖經》真正的作者？有沒有可能（有！）有些經卷的作者並不是該經卷聲稱或一直以來大家以為的那位，比如說，〈提摩太前書〉事實上不是保羅所寫，而〈創世紀〉不是摩西寫的？或者，這些作者生活在什麼時代？當他們寫作時又是處在什麼情境之下？他們在那時候想要主張的到底是什麼？他們是怎麼被當時的文化與歷史的預設所影響？這些作者採用了哪些資料來源？這些來源資料又是什麼時候產生的？有沒有可能這些來源資料的觀點彼此不同？有沒有可能不同的作者在使用這些來源時抱持著其他觀點，不僅跟來源的觀點不同，作者與作者之間的觀點也互不相同？有沒有可能《聖經》上這些根據不同來源資料所寫成的經卷，彼此之間也互相矛盾？甚至這些矛盾完全不能相容？有沒有可能這些經卷在當初的情境中想表達的，與今天它們代表的意義是不一樣的？有沒有可能我們對《聖經》的詮釋把這些文本從它的原始情境中抽取出來，因而扭曲了它的本意？

萬一，根本沒有所謂《聖經》原文呢？萬一在這麼多世紀以來，《聖經》（包括希伯來文的《舊約》和希臘文的《新約》）

經過那麼多人用手抄寫拷貝，被善意卻粗心的抄寫員鄭書燕說地改成比較好的意思，或是被有心想要竄改《聖經》的抄寫員改成他們想要的內容呢？

這些只是歷史批判法眾多問題中的幾個。難怪所有剛入學的神學生們都要在修《聖經》課程前通過所謂的「幼兒聖經」考試。這一類的研究預設你在開始討論之前知道自己究竟在說什麼。

有非常高比例的神學生對歷史批判法完全無知。他們進來是期待學習《聖經》上虔敬的真理，因而可以在講道中傳達這些真理，就如同他們的牧師所做的那樣。他們完全沒有遇見歷史批判法的準備。讓他們詫異的是，他們學到的不是講道中的材料，而是歷史批判學者的研究成果，這些成果根據的是過去幾個世紀以來的研究：《聖經》上充滿各種差異，許多差異之間彼此矛盾、無法相容，比如說摩西並沒有寫《摩西五經》（《舊約》中的前五卷），而馬太、馬可、路加和約翰也沒有寫福音書；除此之外，還有其他沒被收入《聖經》中的經卷，在過去某些時候被認為是《聖經》正典，比如據說是耶穌的追隨者彼得、多馬、馬利亞等人所寫的其他福音書；出埃及的故事也許並不像《舊約》所描寫的那樣發生；征服應許之地的故事也許來自於傳說；福音書在許多方面都互相矛盾，並且包含許多不是史實的材料；我們很難知道摩西是否存在，以及歷史上的耶穌究竟教導過什麼；《舊約》的歷史敘述充滿各種傳奇故事，而《新約》的〈使徒行傳〉關於保羅的生平和教導，則包含不符合史實的材料；許多《新

約》的作者都是託名偽作的（pseudonymous），不是真的使徒，而是後來自稱是使徒的人所寫。這一列表還可以繼續延伸下去。

有些學生一開始就接受了這些觀點。其他的，特別是那些較為保守的學生，抵抗了很長一段時間，躲在這樣的知識裡面，相信上帝不會讓祂的神聖著作發生任何錯誤。但終究，當學生看到越來越多的證據，許多人發現自己對《聖經》無誤和《聖經》歷史絕對真確的信仰開始動搖。證據太多，而想要彌縫《聖經》經文中這數百個差異，需要透過各種推測和奇幻的步驟，最終，這對他們來講太複雜、困難了。

《聖經》帶來的問題

對於那些帶著《聖經》完全、絕對、百分之百沒有錯誤觀點來到神學院的學生而言，當他們發現大部分批判性的學者都持有非常不一樣的觀點時，勢必會對他們帶來真正的衝擊。而當學生開啟閘門，承認《聖經》也許真的有錯，他們對經典的理解也會跟著急轉而下。當他們越小心仔細地閱讀經文，就會發現越多錯誤，而他們開始認知到這樣的事實：如果承認《聖經》的不一致，而不是即使這些不一致當前、還死心眼地不承認它的存在，那麼《聖經》的確會變得**好懂一點**。

不可否認地，許多學生一開始都知道該如何協調福音書中不一致。比如說〈馬可福音〉提到，耶穌是在最後一週「潔淨聖

殿」，推倒兌換銀錢的人的桌子，並說「這是禱告的殿……而你們倒使它成為賊窩了」（〈馬可福音〉11 章）[1]。但根據〈約翰福音〉，這件事發生在耶穌一開始傳道的時候（〈約翰福音〉2 章）。有些讀者會說耶穌總共潔淨聖殿了兩次，一次是在他剛開始傳道時，另一次是在快結束時。但這樣一來，就表示不論〈馬可福音〉還是〈約翰福音〉都沒有真確地記載耶穌的故事，因為這兩卷都只記載他潔淨了一次聖殿。進一步來說，這樣調和經文的結果在歷史上是可信的嗎？如果耶穌一開始就闖進聖殿，為什麼他沒有被當權者逮捕呢？一旦人們理解到《聖經》的經文可能互相出入，他們就可以理解到也許〈馬可福音〉和〈約翰福音〉想要透過潔淨聖殿教導不一樣的事，因而把這件事放在耶穌傳道的不同時期。就歷史上來說，這一事件的記載是無法調和的。

相同的狀況也可以在彼得不認主的紀錄上看到。在〈馬可福音〉中，耶穌告訴彼得「雞叫兩遍以先」他要不認自己；在〈馬太福音〉中，則是「雞叫以先」。那麼，到底哪一個時間點是正確的呢？是雞叫一次還是兩次？大學時我買了一本試圖解決這一類差異的書，叫《基督生平全觀》（*The Life of Christ in Stereo*），作者約翰斯頓・錢尼（Johnston Cheney）將四本福音書的紀錄合

1　譯注：此處按作者的文字改寫，原〈馬可福音〉11 章 17 節為：「便教訓他們說：經上不是記著說：我的殿必稱為萬國禱告的殿嗎？你們倒使它成為賊窩了。」

併在一起，編織成一部大福音書，以顯示**真正**福音該有的樣子。對於彼得不認主故事中的矛盾，作者有個非常聰明的解法：彼得事實上總共六次不認耶穌，三次在雞叫之前，三次在雞叫第二次之前。這還可以**解釋**彼得超過三次對不同人或不同群人否認耶穌的紀錄。但同樣地，為了解決不同福音書之間的緊張，作者得寫一部**自己的**福音書，而且還跟《新約》的其他福音書都不一樣。如果說只有從四福音中節選出來、被我創造出來的那本「我的」福音書才是正確的，而其他都只是部分正確，那不是很荒謬嗎？

相同的問題發生在耶穌復活的紀錄上。在耶穌死後第三天，婦女們到他的墳前，要用膏抹他的身體以埋葬他。但他們看到誰呢？按照〈馬可福音〉，他們看到的是一個男人，還是兩個？（〈路加福音〉）還是一個天使？（〈馬太福音〉）這個問題常被調和說成婦女們**實際**看到的是「兩個天使」。這可以解釋全部的紀錄，〈馬太福音〉說他們看到**一個**天使（他只提到一個，但沒否認還有第二個天使存在）；〈馬可福音〉說他們看到一個男人（雖然是天使，但他們顯示為男人，而且馬可只提到一個，沒否認另一個存在），而路加卻說有兩個男人（因為天使顯現為男人的樣子）。問題是這一類的調和說法，都聲稱事實上發生的情節，跟**任**一本福音書所說的都不一樣，因為沒有任何一本福音書提到婦女們看到的是「兩個天使」。

我們會看到《新約》中還有許多其他的經文差異，有許多遠比這些簡單的範例還難調和（我會說，基本上是不可能）。不僅

《聖經》的不同經卷有不同的紀錄，同一卷書中也有不一致的地方。歷史批判的學者長期以來認為，這個問題是福音書作者引用不同來源所致，當這些來源的紀錄被黏接在一起時，便會彼此分歧。驚人的是，如果你稍不注意，這種內在問題就很容易在讀福音書的時候讀過去，但只要有人把它指出來，就會變得明顯。學生們經常問我：「為什麼我之前都沒注意到？」比如說，在〈約翰福音〉中耶穌在第二章時實行了他的第一個神蹟，把水變成酒（這是一個大學校園內非常受歡迎的神蹟故事），而我們被告知「這是耶穌所行的頭一件神蹟」（〈約翰福音〉2 章 11 節）。在本章後面，我們又看到耶穌在耶路撒冷行了許多神蹟（〈約翰福音〉2 章 23 節）。到了第四章，耶穌醫好一個大臣的兒子，作者卻說「這是耶穌所行的第二件神蹟」（〈約翰福音〉4 章 45 節）。[2] 呃，第一件神蹟、非常多神蹟，然後第二件神蹟？[3]

我最喜歡的一個不一致處是耶穌的「離別談話」，是耶穌在與門徒進行最後晚餐時對門徒所說的最後一段話，記載在〈約翰福音〉13 到 17 章，我讀〈約翰福音〉讀了好幾年，甚至沒發現過這個地方有多奇怪。在〈約翰福音〉13 章 36 節，彼得問耶

2　譯注：中文和合本翻譯成「這是耶穌在加利利行的第二件神蹟」，但作者引用的經文或 NRSV 的翻譯都沒有「在加利利」幾個字。

3　根據〈約翰福音〉4 章 54 節的翻譯，有些讀者會誤以為這裡指的是在加利利所行的第二件神蹟，比較合理的翻譯則是這是耶穌的第二個神蹟，而這神蹟是在他從耶路撒冷回到加利利之後所行的。

穌:「主往哪裡去?」在幾節過後,多馬說:「主啊,我們不知道你往哪裡去。」(〈約翰福音〉14章5節)而後,過沒多久,在同一場晚餐中,耶穌卻抱怨門徒說:「現今我往差我來的父那裡去,你們中間並沒有人問我:你往哪裡去?」(〈約翰福音〉16章5節),耶穌要不是保持注意力集中的時間太短,要不就是這幾章的資料來源有些地方有問題,因而造成怪異的斷裂。

這類問題在《舊約》中更為常見,甚至從一開始就如此。有些人花費心思想盡辦法讓這些差異變得比較平順,但是當你仔細查驗,就會發現這些地方實在非常難以調和。而且,為什麼它們一定要彼此一致呢?也許它們就是不一樣。在〈創世紀〉1章中提到的創世故事,就跟2章非常不同。不僅是遣詞用字和書寫風格(當你閱讀希伯來文文本時就很明顯),也不僅是這兩章使用不同的上帝名字,而是章節內容有許多地方不一樣。只要把1章發生的所有事件按發生順序排列出來,再列出2章的事件列表,然後自己比較看看就好。動物是像1章所說的在人類**之前**被創造的,還是像2章所說的是在人類**之後**被創造的呢?植物是在人被創造之前還是之後被創造的呢?「人」是所有生物中首先被造的還是最後被造的呢?女人是跟男人同一時間被造的,還是錯開的呢?甚至在各別的故事裡也有問題:若根據〈創世紀〉1章,「光」是在第一天被造的,那為什麼太陽、月亮、星星直到第四天才被造出來?如果沒有日月星辰,那光是從哪裡來的?如果沒有太陽,前三天又怎麼會「有晚上有早晨」?

　　這還是開始而已。當挪亞帶著動物進入方舟時，究竟是如〈創世紀〉7 章 2 節所說，凡「潔淨」的要帶七對進去，還是如同〈創世紀〉7 章 9-10 節所說，只要帶一對進去就好呢？

　　在〈出埃及記〉，上帝告訴摩西：「我從前向亞伯拉罕、以撒、雅各顯現為全能的神；至於我名耶和華，他們未曾知道。」（〈出埃及記〉6 章 3 節），但是早一點在〈創世紀〉裡，上帝**的確**告訴過亞伯拉罕祂是耶和華：「耶和華又對他說：我是耶和華，曾領你出了迦勒底的吾珥，為要將這地賜你為業。」（〈創世紀〉15 章 7 節），這兩處要如何兜起來？

　　或者，來看看我一直以來最喜歡的經文，也就是描述摩西為了要求法老「容我的百姓走」（Let my people go）而降到埃及人頭上的十災。在第五樣災難中，瘟疫殺死了「所有埃及的牲畜」（〈出埃及記〉9 章 4 節）。[4] 但為什麼過了幾天到了第七災也就是雹災的時候，所有埃及「田裡的牲畜」都被打死了呢？（〈出埃及記〉9 章 21-22 節），哪來的牲畜？

　　仔細閱讀《聖經》會發現除了不一致或互相矛盾的地方之外，《聖經》還有更多的問題。有些地方的經文所擁抱的觀點，顯然對上帝或祂的子民而言是不適當的。我們真的認為上帝會下令集體屠殺一座城市裡的所有居民嗎？在〈約書亞記〉6 章，上帝下令以色列士兵攻擊耶利哥城，並將城中無論男女還有小孩全

4　譯注：原著標為〈出埃及記〉9 章 5 節。

都殺掉。我想上帝不想讓祂的子民被不好的人影響是合理的，但是祂真的認為屠殺襁褓中的嬰兒和幼童是必要的嗎？這些小孩跟那些邪惡又有什麼關係？

　　或者，人們要如何理解〈詩篇〉137 篇呢？這篇〈詩篇〉中最優美的詩歌，一開始說「我們曾在巴比倫的河邊坐下，一追想錫安就哭了」。這是一位虔誠的以色列人因為期望回到耶路撒冷而做的動人反思，而耶路撒冷已被巴比倫摧毀了。但是他對上帝與聖城的讚美到了最後，當他開始計畫對上帝的敵人復仇時，卻變得惡毒起來：「拿你的嬰孩摔在磐石上的，那人便為有福。」把巴比倫嬰孩的腦袋敲碎作為報復，就像那些嬰孩的士兵父親所做的一樣嗎？《聖經》中竟有這種事？

　　作為復仇者的上帝不像有些基督徒試圖指出的那樣只出現在《舊約》裡，即使在《新約》中，上帝也是個審判和憤怒的上帝，如同任何一個讀過〈啟示錄〉的讀者所知道的那樣。地獄的火湖是為每個反對上帝的人而燃燒和準備的。這火湖是永恆的處罰，要燃燒到**永遠**，即使那些人犯罪冒犯上帝只是有限而短暫的時間，讓我們假設為二十年好了。二十年的犯罪生活換來二十兆年的折磨，而這還沒完。對上帝來講，這真的合適嗎？

　　我必須強調，學者或學生提出這些問題並不是在質疑上帝。他們是在質疑《聖經》關於上帝所**說**的那些話。有些學者仍然繼續相信《聖經》在某些意義上是被啟示的，當然有些學者就不這樣認為。但即使《聖經》的作者就某些意義來說是被啟示的，他

們也不是全然無誤的，事實上他們犯了各種錯誤。這些錯誤包含經文中的不協調和矛盾，也包含那些關於上帝究竟是什麼以及祂到底需要什麼的描述。上帝真的希望祂的追隨者將他們敵人小孩的頭砸在石頭上嗎？祂真的計畫折磨不信祂的人幾兆年嗎？

當許多神學生開始在學術的亮光下學習時，面對那本他們懷著虔敬信仰帶進神學院的《聖經》被迫要去克服的問題。這些問題很大程度上是在對《聖經》做歷史批判的訓練中產生的，這一進路在大部分主流新教的神學院中被教導，而且或多或少是美國與歐洲《聖經》學者們的「正統」觀點。

這一觀點堅持《聖經》中的每個作者生活在他自己的時代和環境中，而非我們的。每一作者都有自己一套文化和宗教上的預設，是我們所沒有的。歷史批判的方法試圖理解每一作者在他原本的情境中可能想要表達的。根據這一觀點，每一作者都應該被容許發表他自己的意見。在《新約》中，〈馬太福音〉的作者跟〈路加福音〉的作者所說的不一樣，馬可跟約翰不一樣，保羅跟雅各可能也看不對眼。〈啟示錄〉的作者似乎跟其他所有人都不一樣。一旦你把《舊約》也參雜進來，事情就變得更複雜而混亂了。〈約伯記〉和〈傳道書〉的作者顯然不認為有死後的世界。〈阿摩司書〉強調上帝的子民受苦是因為上帝懲罰他們的過犯，〈約伯記〉堅持認為無辜者會受苦，而〈但以理書〉指出無辜者一定要受苦。所有這些經卷講的都不一樣，都有自己的信息，而他們的信息都值得被聆聽。

從神學院到講壇

主流基督教最驚人也最奇怪的特色之一，就是那些在課堂上學過《聖經》歷史批判方法的神學生一旦成為牧師之後，顯然就會忘記所學的一切。他們被教導透過批判的方式讀經，他們學過那些不一致與彼此矛盾的經文，他們發現《聖經》上歷史性的錯誤和過失。他們終於理解，想知道摩西是否真的存在，或是耶穌是否真的說過或做過什麼事有多麼困難。他們發現，還有其他的經卷過去曾被認為是正典，但最後卻沒有成為《聖經》的一部分（比如說，其他的福音書和啟示錄）。他們認識到《聖經》的許多經卷其實是託名偽作的（比如是其他人假託使徒的名義寫的），以及事實上我們並沒有任何《聖經》經卷的原始稿本，只有好幾世紀之後的拷貝，而這些都被竄改過了。他們學了這麼多，但是當他們開始從事教會的教牧工作時，顯然把這些都放回書架上了。就一般來說，牧師們都不太情願教導他們在神學院中學到關於《聖經》的知識，後面我會在總結中解釋這些原因。[5]

我第一次正確理解這一現象的時刻，至今依然歷歷在目。當我開始在北卡羅萊納大學教堂山分校教書時，那時我還是個基督

5　我當然不認為牧師們應該在他們每週的佈道中於講台上宣講這些歷史批判的結果，雖然我認為佈道應該且肯定要建立在好的學術研究根基之上。但是在教會中，除了每週的佈道之外仍有許多機會可以讓牧師們教導教區信眾那些學者們長期以來所說關於《聖經》的事情。但在大部分教會中，這基本上從沒發生過。

徒，北卡羅萊納長老會的牧師要我準備四週的「歷史上的耶穌」系列課程。於是我照做了。在課堂上，我說明歷史學者難以使用福音書作為史料來源，因為福音書之間彼此不協調，以及他們事實上是在耶穌後好幾十年才被不知名的作者所寫下來的，這些作者從口傳傳統中繼承了容易被捏造的耶穌相關故事。我也提到學者如何透過不同方法重建耶穌生命中也許發生過的事件，並在系列課程最後說明哪些是我們能確認的耶穌事蹟。我討論的內容沒有任何奇特的部分，全都是標準的學術材料，在神學院中已被教導超過五十年了。我在普林斯頓神學院中親身學過這些材料。

在課後，一位親愛的年長女士過來找我，挫折地問我說：「為什麼我之前從沒聽過這些？」她不是因為我所說的內容而苦惱，而是因為她的牧師從沒說過這些內容而感到苦惱。我記得當我穿過會眾聚集的大廳看著那位牧師，他正與一對其他教區的夫婦談話，我心裡有著一樣的疑惑：為什麼他從沒告訴過她？他一樣也去過普林斯頓神學院，一樣也學過這些東西，他在這間教會教授成人教育課程，並且這樣做已超過五年了。為什麼他從沒有告訴教區的信徒他所知道的《聖經》和歷史上的耶穌的知識？這些信徒當然有權知道。是他基於一種常見的、惱人的保護態度認為他們還沒有「準備好」嗎？他怕「無端起風浪」嗎？他怕這些歷史資訊會摧毀會眾的信仰嗎？他害怕教會領袖可能對於傳播這種知識不夠友善嗎？教會領袖真的有施壓於他，要他在佈道和教導中只講授《聖經》的虔敬意義嗎？他擔心工作不保嗎？我真的

不知道。

我不是說教會應該成為一間袖珍型大學，而牧師應該像教授一樣在講壇上授課。當然，神職人員涉及的工作比每週的福音佈道更深入，他們的工作還包含教育。大部分的教會都有成人的宗教教育課程。為什麼這些成人沒受到教育呢？我在這間教會的經驗並不是孤立的案例。

每年，我在教堂山的「新約簡介」課堂上教導數百名學生。一般而言，課堂上會有三百到三百五十名學生。我在這堂課中所教的當然不是信仰告白或虔敬觀點，這些觀點課堂上大部分的學生都已經很熟悉了，他們都是在教會中被培養長大的。我所教的是歷史批判的觀點。我在課堂上呈現的資訊和觀點一點都不偏激，這些觀點都可以在以歷史批判態度研究《聖經》的學者中找到，不論這些學者本人是信仰者還是非信仰者，是新教徒、天主教徒、猶太人、不可知論者或是任何其他宗教。這些是我在神學院中學過也是在全國的神學院和大學中被教導的觀點，但卻是我的學生從未聽過的，儘管他們大部分人生命中的大把時光都在主日學和教會中度過。

我的學生對這些觀點有各式各樣的反應。許多較保守的學生跟我當年一樣，認定《聖經》絕對是真實的，並對任何一個可能質疑它的人保持警惕。這樣的學生中有些人拒絕聽課，他們彷彿是摀著耳朵大聲哼歌，以免聽到任何可能會導致他們對珍愛的《聖經》信仰產生懷疑的東西。其他人則急於完全擺脫教會和宗

教信仰的藩籬，吞食著我所給予的資訊，彷彿這些資訊能提供他們不信的憑據一樣。

我個人不認為這兩種反應中的任何一種是理想的，不論是極端拒絕或是太過倉促地全然擁抱對《聖經》的新觀點。我比較喜歡的，是能細心地閱讀材料並通盤思考的學生，他們能對這些材料的前提與結論（包括他們自己的前提和結論）提出質疑，反思這些材料會如何影響他們看待過去養成他們的《聖經》和基督教信仰，並小心地思考自己會受到什麼影響。我的主要目的，當然是使他們學習課堂上的材料，畢竟《聖經》是關於一個宗教的歷史資訊，是以歷史為基礎的文件。這堂課並不企圖成為一堂神學研究課，也不試圖增強或弱化他們的信仰。但既然我們研究的這些文件對許多學生而言是信仰上的文件，我們在課堂上使用的歷史批判方法也就不可避免地會對信仰產生影響。而我另一個最終的目的，就如同每一位大學教授該有的，是促使學生**思考**。

接受歷史批判的方法

如同眾多其他神學生一樣，當我在普林斯頓神學院當中瞭解到歷史批判法的潛在價值時，我開始接受這個對我來說還很新的觀念，我一開始很小心，因為不想對學術方法退讓太多。但最終，我看到了歷史批判法背後強大的邏輯，並全心全意投入到這個觀點下的《聖經》研究中。

　　我很難指出究竟在哪個時間點我不再是一個相信《聖經》絕無錯誤和字句啟示的基本教義派信徒。如同我在《製造耶穌》一書中指出的，一開始的關鍵原因在於我們沒有任何一卷《聖經》經卷的原始文本這個歷史事實，我們所擁有的只是這些作品的拷貝，而且在大部分時候，是好幾個世紀之後的拷貝。對我而言，如果我們沒有真確地擁有上帝所啟示的文本，如果這些文本事實上有上千個地方是被竄改過的（這些被改過的地方大部分不重要，但許多確實非常重要），那麼相信上帝啟示《聖經》上的每個字，就越來越沒意義了。如果上帝希望我們擁有祂的話語，為什麼不把它們保存好呢？

　　就在我開始懷疑上帝是否啟示《聖經》上的每個字的時候，我開始受到那些從歷史批判法觀點教授的《聖經》課程之影響。我開始在《聖經》中看到互相出入的紀錄，我發現《聖經》中的某些經卷彼此不一致，我開始相信這樣的論點，有些經卷並不是經卷名字所宣稱的那個作者所寫。並且，我也開始看到許多我長期以來所堅持、認為沒有任何疑問的傳統基督教教義（例如基督的神性或三位一體的教義）並不存在於《新約》的傳統中，而是長期發展起來、不同於耶穌與他的門徒原本所教導的。

　　這些覺悟對我的信仰有極深刻的影響，就如同對我當時的許多神學院同學的影響一般，並且一直到今天還持續影響著許多神學生。然而，不同於我大部分的神學院朋友，當我獲得神學碩士從神學院畢業後，我沒有回頭從虔敬角度閱讀《聖經》。相反

地，我更全心投入從歷史角度學習《聖經》和那些過去我以為是
《聖經》教導的基督教信仰。當我進入神學院時，我是個重生過
的基本教義派基督徒，但是當我畢業時，我轉向成為一個自由派
形式的福音派基督徒，我仍然認為《聖經》承載著上帝對祂的子
民的重要教訓，但它同時也是一本充滿人為觀點和錯誤的書籍。

　　隨著時間過去，我的觀點繼續演變。我並不是一夕之間從福
音派基督徒搖身一變成一個不可知論者的。相反地，在我放棄
《聖經》一字一句都來自於啟示的觀點後大約有十五年，我一直
都還是個虔誠的基督徒，持續上教堂、相信上帝、並懺悔自己的
過犯。我的觀點的確變得越來越自由派，我的研究使我質疑信仰
中的重要面向。最終，在我離開神學院後沒多久，我來到這樣的
地步：我仍然完全相信上帝，但是從一個更為隱喻而非字句的角
度來理解《聖經》。《聖經》對我來說是包含著啟示的文學作
品，從當中可以啟發關於上帝真正和有用的想法，但它仍是人手
所寫的作品，包含各種人為撰寫時會產生的錯誤。

　　我離開信仰的時間終於到來，我不是因為從歷史批判法學
到的那些而離開信仰，而是因為我無法調和自己對上帝的信仰
與我所看到的周遭世界的狀態。這是我在我的著作《上帝的問
題：為何聖經無法解釋我們最重要的疑難 —— 人為何會受苦》
（*God's Problem: How the Bible Fails to Answer Our Most Important
Question-Why We Suffer*）所討論的問題。這世界有那麼多無意義
的痛苦和苦難，我開始發現我不可能相信有個善良而慈愛的上

帝，祂掌控一切，儘管我已經知道所有人們給過的標準答案。

這是另一本書的主題，但這和本書有些關聯，因為從我放棄福音派的信仰到成為不可知論者的過去十五年來，我密切地投入《聖經》的歷史批判，特別是關於《新約》。而現在，我要強調一點，我會在最後一章努力重申這一觀點，那就是我堅決**不**認為歷史批判法必然導致信仰的喪失。

所有《新約》研究社群中我最親近或稍微親近一點的朋友都同意我大部分關於《新約》、歷史上的耶穌、基督教信仰的發展，以及其他類似議題的歷史觀點。我們也許會在某些觀點上彼此不同意（事實上，所有學者都是如此），但我們都同意歷史方法和這些方法帶來的基本結論。然而，這些朋友仍然還是虔誠的基督徒。他們有些在大學教書，有些在神學院或神學系所任職。有些還是受封牧的神職人員。大部分的人在他們的教會中極為活躍。對他們大許多人而言，對《聖經》的歷史批判法是在神學院中受到的震撼教育，但是他們的信仰依然保持下來了。對我來說，歷史批判讓我質疑我的信仰，不僅是表層的層次，而是直指核心。然而，是關於苦難的問題而非對待《聖經》的態度，最終將我帶向不可知論。

因而，這本書不是要討論我如何失去信仰，而是要說明根據我們這些歷史學者對《聖經》的知識，這樣的信仰是無法支持得住的，特別是那種關於《聖經》如何歷史無誤且是上帝啟示文本的信仰。我在本書中提出的觀點，是學者們的一般常識。我不認

為任何一個《聖經》學者可以從這本書中學到任何一件新鮮事，雖然他們會不同意這裡或那裡的結論。理論上來說，牧師們也不會從本書中學到太多的東西，因為他們在神學院或神學系所中已被教授過這些內容了。但是大部分街上或會堂座位上的人過去從未聽過這些。這真是可恥，該做些事情來修正這樣的錯誤了。

—— 第二章 ——

一個矛盾的世界

　　當學生第一次被介紹《聖經》的歷史解讀法時，跟之前虔敬的解讀法相反，他們被迫克服的一件事就是《聖經》經文中滿滿都是矛盾的紀錄，有許多矛盾根本無法調和，不論是《新約》還是《舊約》皆如此。有些不協調之處只是經卷間的簡單細節，也許是軍隊中士兵的數目、哪一年哪個國王開始統治，或是某位使徒的行程等等。但在某些情況中，這些枝微末節的差異確實會對一本書的詮釋或對歷史上古以色列史的重建，或是對耶穌生平史有著非常重要的影響。另外還有一些案例包含了重大問題，作者顯然對重要議題有他的看法（世界是如何造成？為什麼上帝的子民會受苦？耶穌的死亡有什麼重大意義？），而另一位作者可能有另一種看法。有些時候，這些觀點只是單純地不同，但其他時候，它們可以說是彼此矛盾。

在本章，我會討論一些當你從歷史角度來看《聖經》時會出現的重要且有趣的差異。既然我的專業是《新約》，我會討論《新約》發現的這類問題。但你可以非常確認這同樣問題在《舊約》也可以找到。事實上，《舊約》可能更多。畢竟《新約》只是十六或十七位作者在七十年左右的時間內寫出的二十七卷經書，而《舊約》，作為猶太人的《聖經》，包含了三十九卷經卷，是至少六百年間的數十位作者所寫成的。這麼長的時間當中有大量的空間容許不同的觀點，如果你去尋找，就會看到它們成群結隊地出現。

我的重點不僅僅是《聖經》上充滿了矛盾，如同我在本章結束時會討論的那樣。我的學生有時懷疑這是最終論點，也就是《聖經》充滿謎樣的問題，因而「不可信任」。但這不是最終的論點，即使《聖經》中的不一致確實會對抱持某些信仰態度的人造成影響，但不是全部基督徒都如此。還有其他理由去發現《聖經》中包含著各種矛盾，但我認為最好在本章的最後而不是一開始就提出這些理由──人們應該在決定資料**代表**什麼意義之前，先知道那些資料**是**什麼。

我的目的不是指出《新約》中可以找到的每一個不一致，而是指出最有趣或最重要之處。我會從福音書開始，而後來到保羅書信。在這些討論中，我不會處理這些經卷的作者是誰這一重要問題（是耶穌的門徒？使徒的同伴？還是後來的基督徒？）；這是後面章節的主題。現在只要知道不論是誰寫下了這些經卷，而

它們有時互相衝突就夠了。

　　既然《聖經》中互有衝突的地方一被指出就會變得很明顯，為什麼那些隨性讀經或甚至狂熱的《聖經》讀者從未發現這些不一致呢？我認為這和人們讀經的方式有關。大部分的人只是讀《聖經》的這裡或那裡，打開它、選擇一段、讀下去，並且嘗試理解它代表什麼意思。他們很少或沒嘗試過詳細比較其他經卷中類似的句子。你這裡讀一小段、那裡讀一小段，而它們讀起來都很像《聖經》啊。然而，若要開始用歷史的方法閱讀經文，你就要小心地閱讀與比較經文，一直到最細微之處。

　　但即使仔細讀《聖經》的人也常常不能發現經卷中的差異。同樣地，這跟他們讀經的方法有關。大部分的讀者，不同於從歷史角度批判性閱讀的人，都只是按順序讀經。這是有道理的，畢竟我們讀**大部分**的文章選集時也是如此。因而，如果你想讀《新約》，你會從〈馬太福音〉1 章 1 節開始，而後你從頭讀到尾，瞭解到他所試圖說明的耶穌一生。接著你讀〈馬可福音〉，從頭讀到尾，而這內容讀起來很像〈馬太福音〉，有許多相同的故事，而且連用字都常常一樣，也許只有很少部分不一樣，分散在這裡或那裡，但基本上就是一部相同類型的福音。於是你讀〈路加福音〉，從頭讀到尾。又來了：相同或類似的故事、類似的用字遣詞。如果你讀〈約翰福音〉，你也許會注意到一些差別，但基本上它們讀起來都一樣：故事，關於耶穌前往耶路撒冷的旅程中說過的話和做過的事，他被出賣、被逮捕、被釘十字架，以及死後復活。

　　這是最自然的閱讀方法，從頭讀到尾。我稱這一閱讀方法為「垂直」讀法。你從最前面一頁讀到最後一頁，從書的一開始讀到結尾。這樣讀福音書並沒有什麼錯，因為毫無疑問這也是它們被寫下來並被期待閱讀的方式。但還有其他讀經方式：水平讀法。在水平讀法中，你從一卷福音書中讀完一個故事之後，就讀其他福音書中提到的相同故事，彷彿它們就寫在隔壁一樣。而後你再小心地、仔細地比對它們。[1]

　　用水平閱讀法來閱讀《聖經》故事，會發現各式各樣的差異和不協調。有些時候這些差異只是故事當中的細節，也許對一位或某幾位福音書作者想要強調的重點有關，但不會因此就彼此矛盾。比如說，在〈馬太福音〉和〈路加福音〉中耶穌誕生的紀錄裡，水平的讀經顯示出〈馬太福音〉提到博士前來參拜耶穌的故事，而〈路加福音〉提到牧羊人前來參拜的故事。在〈馬太福音〉中沒有牧羊人，而〈路加福音〉中沒有博士。但這並不矛盾：馬太想要說博士的故事，顯然是為了某些重要的理由；而路加，為了其他的理由，則想說牧羊人的故事。[2]

1　對研究生而言，一個非常有用的工具稱作「經文匯參」（Bible Synopsis），福音書中的故事就如書名字面上的意思那樣，排列在彼此隔壁，以方便比較。許多專業研究者手上都有一本經文匯參，作為《新約》課堂上必備的教科書。最受歡迎的是庫特·阿蘭（Kurt Aland）所編輯的 *Synopsis of the Four Gospels* (Peabody, MA: Hendrickson, 2006)

2　譯注：傳統上〈馬太福音〉、〈馬可福音〉、〈路加福音〉、〈約翰福音〉四福音可簡稱為馬太、馬可、路加、約翰，但也可以用馬太、馬可、路加、約翰

　　還有些差異不會直接地顯現矛盾，但它確實看起來彼此衝突。我已經提過〈馬可福音〉11 章和〈約翰福音〉2 章中潔淨聖殿的故事了。在〈馬可福音〉中，這事件發生在耶穌死前一週，在〈約翰福音〉，這是耶穌三年傳道生涯的第一次公開事件。嚴格來說，這個差異算不上彼此矛盾，如果你夠創意，你可以想出一個具說服力的解釋，讓兩個故事看起來都對。如同我上一章提到的，也許耶穌潔淨聖殿兩次，一次在他傳道生涯的一開始，一次在結束的時候。但就另一方面來說，這一解釋看起來有點牽強，就如問題所提到的，為什麼耶穌沒有第一次就被逮捕？再說，為了讓馬可和約翰看起來彼此合拍，你要創造一本屬於你自己版本的福音書也無不可，這本福音書跟你讀到的其他兩本都不一樣，在你的版本中聖殿被潔淨了兩次，而不是一次。

　　還有些差異，在眾多歷史批判者的意見中，如果不對經文進行修改就完全無法協調一致。我會在本章中會處理一些這類問題，但為了不要摧毀興致，就不在這裡提到那些最有趣的範例了。總而言之，我的意思是，大部分讀者看不到這些差異，是因為他們

來指稱這四部福音書的「作者」（儘管他們事實上並不是這四部福音書的「作者」）。作者在本書中會混用這兩個概念，例如「馬太」引用了「馬可」，可解釋為〈馬太福音〉引用了〈馬可福音〉，也可以解釋〈馬太福音〉的作者（儘管不是馬太）引用了〈馬可福音〉，而「路加」為了什麼神學上的原因，刻意不引用「馬可」。前面的「路加」則明顯應該是人而不是福音書，如有碰到類似情況，本書會依據前後文將「馬太」翻譯為「馬太」（作為一個作者）或是〈馬太福音〉（作為一卷書），以下馬可、路加、約翰也相同。

被訓練或至少傾向於只用一種方式讀經，也就是垂直讀法，而歷史的進路則認為用另一種方式來讀也很有用，這就是水平讀法。

如果你對自己找到經文中互相出入的地方有興趣，事實上這並不困難。找一個福音書中的故事，比如耶穌出生的故事、耶穌醫治睚魯的女兒、被釘十字架、復活，大部分的故事都可以。先讀某卷福音書中的紀錄，仔細列出按順序發生的每件事情，然後閱讀另一卷福音書中相同的故事，同樣細心地記錄下來。最後，比對你的筆記。有些時候差異很小，但有些時候，關係可就大了，即使第一眼看來這些一點都不重要。我的第一個範例就是這樣。這一關鍵的議題其實非常簡單而且基本，可以用一個看來一點都不含糊的問題來說明：耶穌是何時死的？也就是，在哪一天、那一天的幾點鐘耶穌被釘十字架？結果顯示，這問題會因為你讀不同的福音書而有不同的答案。

開章範例：耶穌之死，〈馬可福音〉與〈約翰福音〉

這是我經常向學生說明《新約》經文互相矛盾的範例。[3] 這之所以是個「教科書範例」，是因為馬可和約翰都對耶穌死亡的

3　這是我在我的《新約》大學教科書中首先使用的範例，參考 *The New Testament: A Historical Introduction to the Early Christian Writings*, 4th ed. (New York: Oxford University Press, 2008), pp, 262-65.

時間給出了明確的指示，而根據你讀的福音書不同，耶穌死於不同的時間。

〈馬可福音〉也許是第一本被寫下來的福音書。學者長期以來認為它寫於耶穌死後三十五到四十年間，也就是公元六十五到七十年左右。[4]〈馬可福音〉的前十章是關於耶穌在加利利地區的公開傳道行程，也就是在以色列北邊，耶穌在那邊教導、醫病、趕鬼並與反對他的猶太人（也就是法利賽人）發生衝突。在他活著的最後一段時間裡，他開始旅行前往耶路撒冷，要過猶太人的逾越節，而他就是在耶路撒冷被逮捕和釘十字架的（11-16章）。

為了讓〈馬可福音〉耶穌釘十字架的日期看起來更合理（〈約翰福音〉的紀錄也一樣，這都很重要），我先提供一些重要的背景資訊。在耶穌在世時，每年舉辦的逾越節是猶太最重要的慶典。這一節日是為了紀念好幾世紀之前摩西時代出埃及的事件，還記錄於《舊約》的〈出埃及記〉（5-15章）。根據這一紀錄，以色列的子民在埃及地為奴四百年，上帝聽到他們的哀求並為他們興起一位拯救者，也就是摩西。摩西被派往法老那邊代表上帝說話，要求法老「容我的百姓走」。但法老有顆堅硬的心而拒絕了。為了說服他，上帝給予摩西能力帶來十樣恐怖的災難對付埃及人，最後一項最為驚人，也就是死亡天使會殺死每位埃及的長子和頭生的牲畜。

4　參見第五章 210-211 頁的討論。

　　以色列民被教導如何避免他們的小孩被殺害：每一戶都要犧牲一頭羊，取羊的血塗在自家的門框和門楣上。而後，當死亡天使來到的那一晚，便會看到門上的血而「踰越」過這一以色列人的家，前往其他沒塗血的家庭，謀殺他們的小孩。因而事情就這樣發生了，法老痛心疾首並在痛苦中讓以色列人（大約有六十萬男人，加上婦女和小孩）離開他的土地。然而，在以色列人離開後，法老改變心意，他率領自己的軍隊追趕以色列人，並在紅海邊（根據希伯來文，又稱為蘆葦之海）追上他們。上帝再次施行神蹟讓摩西分開海水，使以色列人走在乾地上穿過紅海。當埃及的軍隊尾隨以色列人通過時，上帝使水合起來，淹死了所有的追兵。

　　就這樣，以色列人從埃及的奴役中被救了出來。上帝訓令摩西從今以後以色列人要吃特別的筵席以紀念這一偉大事件，這就是每年的逾越節慶典（〈出埃及記〉12 章）。在耶穌的時代，來自全世界的猶太人都會去到耶路撒冷慶祝這個節日，並在筵席的前一天，猶太人會帶著一隻羊前往耶路撒冷的聖殿讓祭司宰殺，或者，更有可能是在那邊直接買一隻羊，然後將羊帶回家裡準備料理。這都發生在逾越節的「預備日」當中。

　　如今，這慶典中容易讓人搞混的部分是古猶太人稱呼時間的方式（現代猶太人也是一樣）。即使在今天，「安息日」雖然是在禮拜六，但其實從禮拜五晚上天色開始昏暗時就開始了。這是因為在傳統猶太教中，新的一天是從傍晚黃昏時開始（這也是為什麼〈創世紀〉中，當上帝創造天地之後，我們看到「有晚上、

有早晨」，而不是「有早晨、有晚上」，一天的順序是先晚上再早晨，而不是先早晨再晚上）。而安息日從禮拜五晚上開始，事實上每一天都是從傍晚開始的。

因而，在逾越節的準備日，羊被宰殺和準備筵席的時間是在下午，而吃飯的時間是當天晚上，也就是隔天（逾越節）的一開始。逾越節的晚餐包括幾種象徵性食物：羊，用以紀念出埃及時被殺的羊；苦菜，用以提醒猶太人在埃及地痛苦的為奴生活；無酵餅（沒有發酵過的麵包），用以提醒以色列人逃出埃及時走得匆忙因而等不及讓麵包發酵；以及幾杯酒。因此，逾越節就從晚餐時間開始，之後大約二十四小時包含隔天的早上和下午，而後就是逾越節的隔天。

現在，我們可以回到〈馬可福音〉記載耶穌死亡的紀錄了。耶穌和他的門徒前往耶路撒冷朝聖，以參加逾越節的筵席。在〈馬可福音〉14章12節中，門徒問耶穌他們要在哪邊準備當晚的逾越節筵席（換句話說，這還是逾越節的準備日）。耶穌給了一些指示。他們就前往準備，而傍晚時分（也就是逾越節開始時），他們一起享用筵席。這的確是特別的一餐。耶穌拿起逾越節的象徵性食物，並賦予這些食物更多的象徵性意義。他拿起無酵餅，將其擘開，並說「這是我的身體」。這意義是他的身體也要為了救贖而被破碎。晚餐後，他拿起了酒杯並說「這是我立約的血，為多人流出來的」（〈馬可福音〉14章22-25節），意思是他必然要被殺害。

　　在門徒都吃過逾越節筵席後，他們來到客西馬尼園禱告。加略人猶大帶來軍隊並出賣了耶穌。耶穌被帶走，站在猶太人的當權者面前被審判。他晚上待在監獄中，隔天早上被帶到羅馬官員彼拉多面前審判，彼拉多判他有罪並判處他釘死在十字架上。我們被告知，他當天早上九點就被釘十字架了（〈馬可福音〉15 章 25 節）。耶穌在逾越節當天死去，也就是逾越節晚餐吃完後的隔天早上。

　　所有這些在〈馬可福音〉中都很清楚明白，但卻跟〈約翰福音〉的故事有所出入（〈約翰福音〉的故事同樣也講得很清楚明白），儘管故事情節看起來很像。在〈約翰福音〉中，耶穌也是在他生命的最後一週前往耶路撒冷慶祝逾越節。在那裡，同樣也有最後的晚餐、有背叛、有彼拉多的審判以及釘十字架。然而，讓人印象深刻的是，約翰跟馬可的紀錄不同，一開始時門徒並沒有問耶穌要往哪裡去「預備逾越節」，因而他也就沒有告訴門徒該怎麼準備逾越節的筵席。他們的確一起吃了最後的晚餐，然而在〈約翰福音〉中，耶穌沒有說任何關於麵包是他的身體或酒是他的血的話，取而代之的是，他洗了門徒的腳，這故事在其他福音書中都找不到（〈約翰福音〉13 章 1-20 節）。

　　在筵席過後，耶穌被猶大出賣，出現在猶太當權者面前，在監獄中待了一整晚，並被帶到本丟·彼拉多前受審，彼拉多判他有罪並處以十字架的刑罰。於是我們被告知當彼拉多宣布判決時，「那日是預備逾越節的日子，約有正午」（〈約翰福音〉19 章 14 節）

　　正午？預備逾越節的日子？也就是宰殺羔羊的日子？這怎麼

可能？在〈馬可福音〉中，耶穌這天還活著，要他的門徒準備逾越節的筵席、跟他們一起吃了筵席、被逮捕、當晚被下到監牢裡、隔天早上被審判，並且在逾越節當天早上九點時才被處死。但〈約翰福音〉不是這樣說的。在〈約翰福音〉中，耶穌死的日子早了一天，是預備逾越節的日子，並且死在正午過後。

我不認為這是一個可以被調和的差異。當然，人們一直以來都企圖這樣做。有些人指出馬可也有說耶穌死在「預備日」（〈馬可福音〉15 章 42 節），這當然是真的，但讀者沒注意到的是，馬可的意思是「安息日」的預備日，而**不是**逾越節的預備日。換句話說，在〈馬可福音〉中，這不是逾越節晚餐前的那一天，而是安息日前；它之所以被稱為「預備日」，是因為人們要在禮拜五的時候準備禮拜六的食物。

因而矛盾還是存在的：在〈馬可福音〉中，耶穌吃了逾越節的筵席（禮拜四晚上），並且在隔天早上被釘上十字架。在〈約翰福音〉中，耶穌沒有吃逾越節的筵席，而是在逾越節筵席開始之前的那天就被釘死了。[5] 此外，在〈馬可福音〉中，耶穌是早上九點時被釘上十字架的，而在〈約翰福音〉中，他一直到中午才被判處死刑，並被帶出去釘十字架。

有些學者辯稱我們會在福音書上看到這些不同，是因為不同

5　在〈約翰福音〉中，逾越節剛好跟安息日同一天，因此，在這裡耶穌也是在禮拜五被釘十字架。

的猶太人在一個禮拜的不同日子裡慶祝逾越節。這是那些你如果沒有一點一點往下挖掘和思考，聽起來會覺得很有說服力的一種解釋。這是真的，有些不跟耶路撒冷的聖殿往來的猶太派別認為聖殿當權者所採用的曆法是錯的。但在〈馬可福音〉和〈約翰福音〉中，耶穌並沒有和那些置身於耶路撒冷之外的其他教派在一起，他是在耶路撒冷，也就是羔羊被宰之地。而在耶路撒冷，一年當中只有一天是逾越節。耶路撒冷的祭司並沒有將少數邊緣社群所有的不同曆法都包含納入。

要怎樣看待這一矛盾呢？再次地，某一程度上來說，它看起來只是個很小的問題。也就是說，誰會真的在意是在這天還是隔天呢？關鍵是耶穌被釘十字架，不是嗎？

這說法是對的也是錯的。接下來要問的問題不是「耶穌真的有被釘十字架嗎？」而是「耶穌被釘十字架代表什麼？」——關於這個問題，日期和時間的小細節就真的有關係了。我是這樣對我的學生解釋這一重要的小細節的：今天如果發生了一件凶殺案，而警方的偵查人員來到犯罪現場，他們開始尋找細微證據，檢查指紋的痕跡或是地板上的一小撮頭髮。有人可能會看著他們，合理地說：「你們哪裡有問題？你們沒看到地上有具屍體嗎？為什麼到處找指紋？」然而有些時候，即使是最小的線索也可以帶來這個案件的解答。為什麼這人被殺？被誰所殺？同樣地，福音書也是一樣。有些時候最小的線索可以給出重要的證據，說明作者到底是怎麼想的。

　　我無法在這裡給出完整的分析，但我會指出〈約翰福音〉中的一個重要特徵，這一福音書是最後被寫下來的，大約在馬可寫成後二十五年或更晚。〈約翰福音〉是唯一一部說耶穌是「神的羔羊，除去世人罪孽的」，這是在一開始的故事中施洗約翰就提到的（〈約翰福音〉1章29節），而六節之後，又再提了一次（〈約翰福音〉1章35節）。為什麼〈約翰福音〉（或者說，最後一卷福音書）要把耶穌死亡的時間改掉？也許是因為在約翰的福音書中，耶穌就是那逾越節的羔羊，被犧牲並帶來脫離罪惡的救贖。因此，就如同逾越節的羔羊那樣，耶穌也必須在逾越節的預備日死去，並死在同樣的時間，也就是中午過後，羔羊在聖殿被宰殺的時間。

　　換句話說，〈約翰福音〉改寫了史料以創建他的神學觀點，也就是耶穌是被獻上的羔羊。為了傳達這樣的神學觀點，約翰自己創造一個跟其他福音書不同的差異。[6]

　　對這一小差異所做的初步研究可以帶來幾項結論，我在本章的結尾會再次強調：

6　有些學者宣稱，〈約翰福音〉的紀錄或許比〈馬可福音〉更符合史實，因為如果根據〈馬可福音〉，耶穌在猶太當權者的面前受審判的時間，就會是逾越節筵席的時間，而這違反了猶太人的律法。如果這是對的，那就會是〈馬可福音〉修改時間，也許是為了將耶穌的最後一餐描述為基督教聖餐的預表。然而，大部分學者不認同這一觀點，並認為比較有可能竄改日期的是寫於〈馬可福音〉之後三十年的〈約翰福音〉。

- 《新約》的經卷中有著各種差異。
- 有些差異是無法調和的。
- 馬可和約翰的記載不可能在歷史上都是準確的，因為他們對於耶穌死亡的時間彼此矛盾。
- 想要瞭解每個作者想要說的話，就要去看每則記載的細節，而不是彷彿這節所寫的跟其他章節所講的是同一件事。約翰和馬可在關鍵點上不同，儘管看起來很小。如果我們想要理解約翰所說關於耶穌的話，我們就不能去調和那些差異，否則就錯過他的論點了。

耶穌出生與生平故事中的差異

我們現在可以來思考福音書中關於耶穌生平的經文差異，從他的出生敘事開始。我某種程度上隨意地將這些差異區分為讓我震驚的、特別重要的差異，以及看起來相對小或純粹有趣的差異。再次地，我必須強調我不是呈現一個差異的任何一種可能案例，這要比這本書還長的篇幅才寫得完。

耶穌的降生

《新約》中只有兩則關於耶穌降生的故事，分別在〈馬太福音〉和〈路加福音〉的開頭章節。〈馬可福音〉和〈約翰福音〉

則沒有提到耶穌的誕生（例如處女生子、在伯利恆降生，或是其他相關的聖誕故事），當他一出現時就已經是個成人了。保羅或其他《新約》的作者也沒有提到耶穌出生時的細節。人們所知道的（或者是以為知道的）聖誕故事，要不來自〈馬太福音〉就是來自〈路加福音〉。而每年十二月所講的故事，事實上是這兩卷福音書的綜合版，將這一卷的細節與另一卷的細節綜合起來，創造一個更大、更和諧的故事。事實上，這些故事並不都互相和諧。不僅他們所講的是關於耶穌完全不同的降生故事，有些差異甚至顯然是無法互相調和的（有些則無法通過歷史可靠度的檢驗，但那又是另一個問題了）。

指出這兩個誕生故事的差異最簡單的方法是概略地敘述它們。〈馬太福音〉1 章 18 節到 2 章 23 節的故事是這樣的，馬利亞和約瑟已經訂親即將要結婚，但馬利亞懷孕了。約瑟自然會懷疑最糟的狀況，並打算跟她離婚，然而卻在夢中被告知馬利亞是聖靈感孕的。[7] 他們結婚並生下了耶穌。從東方來的博士受到星星的指引來到耶路撒冷，在那裡，他們詢問猶太人的王誕生在何方。希律王詢問猶太學者，並且知道預言中的王來自於伯利恆。他通知即將前往伯利恆的博士（再次，受到星星指引，並且停在耶穌一家人居住的房子上方）。博士獻上禮物給耶穌，並在夢中受到警告，不要像希律王要求的那樣回去稟告他，而是改走其他的路回家。希律王自己就是國王，他怕這位生來要當王的小孩，因此派出軍隊屠殺伯利恆附近兩歲或兩歲以下的男嬰。約瑟在夢

中受到警告，在屠殺來臨前就與馬利亞和耶穌一起逃離這一城鎮前往埃及。之後，約瑟在埃及又在夢中知道希律已經死了，這才又回來。然而，當他們發現希律的兒子亞基老是猶大地的統治者，便決定不要回猶大地，而是到北方加利利行省的小鎮拿撒勒。耶穌就在那裡長大成人。

使〈馬太福音〉不同於〈路加福音〉的特點之一，就是作者持續強調各樣的事件都「應驗先知所說的話」（〈馬太福音〉1章22節、2章6節、2章18節、2章23節），也就是說，耶穌的出生應驗了《聖經》上諸多先知的預言。路加或許不會否定這點，但他沒有提到這些。然而，路加確實有兩點跟馬太的意見是一致的：耶穌的母親是一位處女，[8]而且他出生在伯利恆。但讓人詫異的是，路加敘述這兩點的方式跟馬太非常不一樣。

路加較長的敘述（〈路加福音〉1章4節到2章40節）開始於一段天使對不孕的婦人（也就是以利沙伯）[9]所做的冗長宣告，天使宣告她將會生下施洗約翰，而根據路加的紀錄，施洗約翰正是耶穌的表兄（以利沙伯是馬利亞的親戚，路加是《新約》裡唯一提到這點的作者）。路加說馬利亞是一位處女，並許配給

7　不同於現代的「訂婚」，古代猶太人的「訂親」是需要「離婚」才能解除的。

8　譯注：中文《聖經》翻譯成「童女」，意思是指還未出嫁或年紀小的女性，但在基督教傳統中，多強調馬利亞是未有性經驗的「處女」，本書作者使用的也是這個意思。

9　譯注：傳統和合本翻譯成以利沙伯，現代和合本或現代中文翻譯成伊莉莎白。

了約瑟。之後有位天使向馬利亞顯現,並告訴馬利亞她將要因聖靈而懷孕生下上帝之子。馬利亞拜訪已懷孕六個月的以利沙伯,以利沙伯腹中的小孩因為被「主的母親」拜訪而歡欣鼓舞,並在肚子裡跳動。馬利亞唱歌、施洗約翰降生、約翰的父親撒迦利亞說了預言,而後我們來到耶穌降生的故事。

羅馬皇帝奧古斯都發布了一道命令,帝國中的每個人都要登記以進行人口普查,我們被告知這是第一次人口普查,發生在居里扭(Quirinius)做敘利亞巡撫之時。所有人都要回到他們祖先居住的地方登記註冊。因為約瑟的祖先來自伯利恆(他是大衛王的後裔,大衛王就誕生在伯利恆),因此他帶著他的未婚妻馬利亞旅行到那裡。在那裡,馬利亞生下了耶穌,並將他用布包起來放在馬槽裡,「因為客店裡沒有地方」。野地的牧羊人被天使拜訪,天使告訴他們彌賽亞已經在伯利恆降生了,他們前往伯利恆朝拜這位小孩。八天後耶穌受了割禮。耶穌被帶到聖殿上帝的面前,他的父母獻上摩西律法所規定初生兒該獻的祭品。耶穌在那裡被認一位名叫西面的虔誠義人和一位年長且敬虔的寡婦亞拿認出是彌賽亞。當約瑟和馬利亞「照主的律法」辦完了一切關於頭生嬰孩的事之後,就回到拿撒勒,在那裡耶穌長大成人。

這裡不斷提到的「主的律法」來自於〈利未記〉12章,那裡規定在小孩誕生後三十三天,要在聖殿中獻上祭物。

在開始檢查這兩個故事的差異之前,我必須先指出歷史學家在這兩個故事中發現的真實性問題。比如說,在〈馬太福音〉

中，一顆星星導引博士、停在耶路撒冷上方、又再次導引他們前往伯利恆、並停在耶穌降生的房子上方。這究竟是什麼意思？確實來說，哪種星星會這樣？這星星會緩慢移動，慢到博士可以用走的或騎駱駝跟上它，還可以不斷走走停停？而星星停在屋子上方又到底是怎麼一回事？我告訴學生，到野外去找一顆天上最亮的星星，然後搞清楚它到底停在他們街區的哪一棟房子上方。顯然地，這個敘述裡講的是一個神蹟事件，因此很難理解作者心裡想的到底是什麼。這看起來不像一顆真實的星星、超新星、彗星或是任何已知的天文現象。

提到歷史紀錄，我還要指出所有的古代文獻都沒有提到希律王曾經屠殺伯利恆四周的嬰兒或甚至任何其他地方嬰兒的紀錄。也沒有任何一位馬太之外的《聖經》作者或其他文獻的作者提到這一事件。難道這一紀錄像約翰關於耶穌之死的紀錄，是馬太創造出來用以證明某些神學論點的細節嗎？

〈路加福音〉中的歷史問題就更明顯了。首先，關於羅馬皇帝奧古斯都，我們有相對上較為仔細的紀錄，但這些紀錄都沒提到一個橫跨整個帝國的人口普查，而這普查還要所有人都回到他們祖先居住的地方進行登記。而且這樣的事件要如何能夠想像？約瑟回到伯利恆，因為他的祖先大衛生在那裡。但是大衛是約瑟前一千年的人。我們能想像整個羅馬帝國中的每個人都要回到一千年前他們祖先所居住的地方嗎？如果今天全世界都進行一次人口普查，而每個人都要回到一千年前祖先所居住的城鎮，**你要**

回去哪裡？這樣一種全球性的人口大搬遷對人們的生活所造成的擾亂是你可以想像的嗎？而你可以想像這麼大的計畫竟然所有報紙連一點消息都沒有嗎？除了〈路加福音〉以外，沒有任何一份古代文獻提過這種人口普查。為什麼路加會提到這樣的人口普查？答案也許很明顯，他就是希望耶穌誕生在伯利恆，即使他知道耶穌來自於拿撒勒。馬太也想，但是他用另一種方式讓耶穌出生在那裡。

這兩則耶穌誕生故事的差異非常驚人。幾乎馬太所提到的每一件事，都沒有寫在〈路加福音〉中，而路加的所有故事也都沒有寫在〈馬太福音〉中。路加裡沒有馬太提到的約瑟的夢境；路加提到天使拜訪以利沙伯和馬利亞，馬太沒有提到。〈馬太福音〉裡有博士，有希律王屠殺嬰兒，有逃往埃及，有聖家（Holy Family）一家人繞過猶大地回拿撒勒的情節，這些在〈路加福音〉裡都沒有。路加有施洗約翰的誕生、羅馬皇帝的人口普查、前往伯利恆的旅程、馬槽和旅店、牧羊人、割禮、聖殿裡的獻祭和之後立即回家，這些在〈馬太福音〉裡也都沒有。

也許馬太純粹就是講了部分的故事，而路加講了剩下的其他部分，所以我們每年十二月都可以合理地將這兩個故事合併成一個聖誕節盛會，你可以同時得到牧羊人**和**博士，可以同時有離開拿撒勒**和**逃往埃及的旅程。問題在於，當你開始仔細地看這兩個故事，就會發現它們不但不同而且還互相矛盾，想要把這兩個故事調和起來，如果不是不可能就是非常困難。

如果福音書中提到耶穌降生在希律王在位時是正確的，那〈路加福音〉中提到耶穌出生在居里扭當敘利亞巡撫的時候，就不可能同時是正確的。我們從包括羅馬歷史學家塔西佗（Tacitus）、猶太歷史學家約瑟夫（Josephus）和一些古代銘文在內的其他史料中得知，居里扭一直到公元六年，也就是在希律王死後十年，才成為敘利亞巡撫的。

對這兩個故事進行仔細的比對時，也顯示出內在的不協調。要找出這些問題的方法之一就是詢問：根據〈馬太福音〉，約瑟和馬利亞的家鄉在哪裡呢？你自然的反應會是「拿撒勒」。但只有〈路加福音〉這麼說，馬太則沒有提到這些事。他第一次提到約瑟和馬利亞時是跟伯利恆有關。博士們跟隨著一顆星來到耶穌在伯利恆的**家**朝拜他，想必他們花了不少時間才到達，因此約瑟和馬利亞顯然就住在那裡。在〈馬太福音〉中沒有任何關於客店或馬槽的故事。另外，當希律屠殺孩童時，他告誡他的士兵要殺死所有兩歲以及兩歲以下的男孩，這必然表示在博士出現時，耶穌已出生一段時間了，否則希律的命令就顯得不合理：羅馬士兵顯然可以分辨一個能在遊樂場四處走動的小孩跟前一週才出生的嬰兒是不一樣的。因此約瑟和馬利亞在耶穌出生後一直住在伯利恆數個月、甚至一年或更久。這樣一來，當路加提到約瑟和馬利亞來自拿撒勒，並且在耶穌出生後一個月左右就立即回去，怎麼可能是對的呢？再說，根據〈馬太福音〉，這家庭逃往埃及並在希律死後回來，一開始是計畫回到猶大地，也就是伯利恆所在的

地方。後來他們無法這麼做，是因為現在猶大地的統治者是亞基佬，因此他們只好搬到拿撒勒去。在〈馬太福音〉的故事中，他們並不是原本就來自拿撒勒，而是來自伯利恆。

然而，更為明顯的是耶穌出生後互相矛盾的情節。如果馬太是對的，耶穌的家庭逃往埃及，那麼路加說他們直接回拿撒勒，又怎麼可能會是對的？

簡單說，從歷史的角度來看，耶穌誕生的敘述有一大堆問題。有的問題歷史上來說完全不可能，有的問題則是幾乎無法合理化的矛盾。為什麼會有這樣的差異呢？對某些讀者而言，答案可能很明顯。歷史批判長期以來認為這些福音書故事都企圖強調相同的兩點：耶穌的母親是處女，以及耶穌出生在伯利恆。那為什麼耶穌一定得要降生在伯利恆？馬太的答案最中肯：《舊約》的〈彌迦書〉中有一則預言提到救主要來自於伯利恆。但是，這些福音書的作者對於廣泛相信耶穌來自拿撒勒的事實要怎麼處理呢？他們必須提供一個敘述，以解釋耶穌如何來自拿撒勒（一個加利利人沒聽過的小鎮），但又同時誕生在伯利恆，也是彌賽亞的皇室血統的祖先大衛王的家鄉。為了讓耶穌既出生在伯利恆又同時在拿撒勒長大成人，馬太和路加各自想出了解決辦法，個別來說每個故事都有足夠的說服力。但是歷史學家可以發現每個故事當中的問題，並且小心的讀者在把兩個故事併排在一起閱讀時（水平讀法）就會發現這兩個故事在一些關鍵點上互相矛盾。

耶穌的家譜

家譜通常不是《聖經》中最讓讀者喜歡的東西。有些時候，當我叫學生閱讀〈馬太福音〉和〈路加福音〉中耶穌的家譜時，他們會抱怨連連。如果他們覺得這樣已經很糟了，我會告訴他們去修一堂希伯來《聖經》的課程，並讀讀〈歷代志上〉的家譜。那個家譜涵蓋整整九章，全都是接連不斷的名字。對比起來，〈馬太福音〉和〈路加福音〉中耶穌的家譜簡直是簡短又甜美。然而問題在於，這兩個家譜是不一樣的。

再一次，〈馬太福音〉和〈路加福音〉是唯二有提供耶穌家譜的福音書。這兩個家譜都從約瑟上溯至猶太人的祖先。但這當中出現了讓人困惑的狀況。如同我們所看到的，馬太和路加都強調耶穌的母親是處女，不是因為與約瑟發生性關係而懷孕，而是藉由聖靈感孕，因而約瑟不是耶穌的父親。然而，這造成一個明顯的問題：如果耶穌不是約瑟的血親，那為什麼馬太和路加都要從約瑟開始追溯耶穌的血緣呢？這是兩位作者都沒回答的問題，這兩人記錄的是一份不可能是耶穌家譜的家譜，因為耶穌的血緣只會跟馬利亞有關，而馬太和路加都沒提到馬利亞的家譜。

除了一般性的問題，在〈馬太福音〉1 章和〈路加福音〉3 章的兩份家譜中，還有一些顯著的問題。有些問題並不是差異本身，而是它們就是不一樣。比如說，馬太在他的福音書一開始，也就是第一章，就給出了家譜，而路加卻在耶穌受洗後的第三章

才提供他的家譜（在這裡放置家譜很奇怪，因為家譜應該跟你的出生有關，而不是跟你三十歲時的洗禮有關，關於這點也許路加有他自己的理由）。〈馬太福音〉的家譜追溯約瑟的世系直到大衛王（彌賽亞的祖先），並一直到亞伯拉罕，也就是猶太人的祖先。〈路加福音〉的家譜則往上追溯到更早的亞當，這位全人類的祖先。

我有個阿姨是位族譜學家，她很自傲地追溯自己的家族歷史，發現先祖是**五月花號**的乘客之一。但是，這份家譜竟能一直往上追溯到亞當，就是那個最早的人類，亞當、夏娃的那個亞當。這份家譜實在太神奇了。

人們可能會好奇，為什麼兩位作者的家譜會停在不同的地方。一般來說，人們認為〈馬太福音〉是為強調耶穌本人的猶太性，因此追溯耶穌的關係直到猶太人最偉大的國王大衛，以及猶太人的祖先亞伯拉罕。另一方面來說，就如同在他的第二卷著作（也就是〈使徒行傳〉）中提到外邦人被帶到教會中那樣，路加關心的是耶穌作為全人類（猶太人和外邦人）的救主。因此，路加展現了耶穌透過亞當跟我們所有人都有關聯。

這兩份家譜的另一個不同點在於〈馬太福音〉是從亞伯拉罕開始並向下一代一代直到約瑟，而〈路加福音〉則反過來，從約瑟開始，往上一代接一代回到亞當。

這些都只是這兩則家譜的幾個差異而已。然而，真正的問題還是這兩份家譜是不一樣的。檢查差異最簡單的方式是問最簡單

的問題，家譜中的每一代各是誰？約瑟的父親、父系的祖父或曾祖父各是誰呢？在〈馬太福音〉中，這一家族樹從約瑟到雅各、到馬但、到以利亞撒、到以律，一直上去。在〈路加福音〉，則是從約瑟到希里、到瑪塔、到利未、到麥基。一直到大衛王時，這兩個族譜的譜系才逐漸相像起來（雖然還有其他問題，等等我們會看到），但是從大衛到約瑟，這兩個族譜互不相同。

那要怎麼解決這個問題呢？典型的意見是認為，〈馬太福音〉的族譜是關於約瑟的，因為馬太在耶穌誕生的敘事中較為關注約瑟；而路加的族譜則是馬利亞的族譜，因為馬利亞是路加的誕生故事中的焦點。這是一個很吸引人的解法，但有個致命的疏失。路加非常明確地指出，這一族譜是屬於約瑟的，而不是馬利亞的（〈路加福音〉1 章 23 節；同樣參考〈馬太福音〉1 章 16 節）。[10]

還有其他的問題。在某些時候，〈馬太福音〉的家譜更為顯著，因為他強調耶穌祖先世系的數字特性。從亞伯拉罕到大衛，以色列最偉大的君王，總共有十四代；從大衛到以色列最大的災難，也就是巴比倫滅猶大國，有十四代；從巴比倫的災難到耶

---

10 有些學者企圖解決這一矛盾，他們使用複雜的「收繼婚」法則，也就是一個男人會在他的兄弟死後娶他兄弟的妻子。這一解法事實上不能解決不同家譜的問題，如同雷蒙·布朗（Raymond Brown）的權威性研究中所展示的，參考：*The Birth of Messiah: A Commentary on the Infancy Narratives of Matthew and Luke* (Garden City, NJ: Doubleday, 1977), vol. 1, pp. 503-04

穌，也有十四代（1 章 17 節）。十四、十四和十四，彷彿上帝就是這樣設計的。事實上，對馬太而言，的確如此。每過十四代都會發生十分重要的事件。這表示耶穌作為第十四代，對上帝來說是非常重要的人。

問題是，這三重十四的結構並非事實。如果你小心讀過所有名字，你就會發現在第三組的十四當中，事實上只有十三代。另外，我們還能從他的來源，也就是希伯來《聖經》本身，相對簡單地檢查馬太的系譜，希伯來《聖經》提供了族譜所需的名字。結果顯示，馬太在大衛到巴比倫災難的十四代中略過了一些名字。在 1 章 8 節中他提到約蘭是烏西雅的父親。但我們從〈歷代志上〉3 章 10-12 節知道，約蘭不是烏西雅的父親，而是他的高祖父。[11] 換句話說，馬太在家譜中漏掉了三代。為什麼？答案應該很明顯：如果他把**所有**世代都包含了進來，他就無法宣稱每隔十四代都會發生某些重要事件了。

為什麼馬太要特別強調十四這個數字呢？為什麼不是七或十一？這些年來學者給出了幾種解釋。有些指出在《聖經》中七是完全數，若是這樣，那為什麼是十四？七的兩倍，也許是表示這是一個「雙倍完全」的家譜。另一個可能更有說服力的理論是，這一家譜是設計來強調耶穌作為**彌賽亞**的地位。彌賽亞是

11　當你閱讀〈歷代志上〉時，記得烏西雅在本書裡又稱為亞撒利雅，可以比較〈列王記下〉14 章 21 節和〈歷代志下〉26 章 1 節的紀錄。

「大衛的子孫」，是以色列最偉大君王的後代。很重要的是，在古代語言中，字母本身同時也能作為數字，因此希伯來文字母的第一個字 aleph，就是數字 1，第二個字母 beth 是 2，第三個字母 gimel 是 3，依此類推。此外，古希伯來文中沒有使用母音，因而大衛的名字拼作 D-V-D。在希伯來文中，D（daleth）是數字 4，而 V（waw）是 6。如果你把大衛名字的數字加起來就會得到 14。這也許是為什麼馬太想在大衛子孫的家譜中，也就是彌賽亞耶穌的家譜中，有三個剛好十四代的群組。

不幸的是，想要湊出這一數字，他就必須捨棄某些名字。我還要指出，如果馬太的三重十四的家譜是正確的，在亞伯拉罕和耶穌中間就會有四十二個名字。而路加的家譜給出了五十七個名字。這兩個是不一樣的家譜。

而這些差異的原因呢？每一位作者在引用家譜時都有他的目的，或者，更可能的是有許多目的：為了顯示耶穌與猶太人之父亞伯拉罕的關係（特別是馬太），或是與猶太最偉大的國王大衛的關係（馬太），或是跟整個人類作為一個全體的關係（路加）。也許兩位作者各自繼承或捏造了不同的族譜。當然，兩位都不知道他們的家譜會被放到《新約》聖經中，並被兩千年後的歷史批判學者仔細地拿出來與另一份家譜互作比較。而他們當然也沒有互相協商確認事實為何。每位作者都盡可能地給出他自己的紀錄，但兩份紀錄卻不一樣。

關於耶穌人生的其他差異

現在，我們看過福音書故事中一些有趣的差異細節，我可以加快一點看看其他部分。如果想要的話，大部分的範例你都可以自己驗證。而如果你一個故事、一個故事，簡單地水平閱讀過福音書，你還會發現更多。

我們可以問一些簡單的問題來接近某些差異。這裡我只列出其中五個。

耶穌受洗時的那個聲音到底說了什麼？

這取決於你讀的是哪一個故事。〈約翰福音〉中沒有提到耶穌受洗，但是我們在〈馬太福音〉〈馬可福音〉〈路加福音〉三卷福音書中都有類似的故事。這是可預見的，學者們很早就知道馬太和路加從〈馬可福音〉中找來不少故事，這是他們一個關鍵來源，這也是為什麼三卷福音書裡面有那麼多案例連用字遣詞的順序都一模一樣。但馬太和路加也會在其他地方修改來源的用字，因而造成某些差異。三本福音書裡都有提到，在耶穌受洗的紀錄中，當他從水中起來時天就開了，有聖靈像鴿子的形狀降下，並有聲音從天上來。然而，這聲音說了什麼？在〈馬太福音〉中，他說的是「這是我的愛子，我所喜悅的」。這一聲音顯然是說給耶穌四周的群眾聽的（也可能是說給施洗約翰聽的），

告訴他們耶穌到底是誰。然而在〈馬可福音〉中，這聲音說的是
「你是我的愛子，我喜悅你」，在這個案例中，這聲音顯然是直
接對耶穌說話，告訴他或向他保證他是誰。在〈路加福音〉中，
事情有點不一樣（這有點複雜，因為不同的〈路加福音〉抄本上
對於這聲音有不同的文字。我這裡要提的是出現在一些較古老的
《聖經》抄本上的原文，儘管大部分英文譯本上找不到）。[12] 在
這裡，這聲音說的是「你是我的兒子，我今日生你」（3 章 22
節），這一經文引自〈詩篇〉2 篇 7 節。[13]

每一則紀錄都試圖讓這聲音變得不同。也就是說，不同的話
語代表不同的事情與不同的作用：在〈馬太福音〉中，這話向
施洗約翰與其他群眾指明了耶穌的身分；在〈馬可福音〉中，這
話直接向耶穌確認了他的身分；在〈路加福音〉中，則宣告（或
者是批准？）了洗禮使得耶穌成為上帝特殊的兒子。但是這仍
有問題。這聲音到底說了什麼？早期基督徒也被這問題弄糊塗
了，甚至有後來一本叫做〈伊便尼派人福音書〉（Gospel of the
Ebionites）的福音書為了解決這一問題，認為這從天上來的聲音
出現在三個場合。第一次，它向耶穌說了〈馬可福音〉中的話；

12 參考我在《製造耶穌》中的討論。*Misquoting Jesus: The Story Behind Who Changed the Bible and Why* (San Francisco: HarperSanFrancisco, 2005), pp. 158-61.

13 譯注：中文和合本在〈路加福音〉3 章 22 節的翻譯是「你是我的愛子，我喜悅你」，顯然跟作者的引文不同，因此這裡的翻譯按作者意思，直接引用了〈詩篇〉2 篇的文字來替代。

而後，它向施洗約翰與群眾說了〈馬太福音〉的話；最後才說了〈路加福音〉中的話。然而，除非有人願意重寫福音書，否則這三本福音書上的聲音所講的話就是不一樣。

耶穌受洗後當天去了哪裡？

在〈馬太福音〉〈馬可福音〉〈路加福音〉（也就是所謂的對觀福音書），耶穌在洗禮之後去了曠野，在那裡受到魔鬼的試探。[14] 〈馬可福音〉對這一紀錄特別清楚，因為他說在洗禮的故事後耶穌「立即」離開前往曠野去了。[15] 那〈約翰福音〉呢？在〈約翰福音〉中沒有耶穌在曠野受魔鬼試探的故事。在施洗約翰親眼目睹洗禮時聖靈像鴿子一樣降臨到耶穌身上的隔天（〈約翰福音〉1 章 29-34 節），他又再一次看見耶穌，並宣布他是「上帝的羔羊」（約翰清楚地強調這發生在「次日」）。耶穌之後便前往呼召跟隨他的門徒（1 章 33-52 節），並藉由施行將水變成酒的神蹟開始了他的公開傳道（2 章 1-11 節）。所以，耶穌在

14　前三卷福音書被稱為「對觀福音」（Synoptic Gospels），是因為它們有許多故事相同，以至於可以被並排在一起一欄一欄地「對照觀看」，這也是 synoptic 的意思。

15　譯註：中文和合本的〈馬可福音〉1 章 12 節沒有翻譯「立即」（希臘文 εθs，也就是後面作者所說的 euthus），而是說「聖靈就把耶穌催到曠野裡去」，或許當年的翻譯者認為「就」本身就有「立即」的意思了。

洗禮後的隔天到底在哪裡？這也取決於你讀的是哪一本福音書。

睚魯的女兒已經死了嗎？

為了說明我們可以在福音書的各處找到較小而無法互相協調的差異，我就從睚魯的醫治神蹟中選一個簡單範例。在我們最早的紀錄〈馬可福音〉裡，一位名叫睚魯的管會堂的人來找耶穌，並乞求耶穌趕快跟他一起回家，因為他的女兒病得很嚴重，他希望耶穌能去醫治她。然而，在他們啟程過去之前，耶穌被一位血漏的婦人耽擱了，耶穌醫治了那名血漏的婦人，而睚魯家的僕人從他家過來告訴睚魯一切已經太晚，那女孩已經死了。耶穌告訴他們不要怕，他到了那房子，並讓女孩從死裡復活了過來（〈馬可福音〉5 章 21-43 節）。〈馬太福音〉也有相同的故事（9 章 18-26 節），卻有個關鍵的不同。在〈馬太福音〉的版本中，睚魯來見耶穌是因為他的女兒已經死了，他希望耶穌來，不是為了醫治他的女兒，而是希望耶穌能從死裡救活他的女兒。而耶穌確實做到了。這可能看起來是個很小的差異，但也可以被當成是關乎生死之間非常重要的差異。

誰幫助耶穌？誰敵擋他？

耶穌說的某些話被改寫得很像，但毫無疑問地是不同的。對

這現象，我最喜歡的一個範例是〈馬太福音〉12 章 30 節和〈馬可福音〉9 章 40 節這一對經文。在〈馬太福音〉中，耶穌宣稱「不與我相合的就是敵我的」，在〈馬可福音〉中他說「不敵擋我們的就是幫助我們的」。耶穌兩句話都說過嗎？他有可能兩句話都是認真說的嗎？這兩句話怎麼可能同時都是真的？有沒有可能是其中一本福音書的作者把事情顛倒過來了？

耶穌的傳道生涯持續了多久？

　　最早的福音書〈馬可福音〉沒有對於耶穌公開傳道的時間給出明確的說法，但卻給出一些暗示性的注腳。在耶穌傳福音的一開始，也就是第二章的地方，他的門徒穿過小麥田並吃其中的穀粒，法利賽人為此感到驚訝，因為他們相信這干犯了安息日。因而，這事件必定發生在秋天開始收割之時。在這一時間點之後，事件進展得非常快速：馬可非常喜歡的一個字是 *euthus*，也就是「立時」或「即刻」的意思。耶穌做了這個，「立時」他又做了那個。在 11 章，好幾個「立時」之後，我們來到耶穌生命的最後一週，也就是耶路撒冷的逾越節筵席。逾越節在春天，因而這給人非常清楚的印象，就是這一傳道生涯從收割的季節到春天，只不過是幾個月而已。

　　幾個月？不是每個人都知道耶穌的傳道工作持續了三年嗎？事實上，這個三年的觀念不是從對觀福音來的（也就是〈馬可

福音〉〈馬太福音〉和〈路加福音〉），而是從〈約翰福音〉來的。在三個不同的場合，約翰提到不同的逾越節節期，既然該節期每年一次，那麼似乎就代表耶穌的傳道工作至少超過兩年，無限進位就是三年。但這算什麼？我會說，技術上來說這不算是差異，但如果當馬可說「立時」時不真的表示即刻，那就很難瞭解他到底在說什麼了。

如果讀者想要徹底搜查，可以在耶穌的傳道故事中找到更多其他差異。但我想往下繼續探討耶穌受難的故事（也就是耶穌的死和復活的故事），而非繼續在這相同路徑上討論差異。在耶穌受難故事中的某些差異是非常重要的。

受難敘事中的差異

我們前面已經探討過〈馬可福音〉和〈約翰福音〉中關於受難敘事的幾個差異：潔淨聖殿的時間（〈馬可福音〉11 章；〈約翰福音〉2 章），和耶穌死亡的日子（〈馬可福音〉14-15 章；〈約翰福音〉18-19 章）。這些不是福音書中關於耶穌的死和復活全部的差異。這裡，我要稍微詳細討論三個重要的差異，並對其他少數幾個提出簡短的解說。

彼拉多前的審判

我們先比較最早的福音書〈馬可福音〉和最晚的福音書〈約翰福音〉。在這兩個故事中,耶穌都被帶到羅馬官員彼拉多前面審判,並因為他自稱猶太人的王而被判處死刑。但在馬可和約翰的審判敘事中有些很有趣的差異。

〈馬可福音〉的紀錄簡短而直接。在一大早,猶太人領袖就把耶穌帶往彼拉多那裡,彼拉多問耶穌是不是真的就是猶太人的王。耶穌回答了兩個希臘文單字 *su legeis*(你說的是)。猶太祭司控告他許多事情,而彼拉多對耶穌沒有任何辯解感到驚訝。我們被告知,彼拉多有個習慣,就是在逾越節的期間釋放一位猶太人囚犯,因而他詢問聚集的群眾,他們是否希望他釋放「猶太人的王」?大祭司介入鼓動群眾高呼釋放一位名叫巴拉巴的謀殺犯,而非釋放耶穌。彼拉多詢問他們希望對耶穌怎樣?他們回答,彼拉多應該要將耶穌釘十字架。因而,為了「叫眾人喜悅」,他就按照他們的要求做了:釋放了巴拉巴,鞭打耶穌,並把他交出去釘十字架。

如果〈馬可福音〉是我們對這事件的唯一紀錄,我們會以為這場審判非常快速,耶穌幾乎沒說什麼話(只有兩個字),而彼拉多、控告耶穌的猶太人領袖、群眾和耶穌自己,都在同一個地方互相交換意見。

但是〈約翰福音〉有著非常不一樣的紀錄(18 章 28 節到 19

章 14 節）。在〈約翰福音〉中，猶太領袖一大早就把耶穌帶去彼拉多那裡，他們拒絕進入彼拉多的總督府，[16]因為他們要避免「染了汙穢」，這樣當晚才可以「吃逾越節的筵席」（18 章 28 節，記住，在〈馬可福音〉中，他們前一晚已經吃過逾越節的筵席了）。我們不知道為什麼他們進入彼拉多的總督府會沾染汙穢，因為那是屬於異教的場所嗎？還是說那是建築在墓地之上？或是其他原因？總而言之，審判以一種很特別的方式進行。耶穌在總督府裡與彼拉多在一起，而控告他的猶太人當權者卻在總督府外面，跟猶太群眾在一起。彼拉多要裡裡外外在控告者與被告者之間跑來跑去，先跟這邊說話，再去跟那邊說話。整場審判，彼拉多總共進出他的總督府六次，跟耶穌和控告者討論，試圖理性說服他們、乞求他們，想辦法讓他們神智清醒一點。

　　如果你水平閱讀這些紀錄，你還可以找到許多其他的差異。這裡，我只提出三點，並指出他們潛在的重要性。首先，耶穌在〈約翰福音〉裡比在〈馬可福音〉裡說了更多話。事實上，他跟彼拉多對話了一段時間，提到「我的國不屬於這世界」（18 章 36 節），指出他來到這個世界是為了「給真理作見證」（18 章 37 節），並宣稱彼拉多除了上帝賜下的權力外，沒有被賦予任

16　譯注：中文《聖經》翻譯成衙門，現代已鮮少使用這一詞彙了。根據原文，這裡指的是羅馬行政官在當地的「總督府」（Praetorium），這有可能是行省總督居住的地方、宮殿或是行政中心。

何終極權力（19 章 11 節）。這些延伸的對話與你在整本〈約翰福音〉中可以找到的對話相符，耶穌進行著滔滔不絕的演說，跟你在對觀福音中經常看到的格言或短句完全不同。

其次，彼拉多並不是在耶穌的審判結束和判決出來後才鞭打耶穌的（執行這樣的判決，對某些人來說可能是極為情緒化的時刻），在〈約翰福音〉中，彼拉多是在審判還在進行時就鞭打了耶穌（19 章 1 節）。對於約翰改變這一細節，有各式各樣的解釋，也許是因為接下來的事件，彼拉多將耶穌帶出總督府，並將他呈現給猶太人看：被鞭打、全身是血，穿著紫色袍子，並對猶太人說：「你們看這個人。」對〈約翰福音〉的作者來說，耶穌比一般人還要更崇高偉大，而彼拉多和猶太人卻認不出來。彼拉多和他的士兵嘲笑耶穌，替他戴上荊棘的王冠，給他一件紫色的袍子讓他穿上，並說「恭喜，猶太人的王啊」，雖然他們不曉得他們的宣告事實上是正確的。對〈約翰福音〉來說，耶穌真的是君王，確實是如此。

最後，在〈約翰福音〉中彼拉多曾三次明確宣告耶穌是無辜的，不該受懲罰，並且應該被釋放（18 章 38 節、19 章 6 節，以及 19 章 12 節中暗示性的提及）。但在〈馬可福音〉中，彼拉多從來沒有說耶穌是無辜的。為什麼〈約翰福音〉要特別強調這點呢？學者長期以來就發現，〈約翰福音〉是我們的福音書中在各方面中最為惡意反對猶太人的福音書（參考 8 章 42-44 節，在那裡，耶穌宣稱猶太人不是「上帝的孩子」，而是「魔鬼的孩

子」）。在這一情境下，為什麼要在敘事中提到羅馬的統治者一再強調耶穌是無辜的？問問自己吧，如果羅馬人不用對耶穌的死負責，那麼誰要負責？猶太人！對約翰來說就是如此。在 19 章 16 節中，我們被告知彼拉多將耶穌交給猶太人的祭司長，讓他們將耶穌釘十字架。

猶大之死

在四本福音書中，加略人猶大都被認為是背叛耶穌將他交給當權者並使耶穌被逮捕的人。但四本福音書的故事對猶大為什麼做這一卑鄙的事情則有不同的紀錄。在〈馬可福音〉中，沒有提到任何理由，但我們知道他做這件事情有收錢，所以也許是貪婪的緣故（14 章 10-11 節）。〈馬太福音〉明確提到（26 章 14 節）猶大做這事是為了錢。另一方面，〈路加福音〉則認為是「撒但入了那稱為加略人猶大的心」，才導致他做出這樣的事（22 章 3 節）。換句話說，是魔鬼促使他這樣做的。在〈約翰福音〉中，猶大本人被稱為「魔鬼」（6 章 70 - 71 節），因此想必會背叛他的主人，因為他天生就邪惡。

更有趣的問題是猶大在背叛耶穌後發生了什麼事。〈馬可福音〉和〈約翰福音〉都沒有提到這件事：猶大單純就從整個場景中消失了。〈路加福音〉也是如此，但路加除了福音書外還寫了

第二卷，也就是〈使徒行傳〉。[17]〈使徒行傳〉就如同〈馬太福音〉一樣，對於猶大背叛後給出了一個故事，驚人的是這兩個故事在許多點上互相抵觸。

　　一般認為，猶大出去到外面「吊死了」的說法是來自〈馬太福音〉（27 章 3-10 節）。在猶大發現他的背叛導致耶穌被定罪後，他感到後悔，並嘗試把他得到的三十塊銀子還給猶太祭司長，告訴他們他「賣了無辜之人的血」。他們拒絕接受這些錢，因此猶大把銀錢丟在聖殿中，並到外面把自己吊死了。祭司長把這些錢搜集起來，並決定不要把這些錢放回聖殿的庫房裡，因為這些是「血錢」，也就是沾染無辜人之血的錢財。他們決定善用它，就用這筆錢買了「窰戶的一塊田」（即先前窰匠用來挖取陶土的地方），作為埋葬死在耶路撒冷的外鄉人的地方。因為這地是用猶大的血錢買的，因而我們被告知那個地方「直到今日還叫做『血田』」。

　　路加在〈使徒行傳〉一書中的紀錄有些類似：猶大的死和購買一塊被稱為「血田」的土地有關。但細節卻和〈馬太福音〉陳述的故事有著明顯的對比，甚至完全相反。在〈使徒行傳〉中（1 章 18-19 節），我們被告知是猶大本人，而非猶太祭司，

17　大部分的《聖經》學者都確信〈路加福音〉和〈使徒行傳〉是同一個作者所寫。可參考〈路加福音〉1 章 1-4 節和〈使徒行傳〉1 章 1-5 節，就可以看到為什麼了。

「用他作惡的工價」買了這塊土地,也就是用他背叛耶穌所獲得的那筆錢。〈使徒行傳〉也沒提到他上吊自殺,相反地,我們發現他「身子撲倒」並「肚腹崩裂」。對路加而言,這塊地之所以被稱為血田,是因為猶大把自己的血灑在上面。

　　一直以來,讀者們都試圖調和這兩個猶大死亡的故事。他如何能夠把自己吊死又「撲倒」到地上,以致腸破肚流滿地呢?巧妙的解釋者想把這兩則故事拼接成一個真正的故事,倒是玩得很開心:也許猶大把自己吊死,繩子斷了,所以他掉到地上,頭先著地,一路爆裂到身體。或者,也許他上吊不成功,因此只好爬到很高的地方像跳水一樣跳下去,或者也許……也許有其他可能就是了。

　　重點在於,這兩則報告對於猶大如何死亡給出了不同的故事。儘管他頭向下掉到地上、全身爆開聽起來很離奇,但這總稱不上是「吊死」。而且,這兩則故事還有兩個明顯互相矛盾的地方:誰買了這塊土地?(是如同〈馬太福音〉講的,是祭司買的?還是如〈使徒行傳〉講的,是猶大買的?)以及這塊地為什麼會被稱為「血田」?(是像〈馬太福音〉中說的,因為它是用血錢買的?還是像〈使徒行傳〉說的,是因為猶大把自己的血流得到處都是?)

復活的敘事

　　在福音書的差異中再沒有其他地方比耶穌的復活更清楚明顯

的了。我經常要我的一年級生列出四福音書中所說、從耶穌埋葬到福音書最後的每件事加以比較，作為一項作業。要介紹水平讀法，沒有比這裡更適合的了。在四本福音書中有著大量的差異，有些差異是矛盾且無法被調和的。學生們會發現這是一個非常有價值的作業，因為我不僅會告訴他們在這些故事裡有許多差異，他們還會自己發現那些差異，並且嘗試讓它們看起來合理一點。

這裡，讓我強調我在《製造耶穌》裡說過的一點：我們沒有任何一本福音書的原稿，只有後來的拷貝，在大部分情況下，是好幾個世紀後的抄本。這些拷貝互不相同，特別表現在耶穌復活的故事上。學者們必須根據這些後來的抄本，判斷原始文本究竟說了什麼。在某些地方，這些判斷非常簡單，但在其他地方，爭議就很大了。

在某些方面復活的敘述較無爭議：顯然〈馬可福音〉最後十二節並不是原本的內容，而是後來的文士加上去的。馬可在今日 16 章 8 節處停下他的筆，在那裡婦女們從墳墓逃開，並沒有告訴任何人她們看到了什麼。在該書的討論中，我同意學者們一致的意見，就是 16 章 9-21 節是後來被加進福音書裡的。[18]

---

18 認為馬可本人沒有寫最後十二節經文的理由十分充分，以致大部分現代的《聖經》翻譯都會用括號把這些經文括起來，並在注解中說明這不是原始的結尾。一方面，這些經文並不包含在我們所知最古老的抄本上。此外，這些章節不論書寫風格還是字彙在〈馬可福音〉的其他地方都找不到。再說，在讀經文時，從 8 節到 9 節的轉變一點都沒有道理。完整的討論請參考《製造耶穌》（英文

在避開這一細節後，對於四本正典所記錄的復活敘事，我們還可以說什麼？四本福音書都同意在耶穌釘十字架並被埋葬的第三天，抹大拉的馬利亞來到墓前並發現它是空的。然而，這四本福音書幾乎在每個細節上都不一樣。

- 到底是誰到墓地呢？是馬利亞一個人（〈約翰福音〉20章1節），還是馬利亞和另一位馬利亞（〈馬太福音〉28章1節），還是抹大拉的馬利亞、雅各的母親馬利亞和撒羅米（〈馬可福音〉16章1節）？或是跟隨耶穌從加利利到耶路撒冷的那些婦女，也許是抹大拉的馬利亞、約亞拿、雅各的母親馬利亞和其他的婦女（〈路加福音〉24章1節和23章55節）？墓門前的石頭是已經被推開了呢（〈馬可福音〉16章4節），還是說它是在婦女到達時被天使推開的（〈馬太福音〉28章2節）？他們在那裡看到了什麼或是看到了誰？是一個天使（〈馬太福音〉28章5節），一位年輕人（〈馬可福音〉16章5節），兩個男人（〈路加福音〉24章4節），或是什麼東西都沒有，也沒有任何人（〈約翰福音〉）？他們被告知了什麼呢？是要告訴門徒「往加利利去」，耶穌會在那邊等他們（〈馬可福音〉16章7節）？還是要他們記起耶穌「還

版）65-68頁。

在加利利」時曾告訴過他們的話，他要死去並再次復活（〈路加福音〉24 章 7 節）？而後，這些婦女是告訴使徒們她們所見、所聽到的（〈馬太福音〉28 章 8 節），還是什麼都沒說呢（〈馬可福音〉16 章 8 節）？如果他們告訴了某人，她們告訴了誰？是十一位門徒（〈馬太福音〉28 章 8 節），十一位門徒和其他人（〈路加福音〉24 章 8 節），還是西門彼得和另一位不知名的門徒（〈約翰福音〉20 章 2 節）？這門徒的反應是什麼？他們是沒有任何反應，因為耶穌本人立刻就顯現給他們看了（〈馬太福音〉20 章 9 節）？還是他們不相信婦女說的話，因為這聽起來像是「胡言」（〈路加福音〉24 章 11 節）？還是他們前往墓地自己看看呢（〈約翰福音〉20 章 3 節）？

- 問題還會繼續倍增。你可以自己嘗試橫向比較各福音書接下來的紀錄：耶穌向誰顯現（如果有的話），何時顯現，對他們說了些什麼，以及他們回答他什麼。幾乎每個場景都會有一本福音書跟不上步伐。

- 其中有一點看來特別地無法調和。在〈馬可福音〉中，婦女們被教導要告訴門徒們到加利利去見耶穌，但是因為害怕，她們沒有對任何人說。在馬太的版本中，門徒們被告知前往加利利去見耶穌，而他們立刻出發了。耶穌在那裡向他們顯現，並給予他們最後的指示。然而在〈路加福音〉中，門徒們並沒有被告知要前往加利利，而是被告

知當**耶穌**還在加利利時就已經預言了他自己的復活（也就是在他公開傳道的期間），而且他們從沒有離開耶路撒冷（在以色列南部，和北方的加利利屬於不同地區）。在復活的那天，耶穌向兩位正「前往以馬忤斯」的門徒顯現（24 章 13-35 節），當天稍晚，這兩位門徒告訴了其他門徒他們所見，而耶穌則向他們全部顯現（24 章 36-49 節），而後耶穌帶他們到耶路撒冷近郊的伯大尼，給他們指示並升到天上。在路加的第二卷〈使徒行傳〉中，則提到門徒們事實上在耶穌復活後被告知**不要**離開耶路撒冷（〈使徒行傳〉1 章 4 節），要在那裡停留直到他們在五旬節領受了聖靈，這是逾越節過後第五十天。在給過指示之後，耶穌就升到天上去了，門徒們也在耶路撒冷停留，直到聖靈來到（〈使徒行傳〉2 章）。這些差異如下：如果馬太是對的，那麼門徒立刻就去了加利利，並在那裡看到耶穌升天。如此一來，路加所謂門徒這段期間一直都留在耶路撒冷，在那裡看到耶穌升天，並一直停留到五旬節，如何可能是對的？

受難敘事的其他差異

接下來要提到的這些只是關於耶穌一生最後一週、他的死亡和復活紀錄的關鍵差異而已。這當然不可能是全部的差異，這裡

也不會把所有的差異都列出來,我會指出幾個比較有趣的地方,讀者如果能對經文完整地分析也可以看到。我只問五個簡單的問題,並很快把這些問題帶過一遍。

1. 在光榮進入耶路撒冷的故事中,耶穌是何時進入耶路撒冷的?他騎了多少種動物?答案似乎很理所當然,他騎著一頭驢子或是一匹小馬。而這的確是在三本福音書中說到的,包括〈馬可福音〉11 章 7 節。但在〈馬太福音〉中,這一榮耀進城的故事被認為是應驗先知的預言,就如同我們先前看到的那樣,馬太一再強調對《聖經》的實現,因而在 21 章 5 節引用了〈撒迦利亞書〉9 章 9 節:

> 看哪,你的王來到你這裡,
>
> 是溫柔的,又騎著驢,
>
> 就是騎著驢駒子。

希伯來《聖經》的學者認得這一類的預言詩,第三行經文其實是改寫第二行經文。這稱為「對偶排比」(synonymous parallelism),也就是詩歌的兩行基本上說的是同一件事,只是用不同的話說而已。然而,馬太顯然不知道這種詩歌體裁,在這裡導致詭異的結果。在〈馬太福音〉中,耶穌的門徒為他帶來了兩種動物,一隻驢子和一隻驢駒,他們把自己的衣服搭在這兩頭動物上,耶穌就這樣騎著這兩頭動物進城(〈馬太福音〉21 章 7

節）。這真是一個怪異的景象，然而馬太非常字面地讓耶穌應驗了《聖經》上的先知預言。

2. 在審判過程中，耶穌回應大祭司的話是什麼？我個人認為，就歷史上來說，這是我們永遠不可能知道的。耶穌在那裡，猶太人的領袖也在那裡，但是追隨耶穌的人都不在，沒有人能事後記錄下這些對話。但〈馬可福音〉卻給我們一段清楚的紀錄。大祭司問耶穌他是否就是那個「當稱頌者的兒子基督」（14 章 61 節），基督給了一個直截了當的回答：「我是，你們必看見人子坐在那權能者的右邊，駕著天上的雲降臨。」（〈馬可福音〉14 章 62 節）換句話說，在不久的將來，上帝將要派遣一位全世界的裁判者來到地上，以應驗《舊約》的預言（〈但以理書〉7 章 13-14 節）。而且這件事很快就會發生，即使大祭司本人也看得到。

但萬一它沒有發生呢？萬一大祭司在人子來之前就死掉了呢？這樣耶穌所說的話不就無效了嗎？有可能。而這大概是為什麼在〈馬可福音〉後十五到二十年的〈路加福音〉要改寫耶穌說過的話，可以假設那時大祭司已經死了——在〈路加福音〉中，耶穌回答時沒有提到任何關於大祭司活著看到人子降臨審判的話，「從今以後，人子要坐在上帝權能的右邊。」（〈路加福音〉22 章 69 節）

3. 為什麼馬太引用先知時引用錯人了？當馬太提到猶大為了三十塊銀子背叛耶穌時，就如同我們期待他會注意到的那樣，

他注意到這應驗了《聖經》上所說的「這就應驗了先知耶利米的話，說：他們用那三十塊錢……買了窰戶的一塊田」（〈馬太福音〉27 章 9-10 節），但問題是，這一段預言不在〈耶利米書〉裡面，看起來是粗略地引用〈撒迦利亞書〉11 章 13 節。[19]

4. 聖殿中的幔子是什麼時候裂開的？聖殿中的幔子將至聖所與聖殿的其他部分分隔開來。至聖所被認為是上帝在人間的居所（上帝顯然是從天上統治人間）。除了每年的贖罪日（Yom Kippur）沒有人可以進入幔子背後的房間。贖罪日當天，大祭司可以進去獻祭，首先為自己的罪，其次為全百姓的罪獻祭。根據〈馬可福音〉，在耶穌斷氣後，聖殿的幔子就從上到下裂為兩半（15 章 38 節）。這一直以來被認為是象徵性的敘述，因為沒有任何歷史上的證據顯示直到聖殿在四十年後與羅馬人的戰爭中被徹底毀壞之前，聖殿的幔子曾被毀壞過。對馬可而言，耶穌的死代表聖殿祭祀必要性之終結。藉由祂兒子的死亡，上帝現在是所有人的上帝了，不再被厚重的幔子所隔開。耶穌的死使人與上帝合一：這就是贖罪（at-one-ment）。[20]

〈路加福音〉同樣也強調聖殿的幔子被分成兩半。但奇怪的是，它並不是在耶穌死的時候被撕裂，而是很清楚寫著，是在耶

19　譯注：這裡作者寫的是〈撒迦利亞書〉11 章 3 節，但應該是 11 章 13 節才對。

20　譯註：atonement（at-one-ment）就是贖罪的意思，而 at-one-ment 拆開來又有「合而為一」的意思，atonement 這一詞原本是和諧或合一的意思，並由（人與神的）合一而引申為「贖罪」。

穌還活著掛在十字架上的時候（23 章 45-46 節）。我會在下一章說明這一差異的重要性，這一修改與路加對耶穌死亡的理解有直接的關聯。

5. 在耶穌死後百夫長說了什麼？再一次地，這答案看起來很明顯，特別是讀者如果記得在史詩級的《聖經》電影《萬世流芳》（*The Greatest Story Ever Told*）中約翰・偉恩扮演的百夫長那句不朽台詞：「這人真是上帝的兒子」。這一句話事實上是〈馬可福音〉中百夫長所說的（15 章 39 節），但值得注意的是，路加把這句話改掉了。在他的紀錄中，百夫長講的是：「這真是個義人。」（23 章 47 節）當然總會有人強調這是一樣的意思，如果耶穌是神的兒子，那他就一定是個義人。但這裡的經文就是不一樣，而意思也不一樣。一個潛在的罪人被法院宣告為無罪，顯然跟上帝的兒子被宣告無罪是不一樣的。百夫長說的是包含兩種意義嗎？如果有人想要調和所有的福音書，他可以說，是的，這樣他就為這場景開創了第三種版本，既不是〈馬可福音〉，也不是〈路加福音〉。但也許我們最好思考為什麼後來的〈路加福音〉要修改這段經文。對路加而言，重要的是強調面對那些指控，耶穌全然無罪。比如說，同樣在〈約翰福音〉中，就如同在〈路加福音〉那樣（但跟〈馬可福音〉不一樣），彼拉多三次試圖宣告耶穌無罪而釋放他。因此到後來，百夫長也一樣。羅馬人都同意耶穌是無罪的，那誰該為他的死負責呢？當然不會是羅馬人，而是猶太人的當權者，或是猶太人本身。

關於保羅的生平和著作中的差異

到目前為止，我只討論了四本正典上的福音書，強調如果我們想要獲得新的觀點，就要水平地去閱讀它們，如果我們只是垂直地按順序閱讀，便無法獲得這些深刻的見解。我並沒有說水平閱讀是趨近這些經卷最好或唯一的辦法。很明顯地，福音書就如同其他書一樣，希望能被從頭讀到尾，而歷史批判法很久以來就知道這樣做的價值，並設計了幾個有趣的方法，可以幫助那些選擇這樣閱讀的讀者。[21]

同樣地，我也沒有說福音書是《新約》中唯一包含各種差異的經卷。如同我們看到的，比如在猶大之死的故事中，〈使徒行傳〉顯然就和福音書所說的不一樣（和〈馬太福音〉不同）。或者，關於門徒們是否在耶穌死和復活之後不久就旅行到北方的加利利，說法也不一樣（再次地又是〈馬太福音〉）。

〈使徒行傳〉整體來說是耶穌的追隨者在他升天之後所遭遇的事情。簡短來說，使徒們將基督信仰散播開來，首先是在耶路撒冷城中的猶太人之間，而後是其他地方的猶太人，他們將這訊息帶到帝國的其他地方，最重要的是，帶給了居住在地中海周圍

---

21 關於這些方法的討論，可以參考我的書：*The New Testament: A Historical Introduction to the Early Christian Writings*, 4th ed. (New York: Oxford University Press, 2008)，參考6-11章。

各城市裡的非猶太人（也就是外邦人）。

在這一新宗教的眾多信徒中，沒有人比大數的掃羅更重要的了，他後來又被稱為使徒保羅。〈使徒行傳〉中將近三分之二篇幅的敘述都跟保羅有關，記錄了他從這個新信仰的激烈反對者到信仰基督教、他傳道他人信仰基督的佈道旅行，以及他被逮捕、被審判和最後在羅馬城中被囚禁。

保羅不僅是〈使徒行傳〉中的主角，他自己還是一位作者。在《新約》的二十七卷中，有十三卷署名是保羅所寫。另有一卷〈希伯來書〉因為早期教會教父相信是保羅所寫（儘管該經卷自我宣稱不是保羅所寫），因而被接受成為正典。今天的學者們很合理地肯定保羅並沒有寫下〈希伯來書〉。在這使用保羅名字的十三卷經卷中，我們有理由懷疑他事實上只寫了其中六卷。這會是下一章當我們討論「誰寫了《聖經》」這一大哉問的主題。現在，我們只要知道保羅是〈使徒行傳〉的主角，同時也是至少一部分《新約》的作者就夠了。幾乎所有學者都同意是保羅所寫的七卷經書（也就是所謂無爭議的保羅書信）是〈羅馬書〉〈哥林多前書〉〈哥林多後書〉〈加拉太書〉〈腓立比書〉〈帖撒羅尼迦前書〉和〈腓利門書〉。

因而我們有可能就〈使徒行傳〉與其他的保羅書信互相比較，以進行水平閱讀。有些時候，〈使徒行傳〉討論到保羅生活中的某一事件，而保羅也在他的信中提到。這允許我們讓兩者當面對質。歷史批判內部長久以來對於〈使徒行傳〉作為理解保

羅生平與著作的可信度並沒有定論。我個人的看法是，〈使徒行
傳〉之於保羅的準確度，就如同路加的第一卷著作〈路加福音〉
之於耶穌一樣——大部分的基本訊息也許是可靠的，但有許多細
節被更動過了。

大部分歷史批判學者相信〈使徒行傳〉寫於〈路加福音〉之
後，大約是公元八十五到九十年之間成書，也就是保羅死後大約
二十到二十五年。若是如此，這也難怪〈使徒行傳〉中的資訊並
不那麼忠於歷史。但想要確認這件事，唯一的方法是比較〈使徒
行傳〉所說的保羅和保羅關於自己的紀錄，看兩者基本上是互相
同意還是互相抵觸。這裡有五個例子我覺得特別有趣，有些對於
瞭解保羅生平和教導非常重要，至於其他的，老實說，則是不重
要的差異。但總的來說，顯示了〈使徒行傳〉中保羅的生平是無
法被完全信賴的。

**1. 在保羅歸信後，他是直接去耶路撒冷與那些在他之上的使
徒協商嗎？** 如同我們提到的，保羅在成為基督徒之前是一位基督
徒的迫害者，因此他不是耶穌傳道時期的追隨者，他可能甚至不
認識耶穌。保羅住在巴勒斯坦之外，他的母語是希臘語而非亞蘭
語。但某些程度上來說，因為一些原因，他「看到了光」（根據
〈使徒行傳〉9 章 3 節，字面意思上的看到），因而從一位基督
信仰的敵人，歸信成它最大的支持者。那麼，他接著做了什麼事
呢？保羅自己在〈加拉太書〉1 章 16-20 節提到他歸信之後接著
發生的事：

　　我就沒有與屬血氣的人商量，也沒有上耶路撒冷去見那些比我先作使徒的，惟獨往亞拉伯去，後又回到大馬色。過了三年，才上耶路撒冷去見磯法，和他同住了十五天。至於別的使徒，除了主的兄弟雅各，我都沒有看見。我寫給你們的不是謊話，這是我在神面前說的。

　　我們應該仔細考慮這一強調保羅沒有撒謊的說詞，他全然清楚地表示在歸信基督之後，自己沒跟任何人討論，整整三年沒跟任何使徒見面，甚至在之後他除了磯法（彼得）和耶穌的兄弟雅各以外也沒有見過任何人。

　　這事實上使得〈使徒行傳〉中的紀錄變得有趣。根據〈使徒行傳〉9章，在保羅歸信後，他就與「大馬士革的門徒」同住了一段時間，當他離開時，他直接前往耶路撒冷，在那裡與耶穌的使徒們相見（〈使徒行傳〉9章19-30節）。無論如何，〈使徒行傳〉看來都跟保羅自己說的相反。他歸信後是立即跟其他基督徒相處了一段時間（〈使徒行傳〉），還是沒有（保羅）？他是直接去耶路撒冷（〈使徒行傳〉），還是沒有（保羅）？他與使徒們相見（〈使徒行傳〉），還是只跟彼得和雅各相見（保羅）？

　　對那些熟悉保羅著作和〈使徒行傳〉的人而言，不難理解為什麼這一矛盾會存在。在保羅寄給加拉太人的書信中，他想要強

調他的福音訊息是直接透過耶穌、從上帝而來。他的福音並非從任何其他人、甚至任何使徒而來，因此任何與他的福音意見相左的，事實上不是與他、而是與上帝相左。

〈使徒行傳〉的作者則相反，他想要強調所有耶穌真正的使徒中，包括原來的門徒以及保羅，在各個方面都有一完整的連續性。他們相見、他們談話、他們意見一致，一次又一次在〈使徒行傳〉中被提到。然而對保羅本人而言，問題在於他的權柄是直接來自上帝的，他**不**需要與任何其他使徒協商或是與他們相見。這兩位作者有各自不同的主題，因此用不同方式陳述這些事件，產生了一個有趣且重要的差異。我們應該相信誰呢？在這案例中，我會投保羅一票，他不僅應該知道自己在做什麼，而且還在上帝面前發誓他沒有撒謊。我們有點難相信他真的會撒謊。

2. 猶大地的教會認識保羅嗎？再次地，保羅說得很清楚，在他歸信後一段時間，他在敘利亞和基利家境內的眾教會之中往來，但是「猶太信基督的各教會都沒有見過我的面」（〈加拉太書〉1 章 21-22 節）。這讓一些學者覺得怪異。根據〈使徒行傳〉所記載保羅早期逼迫基督教會時，特別提到了「猶太和撒馬利亞」的基督教會（〈使徒行傳〉8 章 1-3 節、9 章 1-2 節），如果他曾逼迫他們，為什麼這些教會的基督徒不知道他長什麼樣子？難道他不是早先親自出現在他們中間做他們的敵人？根據〈使徒行傳〉，是的。但根據保羅，不是。

3. 保羅是自己前往雅典嗎？當他開始自己的傳道旅行，並

前往雅典向那裡的異教徒宣教時，保羅是自己前往嗎？再次地，這裡也有矛盾。這個差異可能不是關鍵性的，但路加確實再次搞錯了某些細節。保羅在寫給帖撒羅尼迦人的第一封信中提到，在他帶領他們進入信仰並在他們中間建立教會之後，他就啟程前往雅典。但因為擔心這一新成立的弱小教會，便派遣他的同伴提摩太回去看帖撒羅尼迦的信徒們過得怎樣。換句話說，提摩太陪著保羅前往雅典，並回帖撒羅尼迦協助他們堅立信心（〈帖撒羅尼迦前書〉3章1-2節）。然而，〈使徒行傳〉中的紀錄也一樣清楚。在這裡，我們被告知保羅在帖撒羅尼迦建立教會，他又和西拉、提摩太在庇哩亞這座城市中建立教會，那裡的基督徒「打發保羅往海邊去，西拉和提摩太仍住在庇哩亞」（〈使徒行傳〉17章14-15節）。保羅接著派人指示西拉和提摩太盡快與他會合。他獨自旅行到雅典，並直到離開雅典前往哥林多時才與他的兩位同伴相會（17章16-8章5節）。這是另一個難以調和的差異，提摩太要不是與保羅一起前往雅典（〈帖撒羅尼迦前書〉），就是沒有（〈使徒行傳〉）。

4. 保羅總共去了幾次耶路撒冷？ 在〈加拉太書〉中，保羅試圖表示他沒有跟耶路撒冷的使徒們交流，並因而從他們那邊「學」到福音。他已經事先知道福音是什麼了：他是在神聖的啟示中直接從基督那邊聽到的。他特別希望加拉太人瞭解，如果他的信息產生了什麼爭議，在耶路撒冷都會有特別的會議來討論它。這爭論的問題是：如果非猶太人歸信成為耶穌的追隨者，那

麼這人是否必須先成為猶太人？保羅認為並強調不用。特別是當外邦人成為基督的追隨者時，不用受象徵成為猶太人的割禮。其他的基督教宣教士抱持相反的觀點，因而在耶路撒冷有個會議討論這個問題。根據保羅的紀錄，這是他第二次前往耶路撒冷（〈加拉太書〉1 章 18 節、2 章 1 節），而根據〈使徒行傳〉這是他第三次前往耶路撒冷久留（〈使徒行傳〉9、11、15 章）。再次，顯然〈使徒行傳〉的作者搞混了一些保羅的行程，也許是有自己的目的而故意搞錯的。

5. 保羅所建立的教會包括猶太人與外邦人嗎？根據〈使徒行傳〉，答案是明顯而肯定的。當保羅在帖撒羅尼迦宣教時，會堂裡的猶太人相信了基督，有些非猶太的希臘人也相信了（〈使徒行傳〉17 章 4 節）。保羅的說法剛好相反。當他寫信給帖撒羅尼迦城的教會時，他回憶之前自己如何使他們改信基督，並說到他們「離棄偶像歸向上帝」（〈帖撒羅尼迦前書〉1 章 9 節）。只有異教徒才會崇拜偶像。保羅在帖撒羅尼迦和哥林多（〈哥林多前書〉12 章 2 節）所歸化的信徒先前都是異教徒。這是為什麼他自稱是「外邦人的使徒」。至於其他的宣教士，特別是像彼得那樣，主要是將福音傳給猶太人（〈加拉太書〉2 章 8 節）。帖撒羅尼迦和哥林多教會則是由異教徒構成的（保羅），並非猶太人和外邦人（〈使徒行傳〉）。

這些只是少數讀者水平閱讀〈使徒行傳〉和保羅書信時可以發現的差異。還有許多其他的部分。這些差異所顯示的是，當提

到像保羅這些早期使徒的宣教細節時，不能把〈使徒行傳〉當成是完全精確的。

　　〈使徒行傳〉的歷史細節是否可靠之所以重要，其中一個關鍵原因是許多人所知關於保羅的訊息都來自〈使徒行傳〉，而且只來自〈使徒行傳〉，而這些內容保羅並沒有在他的信件中提及。有些歷史批判學者對這些只有〈使徒行傳〉提及的內容提出質疑，包含下列幾點：保羅是否來自大數（〈使徒行傳〉21章 39 節）、他是否曾追隨猶太拉比耶路撒冷的加瑪列學習（22章 3 節）、他是否是羅馬公民（22 章 27 節）、他是否是製造帳篷的人（18 章 3 節）、當他到一座城市宣教時是否進入猶太人的會堂嘗試先向猶太人傳教（例如 14 章 1 節）、他是否在耶路撒冷被逮捕並在監獄中待了幾年（21-28 章）、他是否向凱撒上訴自己的案件，以及這是不是他最後到達羅馬的原因（25 章 11節）。

結論

　　在本章中我們已經看到許多《新約》中不一致的地方了，有些差異很小，沒什麼重大的影響，但其他的差異對於認識不同作者想要說什麼至關重要。有些差異如果有足夠創意性的解釋也許是可以調和的，但其他差異卻顯然是互相矛盾的。本章不是要列舉出所有的差異，而只是提出一些範例而已。我提出一些我認為

特別有趣的部分。

我們可以根據這些差異得出什麼結論呢？我認為有三點最為重要：

1. 在某個程度上，這些差異是重要的，它們展示了「《聖經》完全無誤」的觀點顯然不是真的。如果歷史性地看，《聖經》是有錯誤的。如果同一事件的兩個經文互相矛盾（比如關於耶穌之死），那麼這兩個紀錄就不可能在歷史上同時是正確的。至少就確實發生的部分來看，至少有一個在歷史上是錯誤的，或者兩者都錯，但絕不可能兩者都是對的。這表示《聖經》應該被丟到一邊，就像一個古老而無用的文獻一樣被拋棄嗎？當然不是。我會在我的最後一章說明我們應該持續閱讀、研究和保存《聖經》，但不是把它當作一個絕無錯誤的歷史紀錄。

那麼，這表示一個人再也不能是一位基督徒了嗎？只有某些信念的基督徒（例如美國南部許多我周遭的基督徒）會想提出這樣的問題。但答案再次是肯定的「不」。一個建立在《聖經》無誤基礎上的基督教，也許無法承受經文差異的現實，但事實是還有其他各種形式的基督教。《聖經》不是一本絕對完美的書對許多形式的基督教而言並沒有任何傷害。我會在我最後一章花較多篇幅來處理這一問題。

2. 既然在不同作者想要講的內容之間有著許多差異（有些時候是很小、不重要的矛盾，有些時候很重要），那麼讓每一位作者講出他自己的話，而不是假裝他跟其他人講的是同一件事就很

重要了。這些經文差異應該要教導我們馬可的觀點不是約翰的，約翰的觀點不是馬太的，馬太的觀點也不是保羅的，並依此類推。每位作者都要按照他的訊息來閱讀，這樣當你讀馬可時才不會引入馬太的教導。要按照馬可的方式閱讀〈馬可福音〉，按照馬太的方式閱讀〈馬太福音〉。這是我們下一章會花比較長的篇幅來探討的問題。

3. 那些歷史敘述中的差異（耶穌或保羅事實上說了什麼、做了什麼、經驗了什麼）會使我們難以重建耶穌的生平或早期教會歷史。你無法把這些經卷當作客觀的歷史紀錄來閱讀，它們從來就不是。如果你是一場審判的法官，你要如何處理同一事件不同證人之間互相衝突的證詞呢？你絕對不可以做的，就是把每一證詞都當作百分之百正確。也許有些證人（或是所有證人）搞錯了某些資訊。關鍵在於判斷誰是錯的、誰是對的（如果有人是對的話）。同樣方法也應該用在諸如《新約》這一古老文獻上。如果關於一個歷史事件有互相衝突的證詞，那麼不可能所有證詞在歷史上都是正確的，我們要找出方法決定哪一個事件最有可能發生。我們會在第五章進行這項任務。

第三章

各式各樣的觀點

在九○年代中期，牛津大學出版社問我要不要寫本關於《新約》的大學教科書時，我不確定這是不是我職涯中最重要的選擇，我那時甚至還沒拿到終身教職，而大學的評鑑委員會有時看不起教科書，認為那算不上真正的學術研究。而且我很好奇，到底要如何跟十九歲的學生談論歷史批判的學術研究，是否有什麼祕訣？對他們來說這都是那麼陌生。我決定找來一些同領域的朋友，問問他們的意見：我該寫這本書嗎？如果要，對於那些基本上才剛脫離高中的小朋友，我該探討什麼樣的問題來處理那些硬核的《聖經》學術研究呢？

我獲得了大量的建議和祕訣，但我想最有智慧的評論來自我的朋友查利・寇斯果夫（Charlie Cosgrove），他早年曾協助我度過研究所時光（他是我普林斯頓前幾屆的學長，教過我該怎

麼做）。關於這本教科書，查利說：「最難的是決定要捨棄什麼。」

最後我還是寫了這本教科書，而查利果然是正確的。想要決定一本關於《新約》的書該包含什麼是很容易的，因為可以包含的東西很多，但想要保持這本書的可讀性和可用性，許多重要和讓人喜愛的主題就只能捨棄了。而捨棄這些你心裡所親近、所喜愛的主題是很痛苦的。

這本書我也有一樣的感覺。當討論到《聖經》中的各種差異時，我想要一直講下去，很多都很有趣而且很重要。但我終究還是約束自己只用一章把它講完，也就是前一章。然而，這章我也有一樣的問題，無論是我或是任何歷史批判的學者都可以輕易用一整本書來討論這個主題，但我卻要限制自己在一章內就把它講完。

如同我們在前一章看到的，《聖經》上的差異非常重要，部分原因在於它們強迫我們認真對待每一位作者。馬可所說的也許跟路加說的不完全一樣，馬太也許跟約翰的立場完全相反，而他們可能跟保羅說的都有衝突。但當我們看著不同《聖經》作者之間互相矛盾的訊息時，比起我們在第二章所處理的那些詳情或細節，還有更多東西包含其中。在這些作者和經卷之間存在著更大的差異，這些差異不僅是這裡或那裡的細節，例如一個日期、一次旅行的路程，或是誰跟誰做了什麼事；許多《聖經》作者之間的差異跟他們想要傳達的核心訊息有關。有些時候，一位作者對

一重大議題的理解跟另一位不一致，例如關於基督是誰、如何可以達到救贖，或是耶穌的追隨者該過怎樣的生活等等關鍵問題。

這種量級的差異所包含的不是這裡或那裡的簡單差異，而是對重大事件完全不同的描述。如果我們不讓每位作者如實地陳述他的觀點，就不可能看出這些另類的描述。大部分的人都不是用這一方式來讀經的。他們以為既然《聖經》上所有經卷都在封面和封底之間，那麼每位作者基本上講的都是一樣的事情。他們認為馬太可以用來幫助理解約翰，約翰可以為保羅提供見解，保羅可以用來協助解釋雅各，依此類推。這種對《聖經》和諧的進路是許多虔誠讀經的基礎，可有效地幫助讀者看出《聖經》中的統一性，但同時這也是非常嚴重的缺陷，經常在原本沒有統一的地方創建統一的想法和信念。《聖經》的作者們並不是在他們所討論的每件事上都有共識，有些時候他們的觀點根深蒂固而且顯著地互不相同。

《聖經》的歷史批判法並不假設每位作者都有相同的訊息，它允許作者可能有自己的觀點、自己的看法、自己對基督信仰是什麼和應該是什麼的理解。我們看過的那些差異，對於向我們顯示《聖經》作者之間如何不同非常關鍵。我們要討論的那些主要差別，應該要迫使我們確認這些差異不只是枝微末節，而是非常重要的議題。

我並沒有堅持歷史批判的進路是讀經的唯一進路。儘管《聖經》中充滿各種差異，那些知道《聖經》中歷史批判問題存在的

聰明神學家們，發展出解讀《聖經》的各種方法。我會在第八章討論得多一點。現在，重要的是把握歷史批判的進路是什麼，以及它如何影響《聖經》的理解方式。

某些程度上，這一進路認定那些被稱為「正典」的經卷（也就是將眾多經卷搜集成一本書，並認定它對信仰者的權威性）一開始的形式並不是像現在《聖經》中各經卷所顯示的那樣。當保羅寫信給他所建立的各個教會時，他不認為自己正在寫《聖經》。他認為自己正在寫信，根據個別需求寫信給他們，也根據他自己的想法、他所相信的以及他當時宣教時所說的內容來書寫。只是後來有人將這些信件放在一起，並認為它們是受到啟示的。福音書也是如此。〈馬可福音〉的作者馬可（不論他真實的名字是什麼）也不知道他的書會跟其他三本福音書放在一起，並且被稱為《聖經》；而他當然也不認為他的書卷該用三十年後在另一個國家、身處另一情境的基督徒的作品來解釋。馬可毫無疑問地希望他的書能按照他自己的方式被閱讀和被理解，馬太、路加、約翰或其他所有《新約》的作者也都是如此。

歷史批判法強調，如果我們無法讓作者說出自己的話，如果我們強迫他的訊息必須跟其他作者的訊息一樣，如果我們堅持閱讀《新約》所有經卷如同一卷而不是二十七卷，我們就有誤解這一經卷的危險。這些經卷在不同時間和地點寫成，有著不同的情境，並關注著不同議題。它們由不同觀點、不同信念、不同預設、不同傳統和有不同資料來源的不同作者所寫成。而這些作者

對於重大的問題有時會呈現不同的觀點。[1]

開箱文：〈馬可福音〉和〈路加福音〉中耶穌的死亡

我可以從一個對我而言特別清楚並吸引人的範例開始討論如何比較經文。就如同我們在第二章探討過的那些差異細節，這一類的差異只能透過對每一段落細心地水平閱讀來發現；這次，我們不再找這裡或那裡的微小差異，而是尋找更大主題的差異，也就是差異在於作者如何談論一個故事。在眾福音書中，一個以非常不同的方式來陳述的關鍵故事是耶穌被釘十字架的故事。你也許會認為所有的福音書對於釘十字架的故事都有相同的訊息，而它們之間的差異只是反映了不同觀點而稍微更動而已，也許這位作者比較強調這件事，那位作者強調那件事。但事實上，福音書間的差距遠比這還要大而且更為基礎。再沒有比〈馬可福音〉和〈路加福音〉中關於耶穌死亡的故事更能清楚展示這種差距的了。

自十九世紀以來，學者們認識到〈馬可福音〉是第一卷被寫下的福音書，大約寫於公元六十五至七十年間。〈馬太福音〉

1　當然，如果要試圖瞭解這些不同觀點，我們就要運用詮釋的方法。跟部分人預想的不一樣，經文不會自己說話，它們必須被解釋。而這永遠不可能被「客觀地」解決，彷彿我們這些讀者是機器人一樣，經文總是主觀地被人解讀。但盡管如此，從歷史批判角度來看，每一位《新約》作者都應該按照他自己的詞彙來閱讀和解釋，避免把其他作者的詞彙強加到他身上。

和〈路加福音〉兩卷則寫於十五或二十年後，它們使用〈馬可福音〉作為許多故事的根據。這是為什麼幾乎所有馬可的故事都可以在〈馬太福音〉或〈路加福音〉中找到，也是為什麼有些時候三卷福音書在陳述故事時甚至用字都一樣。有些時候，兩卷福音書講的一樣，但第三卷則否，這是因為偶爾這第三卷福音書會修改〈馬可福音〉上的紀錄。而這表示，如果我們在〈馬可福音〉和〈路加福音〉中有一樣的故事，但有些微不同，這些差異的存在肯定是因為路加修改了他原始文獻的內容，有些時候是刪除一些字或詞，有時是加入新材料，或甚至一整段，有時則是修改句子中用字的順序。我們可以安全地假設，如果路加修改了馬可所說的，這是因為他希望用不同的方法來陳述。有時這些差異只是對文字很小的修改，但有時它們對於整個故事的陳述方式有非常重大的影響。這方法在描述耶穌面對死亡時顯得非常可信。

〈馬可福音〉中耶穌的死亡

在馬可版本的故事中（〈馬可福音〉15章16-39節），耶穌被彼拉多判處死刑，被羅馬士兵嘲笑和毆打，並被帶走釘十字架。古利奈人西門揹他的十字架，耶穌從頭到尾都沒說任何話。士兵們把耶穌釘上十字架時，他仍然沒說話。兩個一起被釘十字架的強盜嘲笑他，那些經過的人嘲笑他，猶太人的領袖嘲笑他。耶穌保持沉默一直到最後，才悲慘地大喊「以利、以利、拉馬撒

巴各大尼」，馬可替他的讀者把這句話從亞蘭文翻譯過來，意思是「我的上帝、我的上帝，為什麼離棄我」。有人給了耶穌沾了醋和酒的海綿，他呼出了最後一口氣就死了。很快地，兩件事緊接著發生：聖殿的幔子裂為兩半，而看管他的百夫長則承認「這人真是上帝的兒子」。

這是個有力且感人的場景，充滿情緒和感傷。耶穌從頭到尾都保持靜默，如同被嚇到一般，直到最後他大聲呼喊，呼應了〈詩篇〉22 篇的內容。我認為他對上帝的質問是真的。他真的想知道為什麼上帝這樣對待他。對於這經節非常受歡迎的解釋是認為，既然耶穌引用〈詩篇〉22 篇 1 節，那麼他事實上想到的是該篇的結尾──那裡上帝介入並為受苦的詩人復仇。我想，這是過度解讀了，並把「大聲喊叫」這句話的力道都剝奪了。這裡的重點在於耶穌被每個人捨棄了：被自己人背叛、三次被自己最親近的追隨者否認、被所有門徒捨棄、被猶太人領袖拒絕、被羅馬當權者判罪、被祭司和路過的人嘲笑、還被兩位跟他一起釘十字架的人嘲笑。直到最後，他甚至感覺到被上帝捨棄了。耶穌絕對處在絕望和悲傷欲絕的最深處，而這正是他死去的方式。馬可嘗試在這場景中說些什麼。他不希望讀者認為上帝真的在現場為耶穌提供身體的安慰而感到放心。耶穌是痛苦地死去，不確定自己的死因是什麼。

但讀者知道原因。在耶穌死後，幔子裂成兩半，百夫長也說出了自己的感言。裂成兩半的幔子顯示因著耶穌的死，上帝可以

直接被祂的子民所擁有，不必再透過猶太祭司在聖殿的祭祀了。耶穌的死帶來贖罪（參考〈馬可福音〉10 章 45 節），而有人立刻就理解這點了：這人不是耶穌最親近的追隨者或圍觀的猶太人，而是剛剛才把他釘上十字架並且信仰異教的士兵。耶穌的死帶來了救贖，而正是外邦人認清了這點。這並不是對耶穌「真的」怎麼死亡平鋪直述的故事，這是帶著敘事外表的神學。

　　歷史學者長期以來認為馬可不僅是在故事中解釋耶穌死去的重要性，同時還非常有可能心中想的是特定的聽眾，這聽眾可能是耶穌後來的追隨者，同樣也有遭逼迫的經驗，並正在反對上帝的當權者手上受苦。如同耶穌，他的追隨者也許不知道為什麼他們要經驗這樣的痛苦和悲慘，但馬可告訴這些基督徒，他們可以非常肯定即使他們不知道自己為何受苦，但上帝知道，並且上帝在這些事件背後動工，使得受苦成為救贖。上帝的目的會藉著受苦而得以成就，不是透過逃避來達成，即使這些目的在當下看起來不那麼明顯。馬可關於耶穌之死的說法，為理解受迫害的基督徒提供了一種模範。

〈路加福音〉中耶穌的死亡

　　路加的故事也非常有趣、感人並發人深省，但卻非常不一樣（〈路加福音〉23 章 26-49 節），它不僅僅是在細節上有幾個差異而已，而是比那些差異還要大，影響了故事陳述的方式，並

且最終影響到整個故事的詮釋方式。

在〈路加福音〉就如同在〈馬可福音〉一樣，耶穌被猶大背叛，被彼得否認，被猶太的領袖拒絕，並且被彼拉多判罪，但他並沒有被彼拉多的士兵們嘲笑和毆打。只有路加提到，彼拉多企圖讓加利利的希律王（也就是耶穌誕生故事中那個希律王的兒子）來審理耶穌的故事，而在彼拉多認為耶穌有罪之前，嘲笑耶穌的是希律的士兵們。這是一個差異，但對整體的閱讀沒有影響，不影響我在這裡想強調的兩個故事之間的差異。

在〈路加福音〉，耶穌被帶出去處死，古利奈人西門被迫替他揹十字架。但耶穌在前往釘十字架的路上並沒有保持安靜。這一路上，他看到不少婦女為即將發生在他身上的事哭泣，他轉向她們並說：「耶路撒冷的女子，不要為我哭，當為自己和自己的兒女哭。」（〈路加福音〉23 章 28 節）他繼續預言他們將會面對的即將來到的毀滅。耶穌對於正發生在他身上的事顯然一點都不感到訝異。他更關心週遭的其他人，而非他自己的命運。

此外，當耶穌被釘在十字架上時，他也不像〈馬可福音〉中的耶穌那樣保持安靜，相反地他禱告說：「父啊！赦免他們；因為他們所做的，他們不曉得。」（〈路加福音〉23 章 34 節）[2]

2　有些抄寫拷貝〈路加福音〉的文士會把這一祈禱省略，顯然他們不喜歡背後隱含的意思，也就是耶穌希望猶太人被赦免釘他十字架的罪。更深入的探討參考 pp.188-189。

耶穌顯然跟上帝有親密的溝通，並且更為關心那些對他做這些事的人，而非他自己。耶穌被猶太人領袖和羅馬士兵嘲笑，但跟〈馬可福音〉不一樣的是，他並沒有明白地被兩位跟他一起釘十字架的人嘲笑。相反地，其中一位嘲笑耶穌，而另一位反駁第一位，強調他們是活該如此，而耶穌沒有做錯任何事（回憶一下先前所說的：〈路加福音〉強調耶穌是全然無罪的）。第二位因此請求耶穌：「你的國降臨的時候，求你記念我！」而耶穌給了他正面的回答：「我實在告訴你，今日你要同我在樂園裡了。」（23 章 42-43 節）在這則故事中，耶穌對於發生在他身上的事以及原因一點都不困惑。他完全平靜，掌握情勢，知道接下來會發生什麼事，還知道在這之後會發生什麼事：他會在上帝的樂園中醒來，而這位罪犯會在那裡與他一起。這跟〈馬可福音〉中那位一直到結局都覺得被拋棄的耶穌非常不一樣。

　　黑暗籠罩了大地，與馬可不一樣的是，當耶穌還活著時聖殿的幔子就裂了開來。在這裡，幔子撕裂開來代表的必然不是耶穌的死帶來了罪的救贖，因為他那時還沒死。相反地，正如他在稍早時所講的，這表示他的死是「黑暗掌權了」（22 章 53 節），[3]而這也標示了上帝對猶太人的審判。撕裂的幔子在這邊顯然代表上帝拒絕了猶太人透過聖殿符號化的崇拜系統。

3　譯注：作者原文標註的章節是 23 章 53 節，但在這一節耶穌已經死掉了，根據作者的意思和經文內容推斷，應該是 22 章 53 節。

　　最重要的是，在〈路加福音〉中，耶穌並沒有在最後大聲喊叫表達他全然被拋棄的感覺（為什麼離棄我？），而是大聲向上帝禱告「父啊！我將我的靈魂交在你手裡」，而後就斷氣死了（23 章 46 節）。這不是一位感到自己被上帝忘卻，並懷疑為什麼要經歷遺棄和死亡痛苦的耶穌；這是一位感受到上帝的存在、與祂在一起，並且自信上帝與他站在同一邊的耶穌。他全然知道現在發生在他身上的是什麼事，以及為什麼，並且把自己交託給天父的慈愛照護，對於接下來要發生的事情充滿了自信。百夫長證實了耶穌自己充分知道的事實，而說了「這真是個義人」。

　　我們要再次強調，這兩個耶穌死亡故事的圖像是如何地不同。稍早，我曾指出，學者有時候認為馬可的故事是為了那些被逼迫和受苦的人而寫，讓他們明白雖然外在的世界如此，但上帝在苦難的背後工作，為的是達到祂救贖的目的。而路加修改馬可的故事，他的目的又是什麼呢？是為了不讓耶穌死得那麼痛苦和絕望嗎？

　　有些歷史批判學者這樣解釋：〈路加福音〉也許也是為那些遭受逼迫的基督徒而寫，但他對那些因信仰而受苦的人所提供的訊息卻與〈馬可福音〉不一樣。路加並不強調上帝在這場景的背後動工（儘管看起來不像），而是向基督徒展示了一個模型，告訴他們，他們也可以像耶穌那樣受苦。耶穌是一位完美的殉道者、確信自己無罪而走上死亡的道路、堅信上帝曾在他人生的路上明確地顯現過、平靜並能控制情勢、知道受苦對天堂的報償是

必要的、而這一切很快都會結束，並可為來生帶來祝福。這兩位作者所在意的也許是類似的情勢，但他們帶來的卻是不同的訊息，不論是關於耶穌如何死，還是關於他的追隨者可以如何面對逼迫，都是如此不同。

小結

當讀者把這兩個福音中所說關於耶穌說的、做的、經驗的每件事拿來合併成一更大結構的故事時，問題就來了。這樣的結果會導致〈馬可福音〉和〈路加福音〉各自的訊息被消除和掩蓋掉了。耶穌不再像〈馬可福音〉中所說的那樣處於深深的痛苦中（因為他在〈路加福音〉中是那麼地充滿自信），他也不再像〈路加福音〉中所說的那樣平靜和自制（因為他在〈馬可福音〉中是那樣絕望）。他某些程度上變成這一切的綜合體。同樣地，既然兩個故事中提到的話他都說了，這些話的意義也變得不一樣了。當讀者錯誤地以為他們在建構一個**真實**發生的故事，再把〈馬太福音〉和〈約翰福音〉丟進來混為一談時，耶穌的形象變得更讓人困惑和混亂。用這種方式解讀這些故事，是剝奪每一位作者的個體性，將他在自己的故事中所承載的意義去除掉。

這是為什麼《聖經》讀者會提出著名的「十架七言」，將四本福音書中耶穌死前所說的每一句話都匯集在一起，想像因為合併了這些故事而能擁有一個完整的故事。這一詮釋的作法並不能

得到一個完整的故事，而是第五個故事，一個跟正典中四卷福音書所說的都不一樣的故事。這第五個故事事實上改寫了福音書，並產生了第五本福音書。如果這就是你想要的，那麼這樣做當然很好，這是自由的國家，沒有人可以阻止你。但是對歷史批判的學者而言，這不是解讀福音書最好的方法。

　　總之，我認為福音書或是《聖經》上所有的經卷都是特別的，不該被當作都是一樣的事情來解讀。福音書的作者寫作時不是為了講一樣的事，即使是一樣的主題（比如說耶穌的死）。〈馬可福音〉不同於〈路加福音〉，〈馬太福音〉不同於〈約翰福音〉，如同你自己透過水平的方式個別閱讀釘十字架的故事時可以看到的。對福音書的歷史性解讀允許每位作者的聲音都能被聽到，並且拒絕將它們合併扁平化為某種「大福音」，抹煞了個別作者的重點。

一些〈約翰福音〉與對觀福音之間的關鍵差異

　　很顯然地，對觀福音中的故事版本不都一樣。但它們彼此之間和〈約翰福音〉比起來仍有很大的相似性。我們也知道，對觀福音彼此之間能有那麼大的相似性，是因為它們的文獻來源相同。比如說，〈馬太福音〉和〈路加福音〉都使用了〈馬可福音〉，在某些地方逐字逐句地抄寫和改寫，有些時候，如果他們想用另一種方式來陳述故事，就會將之大幅改寫。

　　雖然一般的《新約》讀者並不會發現，但〈約翰福音〉確實是截然不同的一部福音書。除了受難故事外，大部分〈約翰福音〉中的故事在對觀福音書中都找不到，而大部分對觀福音書中的故事也都不在約翰福音裡。每當它們有一樣的故事時，約翰跟別人講的總是不一樣。如果將〈約翰福音〉和對觀福音做總體的比較就可以看得出來。

內容上的差異

　　如果將對觀福音整個檢視一次，並對其關鍵情節，也就是作為整體故事架構的那些故事做一摘要，看起來會是怎樣呢？〈路加福音〉和〈馬太福音〉都從耶穌在伯利恆為一處女所生開始。三卷福音書都提到的第一個重大事件，是施洗約翰幫耶穌施洗，而後耶穌到曠野去並受到魔鬼的試探。耶穌從曠野回來並開始傳道，他的信息是「上帝的國」即將來到。他教導的特色，是善於使用比喻。事實上，〈馬可福音〉提到耶穌教導一般群眾時只用比喻（〈馬可福音〉4 章 11 節）。耶穌也會施行神蹟；他最獨特的神蹟，也是〈馬可福音〉中的第一個神蹟，是將鬼從其宿主身上趕出去。因此，耶穌在整個加利利的佈道旅程中用比喻教導群眾並趕鬼，直到故事的一半他帶著三位追隨者（彼得、雅各和約翰）到山上，並在他們面前容光煥發地改變了面貌，又跟從天上顯現的摩西和以利亞講話。在變化容貌之後，耶穌繼續他的佈

道旅程，直到在他生命的最後一週前往耶路撒冷。在那裡，他潔淨了聖殿，吃了最後的晚餐，並把麵包比喻為自己的身體，把酒說成自己的血，因而建立了聖餐禮。他被猶太人的掌權者抓來審判，被判定褻瀆罪。然後來到大家熟悉的結局，關於他的死亡和復活（雖然各福音書用不同的方式陳述）。

讓人詫異的是，幾乎這裡構成對觀福音敘事架構的所有故事都不在〈約翰福音〉裡。既沒有提到他誕生在伯利恆，也沒有說他的母親是位處女。沒有明確提到他的洗禮，也沒有說他在曠野受到魔鬼試探。耶穌沒有宣揚上帝的國，而且從沒有提到任何比喻。沒有變貌山的故事。沒有在前往耶路撒冷時潔淨聖殿（他在第二章已經潔淨過一次）。他沒有建立聖餐禮，相反地他替門徒洗腳，而且他也沒有在猶太人的議會前受過任何正式的審判。

如果〈約翰福音〉中沒有那些關於耶穌的關鍵故事，那它的內容到底是什麼？它有許多對觀福音中找不到的故事。〈約翰福音〉從一段前言開始，這段前言神祕地解釋「上帝之道」（Word of God）[4]一開始與上帝同在，他就是上帝自己，通過他上帝創造了這世界。我們被告知，這「道」變成了肉身，而這就是耶穌基督的真實身分：成為肉身的「上帝之道」。在所有的對觀福音中都沒有這樣的說法。

〈約翰福音〉確實提到耶穌在他的公開傳道過程中實行神

4　譯注：「道」，原文 logos 英文則翻譯成「話」（word）。

蹟，但這些神蹟從沒被稱呼為「奇事」（miracle），「奇事」的字面意思是「能力的作用」。相反地，在〈約翰福音〉中這些事情被稱為「神跡」（sign）。[5]什麼東西的神跡呢？關於耶穌是誰的神跡。說明他是從天上來，並向每一位信他的人提供永恆的生命。在〈約翰福音〉中總共講了七個神跡，大部分在對觀福音的神蹟清單中都找不到（除了兩個——行走在水面上和餵飽許多人）。〈約翰福音〉中提的幾個神跡包含幾個所有時代的《聖經》讀者都熟悉且喜愛的神蹟故事：將水變成酒、醫治生來瞎眼的人，並將拉撒路從死裡復活。耶穌在〈約翰福音〉中所宣講的不是上帝的國而是他自己：他是誰、他從哪裡來、他要往哪裡去、以及他如何帶來永生。在〈約翰福音〉中特別的是許多「我是」的敘述，透過這些，耶穌描述他是誰以及他可以為人帶來什麼。這些「我是」的敘述，通常都附帶有證明的「神跡」，顯示耶穌所說關於自己的話是真的。因此，他說「我是生命的糧」，就用分餅給眾人並餵飽他們來證明。他說「我是世界的光」，就

5　譯注：神跡（σημεῖον），在英文 NRSV 版的《聖經》中翻譯成 sign，在和合本《聖經》中通常翻譯成「神蹟」。而 τέρας 在 NRSV 中翻譯成 miracle，在和合本中翻譯成「奇事」。但其實作者在書中也沒有嚴格區分 sign 和 miracle 這兩個詞彙用法（兩者都可以用來表示超乎想像的上帝作為）。在中文世界裡 miracle 可以翻譯成「神蹟」或「奇蹟」「奇事」等等，前者比較強調詞彙的宗教面向。在本書中，如有特別強調這 sign 和 miracle 這兩個詞彙在神學上的差異時，會以「神跡」和「奇事」來區別兩者，否則會翻成「神蹟」，以符合作者一般用法，中文聖經引文則保持原來和合本的翻譯。

用醫治生來瞎眼的人來證明；他說「我是復活與生命」，[6] 而後就將拉撒路從死裡復活。

在〈約翰福音〉中，耶穌經常長篇大論，不像在其他福音書中只是容易記憶的簡短格言而已。在第三章，有一篇對尼哥德慕所說的長篇論述，對撒馬利亞女人的談話在第四章，在最後的晚餐後、他開始禱告前，對門徒的長篇演說整整包含了四章（13-16章），而接下來祈禱的內容也占了一整章的篇幅。這些談論或「我是」的句子，在對觀福音中都找不到。

不同的側重

關於〈約翰福音〉的獨特性，還有更多可說的。我的論點不僅止於〈約翰福音〉和對觀福音之間的差異，它們對於耶穌形象的描繪也非常不一樣。當然，三本對觀福音的福音書不都一樣，但任何一本對觀福音的福音書與〈約翰福音〉的差異都特別引人注目，我們可以透過一些作者們著重的主題之間的差異看到這種情形。

6　譯注：作者引用的英文經文是 "I am the resurrection and the life"，這句在原文中「我是」，但中文和合本將其翻譯成「復活在我生命也在我」，因而失去了「我是……」的句型，參考〈約翰福音〉11 章 25 節。

處女生子與道成肉身

　　好幾世紀以來就被接受的關於基督來到世界的正統基督教教義是這樣的：他是先於存在的神聖存有，與聖父等同但不是聖父，而後他成為「肉身」，透過處女馬利亞而成為一個人。然而，這樣的教義在任何一本《新約》的福音書中都沒有提到。關於耶穌在出生前就已存在而且是個成為人的神聖存有這樣的觀念，只出現在〈約翰福音〉。而關於他是處女所生的說法，只出現在〈馬太福音〉和〈路加福音〉。只有混合這兩種觀點，人們才能得到傳統正統教義中所說的那個觀點。但是，對福音書的作者而言，處女生子的觀念跟道成肉身的觀念卻是差異非常大的。

　　〈馬可福音〉對於這兩者都沒有提到，它的故事從耶穌作為一個成人開始，沒有提及任何耶穌出生的故事。如果〈馬可福音〉是你手上唯一的一本福音書（在早期，對一些基督徒而言，〈馬可福音〉是唯一的一本福音書），你就不可能知道耶穌的出生有多不尋常，不論是他的母親是一位處女，或是他在出現在地球上前就已經存在的說法。

　　〈馬太福音〉非常明確地指出耶穌的母親是一位處女，但他對這一觀念所代表的神學意義以及所衍生的任何想像則顯得非常克制。我們已經看到，〈馬太福音〉特別喜歡說明耶穌出生、生活和死亡的每件事都是《聖經》上先知預言的實現。所以，為什麼耶穌是由一位處女所生？因為希伯來先知以賽亞曾說：「必有

處女懷孕生子；人要稱他的名為以馬內利。」（〈馬太福音〉1章23節，引用〈以賽亞書〉7章14節）[7] 事實上，以賽亞並不是這樣說的。在希伯來《聖經》中，以賽亞提到的是一位「童女」要懷孕並生下一位男孩，這不是預言未來的彌賽亞，而是一個在以賽亞時代很快就會實現的事件。[8] 然而，當希伯來《聖經》被翻譯成希臘文時，〈以賽亞書〉中的「童女」（希伯來文 alma，跟希伯來文的「處女」是不同字）就被翻譯成希臘文中的「處女」（parthenos），而這正是馬太所讀到的《聖經》。因此，他以為以賽亞所預言的不是他那個時代，而是未來的彌賽亞（雖然「彌賽亞」這一詞彙並沒有出現在〈以賽亞書〉7章中）。因而，馬太認為這是《聖經》上的預言，就在福音書裡提到耶穌是由處女所生。

路加則有不一樣的觀點。他也認為耶穌是由處女所生，但沒有引用《聖經》上的先知預言來解釋。相反地，他有更直接的理由：字面意義上來說，耶穌就是上帝的兒子。因此上帝使馬利亞懷孕，這樣她的兒子就是上帝的兒子。就如同馬利亞從天使加百列那邊知道的那樣（這只記錄在〈路加福音〉中）「聖靈要臨到

7　譯注：這裡中文《聖經》的〈馬太福音〉1章23節是翻譯成「童女」，根據作者的語意（後面會說明「童女」與「處女」的不同），將原本經文中的「童女」改為「處女」。

8　你可以自己閱讀〈以賽亞書〉7-8章來驗證這一說法，以賽亞要說的是在這位小孩（他未來不久就會懷胎）出生和變得非常老之前，以色列人的敵人將會消失，並不再給他們帶來麻煩。

你身上，至高者的能力要蔭庇你，因此所要生的聖者必稱為神的兒子。」（〈路加福音〉1 章 35 節）既然不是因配偶或任何其他人而受孕，而是透過上帝，馬利亞所生下來的，某種程度上來說就是神性的存在。

因此，馬太和路加顯然對耶穌為處女所生有著不同的解釋，但更重要的是，不論在〈馬太福音〉還是〈路加福音〉，都沒有關於這位為處女所生的人在生前就已存在的說法。對這些作者而言，耶穌在他出生時才開始存在。在兩卷福音書中沒有任何一句經文提到耶穌的預先存在，這一觀念來自於而且只來自於〈約翰福音〉。

〈約翰福音〉中沒有提到任何關於耶穌的母親是位處女的說法，相反地，它解釋耶穌來到這世界，是預先存在的神聖存有成為肉身。〈約翰福音〉的前言（1 章 1-18 節）是整本《聖經》最精緻也最為有力的一段經文。這段經文也最常被討論、被爭論並用不同的方式加以詮釋。〈約翰福音〉從一崇高視角開始（1 章 1-3 節），「上帝之道」作為一個獨立於上帝的存有（道與上帝「同在」），而且某些程度上等同於上帝（道「就是上帝」）。這一存有在一開始就與上帝同在，同時藉由他整個世界都被創造了出來（「萬物是藉由他造，沒有一樣不是藉著他造的」）。

好幾個世紀以來，學者們爭吵著這段經文的細節。[9]我個人

9　參考 Raymond Brown 在注釋中對這一經節的討論：*The Gospel According to John* (Garden City, NJ: Doubleday, 1966)

的觀點是作者在這裡回憶了〈創世紀〉1 章的創世故事，在那裡上帝透過說話而創造萬物：「上帝說有光就有了光。」正是透過上帝說出來的「話」而創造了一切。第四本福音書的作者就如同其他在猶太傳統中的作者那樣，想像上帝說出來的話在其本身且就其本身而言是某種獨立的存在。因此，他「與」上帝同在，因為一旦話說出來，就跟上帝分開了；而他「就是」上帝，因為我們可以說上帝說出來的話同時仍屬於祂的一部份。上帝說出來的話，只是使得原本在祂心中的事物變成外在的事物而已。因此，「上帝之道」就是原本神聖內在的外在實現。他同時與上帝同在而且就是上帝，並且也是一切事物得以存在的原因。

在〈約翰福音〉中，這一預先存在的神聖的「上帝之道」變成了人，「道成了肉身，住在我們中間，我們也見過他的榮光」（1 章 14 節）。[10] 不意外地，這人就是耶穌基督。在這裡，耶穌不像〈馬可福音〉中說的只是一位突然冒出來的猶太先知，也不是一位像神一般的人，而是由一位婦女藉由上帝而懷孕（或生產）才來到這個世界的。他是上帝的話語，在一開始就與上帝同在，只是暫時來到世間居住，並帶來永恆生命的可能性。

約翰沒有說這「道」如何能進入世界，也沒有提到任何誕生

10　譯注：和合本的翻譯為「道成了肉身，住在我們中間，充充滿滿的有恩典有真理。我們也見過他的榮光」，作者的引文沒有「充充滿滿的有恩典與真理」這句。

的傳說，或是提到約瑟與馬利亞、伯利恆或是處女懷孕；他在這一關鍵點上不同於〈路加福音〉。〈路加福音〉中描寫的耶穌是在某個歷史時間點來到世間（受孕或者出生），而〈約翰福音〉描寫的耶穌是超越歷史的神聖存有顯現為人的樣子。

如果這兩種觀點結合在一起會發生什麼事呢？兩者所要強調的都不見了！每位作者的訊息都被道透過處女馬利亞成為肉身的正統教義給吞噬了。《新約》的讀者將這兩個經文混合在一起，創造了他們自己的故事，這一故事跳過了〈路加福音〉和〈約翰福音〉中的教導，並且提出了一個這兩卷都找不到的教訓。

耶穌教導上的差異

〈約翰福音〉同時也呈現了關於耶穌在公開佈道中說了什麼的不同觀點。這裡，我將使用最早的對觀福音〈馬可福音〉作為對比。

耶穌在〈馬可福音〉中的教導

在許多方面耶穌在〈馬可福音〉中的教導可歸結為他說過的第一句話：「日期滿了，上帝的國近了，你們當悔改，信福音！」（〈馬可福音〉1章15節）。任何熟悉古代猶太教的人都可認出這當中所包含的天啟性質。猶太教的天啟末世運動

（apocalypticism）是一種世界觀，[11]大約出現在耶穌誕生前一個半世紀，並在耶穌的時代廣泛地在猶太人中流傳。希臘文 apocalypsis 意思是「啟示」或「揭示」。學者們稱呼這一世界觀為「天啟」，因為它的宣傳者相信上帝已向他們啟示或揭露了天上的祕密，這一祕密使得他們現在在這世上所經驗到的現實（通常是骯髒且醜惡的）變得可以理解。天啟末世運動企圖回答的其中一個問題是：為什麼這世界有那麼多的痛苦和苦難？特別是在上帝的子民之中。如果受苦的是惡人還可以說他們就是罪有應得，但為什麼義人也會受苦呢？為什麼事實上義人受的苦比惡人多，而且還落在惡人手上？為什麼上帝允許這樣的事發生？

　　猶太人的天啟末世運動相信上帝向他們顯示的祕密可以解釋這一切。在這世界上有反對上帝和祂的子民的宇宙力量，這力量包括魔鬼和牠的惡魔們。這些力量控制了世界和統治世界的政治力量。因為某些神祕原因，上帝允許這些力量在這一邪惡的世代苦壯。但一個新世代就要來到，在那時上帝要推翻這一切邪惡的力量，並帶來善良的王國，一個上帝的王國，在那裡不再有悲哀、哭嚎、疼痛。上帝要從最高處統治，而魔鬼和牠的惡魔們以

11　譯注：apocalypticism 可以翻成「天啟信仰」，但因為這裡提到的是一個時代的特殊信仰風潮，並且強調末世即將來到的急迫感，因而翻成「天啟末世運動」會比「天啟信仰」還要來得準確一點（猶太教跟基督教一樣，一直都相信他們的信仰是「天啟」的）。

及所有帶來這些苦難的邪惡力量（包含颶風、地震、飢荒、疾病與戰爭），都要被廢棄。

　　耶穌在〈馬可福音〉中的教訓是天啟末世性質的，「日期滿了」表示線性地來看，現在這個邪惡世代已經快結束了，終點就快要到了。「上帝的國近了」，表示上帝將要介入這個世代，並推翻邪惡的掌權者和那些他們所支持的國家，例如羅馬帝國，並要建立祂自己的王國，那是一個真理、和平和正義的王國。「你們當悔改，信福音」，表示人們需要為這一即將來到的王國做好預備，透過改變自己的人生，開始遵從善良的力量而非邪惡的力量，並且接受耶穌關於這一切很快就要發生的教誨。

　　對〈馬可福音〉中的耶穌而言，這一王國很快就會來到，正如同他曾告訴自己的門徒的：「我實在告訴你們，站在這裡的，有人在沒嘗死味以前，必要看見神的國大有能力臨到。」（〈馬可福音〉9 章 1 節）在解釋這一世代的結局時必然有世界性的大動盪後，又告訴他們：「我實在告訴你們，這世代還沒有過去，這些事都要成就。」（〈馬可福音〉13 章 30 節）

　　這樣的王國要如何來到呢？對馬可而言，這一王國要由「人子」帶來，他是全地的無比審判者，要根據人們是否接受耶穌的教導來審判他們：「凡在這淫亂罪惡的世代，把我和我的道當作可恥的，人子在他父的榮耀裡，同聖天使降臨的時候，也要把那人當作可恥的。」（〈馬可福音〉8 章 38 節）而這位「人子」是誰呢？對馬可而言就是耶穌自己，他要被自己的人民

和領袖所拒絕，被處死並要從死裡復活（〈馬可福音〉8章31節）。耶穌會死、會復活，會回來進行審判，並且帶來上帝的王國。

既然耶穌就是那位帶來王國的人，對〈馬可福音〉而言，這一王國已然以預表的方式顯現在耶穌的地上生活和傳道當中了。在這王國中沒有魔鬼，因此耶穌能夠趕鬼；在這王國中沒有疾病，因此耶穌能夠醫治疾病；在這王國中沒有死亡，因此耶穌能使人從死裡復活。上帝的王國可以從耶穌和他的追隨者的傳道中看出來（6章7-13節）。這是耶穌在〈馬可福音〉的許多比喻中可以看到的重點：這一王國有一微小甚至是隱藏的樣貌顯現在耶穌的行為中，但最後卻是以龐大的方式顯現。它就如同微小的芥菜種子，當它被放到地裡去時，卻要變成龐然大樹（4章30-32節）。大部分耶穌的聽眾都拒絕他的訊息，然而有一審判日將要來到，上帝的國要在權能中來到，那時全地都要被重新建造（〈馬可福音〉13章）。

在〈馬可福音〉中，耶穌事實上並沒有太多關於他自己的教導。他主要談論的是上帝、即將來臨的國，以及人們要如何準備迎接它。當他確實提到「人子」時總是含糊的，他從未說過：「我就是那人子。」同樣地，一直到最後的結尾，當他被大祭司要求起誓說話時，他才承認自己就是彌賽亞，也就是即將來到的那個王國受膏的統治者（〈馬可福音〉14章61-62節）。

雖然耶穌在這一福音書中被認為是上帝之子（參考1章11

節；9 章 7 節；15 章 39 節），但這不是他想要的頭銜，而且他也只是勉強地承認（14 章 62 節）。重要的是要知道，對古代猶太人而言，「上帝之子」這一詞彙可以表示許多事情。在希伯來《聖經》中，「上帝之子」可以用來指以色列國（何西阿書 11 章 1 節），或是以色列的國王（撒母耳記下 7 章 14 節）。[12] 在這些紀錄中，所謂「上帝之子」是某位特別的人被上帝所選中來執行上帝的工作，並藉由他使上帝的旨意能施行於世上。就馬可而言，耶穌當然是上帝之子，他是那個執行上帝最高旨意的人，在十字架上走向死亡。但驚人的是，在〈馬可福音〉中，耶穌從沒提到自己是神聖的存有、是預先就已存在的、或是某些程度上跟上帝等同的。在〈馬可福音〉中，耶穌不是上帝，而且他也沒有這樣宣稱過。

耶穌在〈約翰福音〉中的教導

在〈約翰福音〉事情很不一樣。在〈馬可福音〉中耶穌的教訓主要是關於上帝和即將來臨的王國，除了說他必定要去耶路撒冷並被處死之外，很少直接談到他自己。然而在〈約翰福音〉

12　譯注：原書標示的章節是〈撒母耳記上〉7 章 14 節，但參考前後文都跟上帝之子無關，作者引用章節可能是〈撒母耳記下〉7 章 14 節，在那裡耶和華回應大衛的祈禱，並說他會祝福大衛的後裔，使他們繼續當國王：「我要作他的父，他要作我的子；他若犯了罪，我必用人的杖責打他，用人的鞭責罰他」。

中，這卻基本上是耶穌所有談論的主題：他是誰、他來自哪裡、他要去哪裡，以及他如何是那個能帶來永生的人。

在〈約翰福音〉中，耶穌沒有宣傳未來的上帝之國，所有重點都放在他的身分上，如同我們在那些「我是」的經文中看到的。他就是那位能帶來賜予生命糧食的（「我就是生命的糧」6章35節）；他是那帶來啟示的（「我是世上的光」9章5節）；他是通往上帝的唯一道路（「我就是道路、真理、生命；若不藉著我，沒有人能到父那裡去」14章6節）。相信耶穌是通往永生的道路：「信子的人有永生」（3章36節）。他事實上就等同於上帝：「我與父原為一」（10章30節）。他的那些猶太人聽眾很顯然地完全知道他在講什麼，他們立刻拿起石頭來想要打死他，因為他褻瀆了上帝。

在〈約翰福音〉中的一個地方，耶穌對著質疑他的猶太人宣稱自己有上帝的名號：「還沒有亞伯拉罕就有了我。」（8章58節）亞伯拉罕是活在耶穌之前一千八百年的人，是猶太人的祖先，而耶穌卻宣稱在亞伯拉罕之前他就已經存在。然而他所宣稱的其實不僅止於此，他事實上引用了希伯來《聖經》中的一節經文，在那裡上帝在燃燒的荊棘中向摩西顯現，派遣他去法老那裡，請求法老釋放上帝的子民。摩西問上帝，上帝的名字是什麼，這樣他可以告訴他的以色列人同伴是哪位神祇派遣他的。上帝回答他：「我是自有永有的；又說：你要對以色列人這樣說：『那自有的』打發我到你們這裡來。」（〈出埃及記〉3章14

節）[13] 因而當耶穌在〈約翰福音〉8 章 58 節說到「我是」時，他其實是將上帝的名字據為己有。再次地，猶太人聽眾沒有任何難度地理解他說的話。再次地，石頭又扔了過來。

〈馬可福音〉和〈約翰福音〉的差別並不僅在於耶穌在〈約翰福音〉中談到自己並認為自己是神，還在於他**沒有**教導〈馬可福音〉中耶穌所講的那些，也就是即將來臨的上帝的國。在〈約翰福音〉中耶穌所宣傳的，沒有任何是關於未來地上會出現一個國，而上帝會成為最高的統治者以及一切邪惡的勢力都會被摧毀的教訓。相反地，他教導人們需要透過在天上的誕生，[14] 以擁有天上的永生（3 章 3-5 節）。這是「上帝的國」在〈約翰福音〉中的意義，這詞彙只出現很少次：這表示天上的生命、在天上與上帝一起，而不是新天新地降臨到人間。只有對耶穌的信才能帶來永生，那些相信耶穌的會永遠與上帝生活在一起，那些不信的則要被定罪（3 章 36 節）。

對許多歷史批判學者而言，〈約翰福音〉作為最後一部被寫下來的福音書，不再談論人子即將出現在地上，以及他要坐在審判臺上審判世界，並帶來烏托邦式的國度，似乎是合理的。在〈馬可福音〉中，耶穌預言末日即將來到，並且是在他的世代，

13　譯注：「那自有的」就是「我是」。

14　譯注：和合本在這裡翻成「重生」，但本書作者認為這是從上而來或在天上的誕生（或者可以簡單翻譯成「生在天上」，heavenly birth），而不是字面意義上的「重」生，參考下面幾段解說。

是在他的門徒還在世時就會來到（〈馬可福音〉9章1節；13章30節）。而〈約翰福音〉寫下來時，也許是公元九十到九五年間，早期世代的人都已過世了，而大部分的使徒（如果不是全部的話）也已過世了。這表示，他們在神的國度來臨之前就死了。如果那個在世上即將出現的永恆國度最後並沒有出現，人們要怎麼處理這樣的教訓呢？人們必然要重新解釋這個教訓。〈約翰福音〉重新解釋它的方法，便是修改它的基礎概念。

　　像〈馬可福音〉中可以找到的天啟世界觀包含了一種歷史二元論，一方面是現代邪惡的世代，一方面是未來上帝的國度，也就是這個世代以及那個即將來到的世代：他們幾乎可以像水平跨頁的時間線一樣被畫出來。〈約翰福音〉將天啟末世運動原本水平的二元論思考方式翻轉了過來，使它變成垂直的二元論，因而不再是地上的這個世代和即將來到的世代（但仍在地上）這樣的二元論，而是一種下面的生命和上面的生命之間的二元論，我們在下，而上帝在上。耶穌是上帝從上而來的話語，正因這樣我們才能體驗到「從上而來」的誕生（這是〈約翰福音〉3章3節字面上的意思，不是「你必須重生」而是「必須從上而生」）。[15] 當我們因為相信基督這一位從上而來，並因而經驗到這一新生，那麼我們也會得到永生（〈約翰福音〉3章16節）。當我們死後，我們也要上升到天上國度與上帝生活在一起（〈約翰福音〉14章1-6節）。

15　參考《製造耶穌》原書155頁的討論。

不再有降臨到地上的國度了，這一國度是在天上，而我們可以藉由從那裡過來並教導我們路徑的那位，前往天上的國度。這和你在〈馬可福音〉中看到的教訓非常不一樣。

耶穌的神蹟

為什麼耶穌要施行神蹟呢？大部分的人也許會說這是因為他憐憫世人並希望能減輕他們的苦難。這一答案在對觀福音中是正確的，但不止如此，對觀福音中的神蹟還表示，在耶穌中那一長久以來被等待的國度已經來到了：

> 主的靈在我身上，因為祂用膏膏我，叫我傳福音給貧窮的人；差遣我報告：被擄的得釋放，瞎眼的得看見……。耶穌對他們說：今天這經應驗在你們耳中了。（〈路加福音〉4 章 18-21 節）

在另一段經文中，施洗約翰的追隨者來找耶穌，希望知道他是否就是這世代結束時要來的那位，或者他們應該要期待其他人。耶穌告訴他們：「你們去，把所聽見、所看見的事告訴約翰。就是瞎子看見，瘸子行走，長大痲瘋的潔淨，聾子聽見，死人復活，窮人有福音傳給他們。凡不因我跌倒的就有福了！」（〈馬太福音〉11 章 2-6 節）。在對觀福音中，耶穌是長久以

來被期待並要帶來國度的那位。

　　然而，在這些早期的福音書中，耶穌明確拒絕了在不信他的人面前施行神蹟（miracles）以證明他的身分。在〈馬太福音〉中，有些猶太人的領袖問耶穌：「夫子，我們願意你顯個神蹟給我們看。」（〈馬太福音〉12 章 38 節）[16] 他們希望耶穌能證明他的權威來自上帝。但耶穌沒有同意，反而極力強調：「一個邪惡淫亂的世代求看神蹟，除了先知約拿的神蹟以外，再沒有神蹟給他們看。」（〈馬太福音〉12 章 39 節）[17] 他繼續解釋就像約拿事實上在大魚肚中死去了三天三夜，相同地，「人子」也要「在地裡頭」這樣三天三夜。

　　這是引用希伯來《聖經》的〈約拿書〉，在那裡上帝差遣先知約拿前往恐嚇以色列人的敵人，也就是尼尼微的亞述人並要他們悔改。約拿拒絕了，並坐上一條開往另一方向的船。上帝興起暴風困住這條船，水手們發現這是約拿抗命造成的，因此把他丟下船。他被一條大魚吞下，過了三天，他被吐到地上。約拿不願再激起更多憤怒，因而前往尼尼微城，在那裡宣傳上帝的訊息並歸化了整座城。

　　耶穌把自己的情形拿來與約拿的故事做對比，耶穌向頑固的

16　譯注：這裡引用的〈馬太福音〉12 章 38 節中，「神蹟」的原文是 sign。

17　譯注：這裡應該是 12 章 39 節，作者標為 12 章 38 節。這句經文的「神蹟」原文是 sign。

人民宣道，但（比之於約拿的結果）他們卻不悔改。耶穌拒絕施行神蹟以證明自己的神聖性。人們唯一可以得到的證據是「約拿的神蹟」，在〈馬太福音〉的脈絡中，這表示復活的神蹟。耶穌將要死去三天並將要再次出現。這一事件，而不是他在公開宣教的過程中做過的某些事，是要使人相信他所傳的真理。

這是馬太貫穿在他的福音書中的觀點，這幫助我們瞭解他最讓人困惑的一則故事——在耶穌開始公開傳道前，他前往曠野接受魔鬼的試探（〈馬太福音〉4 章 1-11 節）。馬太提到了三個試探，但只有兩個看來合理。第一個，在耶穌連續四十天禁食之後，魔鬼引誘他將石頭變成麵包，耶穌拒絕了：他的神蹟不是為了他自己，而是為了其他人顯現的。第三個試探是要耶穌拜撒旦，並以地上的國度作為回報。這一試探很明顯，誰不想要統治整個世界呢？但對馬太而言，這裡很有個特別的轉折，他知道耶穌終究**會**統治世界，雖然在此之前耶穌必須先死在十字架上，因此這一試探是為了要耶穌跳過受難的階段。耶穌再次拒絕了：「當拜主你的上帝。」

那麼第二個試探呢？魔鬼將耶穌帶到猶太聖殿的頂端，並要他跳下去：如果他跳下去，上帝的天使將會撲下來並在他刮傷自己的腳之前接住他。到底這樣一個叫人從十層樓高的建築物上跳下來的試探，是在試探什麼呢？我們要知道這發生在哪裡：耶路撒冷，猶太教的中心，在聖殿，祭祀上帝的中心。有許多猶太人會在這地方打轉。耶穌被引誘在眾目睽睽下從聖殿頂端跳下，並

讓天使出現接住他。換句話說，這是引誘耶穌施行一個公開的神蹟向群眾證明他真的是上帝的兒子。耶穌拒絕撒但的誘惑，說：「不可試探主你的上帝。」

在〈馬太福音〉中，耶穌不彰顯任何「神跡」來證明自己。這是為什麼在這本福音書中，耶穌的神蹟（miracle）叫做「奇事」（miracle）而不叫做「神跡」（sign）。這些奇事是能力的彰顯，用以幫助那些有需要的人，並展示上帝的國即將來到。

至於〈約翰福音〉呢？在〈約翰福音〉中，耶穌那些顯著的行為被稱為「神跡」，而非「奇事」。這些是特別彰顯出來以證明耶穌是誰，並使人們相信他的。當耶穌宣稱他就是「生命的糧」，他就施行以麵包餵飽群眾的「神跡」（〈約翰福音〉6章），當他宣稱自己是「世界的光」時，他就醫治生來瞎眼的以作為神跡（〈約翰福音〉9章），當他宣稱自己是「復活與生命」時，他就復活拉撒路以作為神跡（〈約翰福音〉11章）。

因而值得注意的是，在〈馬太福音〉中，耶穌除了約拿的神跡外拒絕給猶太領袖們一個「神跡」，而〈約翰福音〉中找不到這一則故事。為什麼會這樣？對〈約翰福音〉而言，耶穌整個傳道過程都在提供「神跡」。同樣，約翰也沒有提到曠野中三個試探的故事。再次地，他怎麼可以提呢？對他來說，耶穌透過神奇的神跡證明自己的身分並不算是撒但的引誘，這是耶穌的神聖呼召。

〈約翰福音〉中的這些「神跡」，就是為了宣揚對耶穌的信仰。如同耶穌自己告訴一個皇家官員的，那官員要求耶穌醫治

他的兒子，耶穌說：「若不看見神蹟奇事，你們總是不信。」
（〈約翰福音〉4章48節）他醫好了那個男孩，而人們就相信
他了（4章53節）。因而，再次地，〈約翰福音〉的作者認為
這是一個證明耶穌身分並使人相信他的「神跡」：「耶穌在門徒
面前另外行了許多神蹟，沒有記在這書上。「但記這些事要叫你
們信耶穌是基督，是神的兒子，並且叫你們信了他，就可以因他
的名得生命」（〈約翰福音〉20章30-31節）。因而，證明耶
穌身分的超自然證據在〈馬太福音〉中被嚴謹地限制住了，而在
〈約翰福音〉中，這卻是耶穌各種奇跡般行為的主要原因。

保羅和福音書作者間的主要差異

　　《新約》各作者之間的主要差異不僅可以在四福音中找到，
也可以在《新約》許多其他經卷中找到，比如使徒保羅的著作。
　　保羅的著作寫於任何一本福音書之前。他大部分的書信是在
公元五〇年代寫成的，大約比最早的福音書〈馬可福音〉還要早
十年或十五年。保羅與福音書的作者們都寫於耶穌死後，而且福
音書不只是後人單純記錄耶穌「真正」說過和做過的事情而已，
而是作者們依照自己的神學理解訴說耶穌的話語和行為，如同我
們一再看到的那樣。保羅同樣也從自己的神學觀點來寫作。然而，
人們可以從保羅書信中找到的許多觀點都跟福音書中的觀點不一
樣。同樣地，〈路加福音〉的作者所寫的〈使徒行傳〉也是如此。

保羅和馬太關於救贖與律法

保羅的教訓中一個重要面向是關於一個人如何能在上帝面前稱義。至少在宗教改革中，有些神學家認為這是保羅的主要關懷。今天，大部分研究保羅的學者都同意這是對本書第二章所提到的那七封無爭議的保羅書信偏頗且過於簡化的解釋。但保羅當然關心人們（比如那些他傳福音的人們）如何可以與上帝有正確的關係，而他堅信這只能透過相信耶穌的死與復活達到，而非追隨猶太律法的要求。

這一教訓某些程度上跟《新約》的其他觀點互相衝突，包含〈馬太福音〉所闡述的。耶穌的追隨者需要遵守猶太律法才能得救嗎？這取決於你問的是哪一位作者。在上帝面前稱義是完全取決於對耶穌的死和復活的信仰嗎？至少〈馬太福音〉的一個關鍵故事與保羅在這點上採取不一樣的立場。

保羅關於「稱義」的觀點

保羅使用「稱義」這一詞來表示一個人有權站在上帝面前。保羅關於稱義的觀點，主要可以在他的〈加拉太書〉和〈羅馬書〉中看到。在這些書信中他使用許多方法來解釋一個人如何能在上帝面前稱義。他最有名也顯然最普遍的說法（可以在他的其他書信中看到），是一個人要在基督的死和復活中「因信稱

義」，而不是透過遵守猶太律法中的規定。

　　要理解保羅關於稱義的神學，其中一個方法是嘗試以他的邏輯來思考。這需要從最初保羅還不是耶穌的追隨者時開始。當時他認為對基督的信仰是褻瀆上帝的，應該被暴力地壓制。保羅的著作寫在他壓迫基督徒的那些日子二十年後，他從沒告訴我們為什麼他最初會認為基督教的信仰那麼該被譴責，但有些小提示散落在他的諸多信件中。也許是因為他被耶穌是彌賽亞的宣稱冒犯了。

　　作為一位信仰虔誠的猶太人，保羅在虔誠信仰耶穌之前無疑知道彌賽亞是什麼意思。在基督教出現之前，沒有任何猶太人相信彌賽亞會受苦而死。相反地，不論猶太人對彌賽亞的想法如何不同，他們都同意彌賽亞的形象是高貴而強大的，他將會以強而有力的樣式在地上實現上帝的意志。猶太人不會把經典中那些描述上帝的義人受難經文理解為對彌賽亞的指涉。而且，也沒有任何這樣的經文提到彌賽亞（〈以賽亞書〉53 章或〈詩篇〉22 篇）。

　　彌賽亞處於上帝特別的寵愛下，並且是上帝的力量和權能在地上的展現。而耶穌是誰呢？一個鮮為人知的遊蕩傳道家，站在律法的對反面，而且因為叛國而被釘上十字架。對大部分第一世紀的猶太人而言，稱呼耶穌為彌賽亞，好一點來說是可笑，說得難聽一點就是瀆神。沒有比被釘十字架的罪犯更瘋狂了，也沒有人比這種人更不像彌賽亞（參考哥林多前書 1 章 23 節）。顯然保羅當時也這樣認為，但某些事情在他身上發生了。之後他宣稱他曾在耶穌死後見過耶穌顯現（哥林多前書 15 章 8 節）。這一

異象使他相信耶穌沒有死去。耶穌怎麼可能沒死呢？

　　作為一位有著天啟末世信仰的猶太人，在相信耶穌之前，保羅就已經相信這樣的概念：在這一邪惡的世代結束時，將會有死人復活，而當上帝推翻邪惡的勢力時，將會使每個人都從死裡復活，而所有人都要面臨審判，好人會被給予永恆的獎賞，邪惡的人則會得到懲罰。如果如同保羅「知道」的那樣，他曾經在耶穌死後（也許是一、兩年）看過活著的耶穌，那麼耶穌就已不再是已死之人，而這必然是因為上帝已經將他從死裡復活了過來。如果上帝將他從死裡復活了起來，這必然表示他**之前是**上帝特別眷顧的那個人。那他就必然是彌賽亞，不是任何猶太人之前想的那種彌賽亞，而是以某種其他方式成為彌賽亞。

　　如果耶穌是上帝所揀選的彌賽亞，為什麼他會死掉？這裡我們可以開始跟保羅一起思考：從結局的耶穌復活反過來思考，並回顧耶穌的死和一生。保羅認為，如果耶穌是彌賽亞，處在上帝的特別眷顧下，那他就必然不會是因為犯了任何錯誤而死。他不會是因為自己的罪而死。然後呢？顯然是為了其他人的罪。如同耶路撒冷聖殿的獻祭一樣，耶穌是為其他人犯下的罪而犧牲。

　　為什麼上帝要讓耶穌為其他人而死呢？顯然地，是因為最完美的獻祭形式只能是「人的犧牲」。[18] 猶太人的祭祀系統必然不足以處理罪的問題，因此那表示關於人如何能被上帝稱義的方

18　譯注：Human sacrifice，傳統上翻譯成「人祭」。

法。上帝改變心意了嗎？祂不是稱呼猶太人為祂的選民，並給他們律法讓他們能作為祂所揀選的民，而與其他人民分開嗎？是的，保羅同意，因為律法和先知必然指向基督，也就是上帝對於「人類問題」的終極解答。

那「人類問題」又是什麼？顯然那是每個人（不論是外邦人還是猶太人）都冒犯了上帝的律法，並因他們的罪而需要完美的獻祭。而這也表示每個人（不只是猶太人還包括外邦人）都必須接受上帝的彌賽亞的獻祭，以使他們的罪能在上帝面前被遮蓋或贖去。那人們不能靠著遵守上帝指示的律法在上帝前稱義嗎？顯然不行。如果可以，那彌賽亞就沒有理由被釘十字架了。藉由被釘十字架，耶穌為其他人流出了血，並為罪帶來贖罪祭。那些相信他的死的人（還有相信他的復活，復活使耶穌的死作為上帝的計畫得以彰顯）將有權與上帝在一起，也就是稱義。那些不信的，則無法稱義。

這一切都表示遵守猶太人的律法跟得救無關。甚至是極度遵守律法的猶太人也無法透過律法在上帝之前稱義。那外邦人呢？當他們信仰基督之後還要成為猶太人並遵守律法嗎？對保羅而言，答案是絕不用。遵守律法的企圖看起來就像一個人想靠自己獲得上帝的歡心（也就是自以為義）。任何企圖透過遵守律法稱義的人仍將陷落到罪裡，因而是徒勞無功的。

唯一能稱義的方式，就是信仰耶穌的死和復活。在〈加拉太書〉2章16節中，保羅說「連我們也信了基督耶穌，使我們因

信基督稱義，不因行律法稱義；因為凡有血氣的，沒有一人因行律法稱義」。[19]

這是保羅在〈羅馬書〉1 到 3 章以及〈加拉太書〉1 到 3 章中的教導。耶穌的追隨者不用嘗試遵守律法，唯有「愛你的鄰舍如同愛自己」並過著良好的道德生活，仍是上帝對祂的子民的期待。而那些律法的戒律和要求，例如割禮、食物潔淨法、遵守安息日和其他的猶太節慶，對於救贖而言都不是必要的了，如果你所想的（和所做的）跟這不一樣，你就有可能失去你的救贖（〈加拉太書〉5 章 4 節）。[20]

保羅和馬太對律法的觀點

我常好奇如果保羅和馬太一起被鎖在一個房間裡，並被告知直到他們對於耶穌的追隨者該如何面對猶太律法達成共識之前都不能出來，不知道會發生什麼事。他們會出來嗎？還是會一直待在裡面，變成兩具到死為止還纏扭在一起的骷髏為止？

---

19 譯注：原文標註為〈加拉太書〉2 章 15 節，按照作者的引文，應該是 2 章 16 中後半段。

20 我對保羅的詮釋受桑德斯（E. P. Sanders）的影響很大，可參考他的經典著作：
Paul and Palestinian Judaism: A Comparison of Patterns of Religion (Mineapolis: Augsburg Fortress Press, 1977)。其他歷史批判學者閱讀保羅的方式，可參考：John Gager, *Reinventing Paul* (New York: Oxford, 2002) 和 Stanley Stowers, *A Rereading of Romans: Justice, Jews, and Gentiles* (New Haven: Yale University Press, 1997)。

如果馬太曾讀過保羅的書信（〈馬太福音〉寫於保羅之後二十五到三十年），他一定不覺得這些書信能有什麼啟發，更遑論是被啟示的了。馬太對於律法的觀點和保羅不一樣。馬太認為耶穌的追隨者需要遵守律法，事實上，他們應該比其他大部分虔誠的猶太人（例如那些文士或法利賽人）遵守得更好。在〈馬太福音〉中，耶穌這樣說：

> 莫想我來要廢掉律法和先知。我來不是要廢掉，乃是要成全。我實在告訴你們，就是到天地都廢去了，律法的一點一畫也不能廢去，都要成全。所以，無論何人廢掉這誡命中最小的一條，又教訓人這樣做，他在天國要稱為最小的。但無論何人遵行這誡命，又教訓人遵行，他在天國要稱為大的。我告訴你們，你們的義若不勝於文士和法利賽人的義，斷不能進天國。（〈馬太福音〉5 章 17-20 節）

保羅認為那些試圖遵守律法的耶穌追隨者是冒著失去救贖的危險。而馬太認為耶穌的追隨者若沒有遵守律法，或甚至沒有遵守得比大部分虔誠的猶太人還好，就永遠無法獲得救贖。神學家和解經家一直以來嘗試調和這兩處觀點，這是全然可被理解的，因為這兩處都在《聖經》正典裡面。任何人如果讀過〈馬太福音〉再去讀〈加拉太書〉，都不會懷疑調和這兩處經文是有理由或方法的。對馬太而言，要在上帝的國中為大，就要詳盡地遵守律法，

光是想要進上帝的國就要遵守得比文士和法利賽人還要好。對保羅而言，進入上帝的國（這是稱義的另一種說法）只能靠耶穌的死和復活，而外邦人遵守猶太律法是絕對禁止的（例如割禮）。

當然，馬太也全然知道耶穌的死和復活。他在福音書中花了不少篇幅來描述這內容。而他也同樣認為除了耶穌的死以外沒有任何救贖。但人還是需要遵守上帝的律法以獲得救贖。畢竟，上帝給過這些律法，想必上帝一開始是這麼認為的，並且後來也沒有改變心意。

事實上，〈馬太福音〉中的一段經節就提到，救贖不只是信心而已，還要有行為，這一意見徹底跟保羅想的不一樣。在一段只出現在〈馬太福音〉的耶穌談話中，耶穌提到那會在時間終了來到的審判日，人子要在榮耀中與他的天使一起臨到，而從地上各國來的人們都要聚集在他前面（〈馬太福音〉25 章 31-45 節），他要將他們分成兩群，「好像牧羊的分別綿羊山羊一般」。綿羊的那群在他的右手邊，而山羊在他的左手邊。他將歡迎綿羊進入上帝的國，「可以來承受那創世以來為你們所預備的國」。為什麼這些人被領進上帝的國呢？

因為我餓了，你們給我吃，渴了，你們給我喝；我作客旅，你們留我住；我赤身露體，你們給我穿；我病了、你們看顧我；我在監裡，你們來看我。

這些「綿羊」們心裡疑惑，他們不記得自己曾遇過人子耶穌，更不用說對他做這些事了。但人子告訴他們「這些事你們既做在我這弟兄中一個最小的身上，就是做在我身上了」。換句話說，正是透過關懷那些飢餓的、口渴的、赤身露體的、生病的和在監的，人們才能繼承上帝的國度。

另一方面，山羊們則被放逐，「進入那為魔鬼和他的使者所預備的永火去」。為什麼呢？不同於綿羊，他們沒有在人子需要時照顧他。山羊們一樣也心裡疑惑，因為他們不記得自己曾遇過人子。然而，當他們看到其他人有需要時卻轉身離去：「這些事你們既不做在我這弟兄中一個最小的身上，就是不做在我身上了。」馬太在他的故事用這一明確的話總結道：「這些人要往永刑裡去；那些義人要往永生裡去。」這是〈馬太福音〉中的耶穌最後的公開談話。

這些話和保羅比起來如何呢？沒那麼樂觀。保羅相信永恆的生命是給那些相信耶穌的死和復活的人的。在馬太關於綿羊和山羊的故事裡，救贖卻給了那些甚至從沒聽過耶穌的人。救贖給予的是那些在對方最需要時以人道和關懷的方式對待他人的人。這是對救贖完全不同的觀點。[21]

〈馬太福音〉中還有另一個讓人印象深刻的故事。一位有

---

21 在保羅的觀點中，一旦人在上帝前站立得住（也就是稱義），好行為自然會發生，但有好行為卻不會幫助你在上帝前站立得住。

錢人來到耶穌面前並問他：「夫子，我該做什麼善事才能得永生？」耶穌告訴他：「你若要進入永生，就當遵守誡命。」當對方繼續問「什麼誡命？」耶穌列舉了十誡中的一些範例。這人堅持他已完全做到了這些，那還需要什麼呢？耶穌回答他必須放棄所有的，「就必有財寶在天上」（〈馬太福音〉19 章 16-22 節）。耶穌繼續說「還要來跟從我」，但注意，只有在一個人願意放棄一切以繼承天上的財富之後，才能跟隨耶穌。

我很好奇，如果同樣一個人二十年後去問保羅會發生什麼事？如果保羅被問人們怎樣才能有永生，他會怎麼回答呢？「遵守誡命」？保羅才不會。律法跟永生沒有任何關係，耶穌的死和復活才有關。保羅會教導放棄所有的、以贏得天上的財富嗎？不可能！只有相信耶穌才能帶來永生。

人們無法辯稱耶穌談的是他死前的永生，而保羅談的是耶穌死後的永生，因為〈馬太福音〉是寫在保羅之後。此外，在〈馬太福音〉中，耶穌說的是最後的審判，這顯然是在他的死和復活之後。因此問題是這樣的，如果馬太的耶穌是正確的，也就是遵守律法和愛人如己可以帶來救贖，那保羅認為做這一切事都跟獲得救贖無關的觀點，怎麼可能是對的？

《新約》中其他幾種不同的觀點

在《新約》的經卷中，還有其他或大或小的差異。要引用幾

樣範例最好的方法，是詢問以下關鍵問題。

為什麼耶穌要死？

耶穌的死對保羅和每一部福音書作者而言都是核心議題。但為什麼耶穌要死？他的死跟救贖又有什麼關係？答案就因你所讀的作者不同而有所不同了。

馬可很清楚耶穌的死帶來贖罪。耶穌自己在〈馬可福音〉前幾章提到「因為人子來，並不是要受人的服事，乃是要服事人，並且要捨命作多人的贖價」（〈馬可福音〉10 章 45 節），耶穌的死是其他人的贖價，要贖回他們因罪而欠上帝的債，這是一項贖罪祭。

路加使用〈馬可福音〉作為自己的來源，並根據他認為合適的方式新增、刪除、修改〈馬可福音〉上的文字。那麼，他對這節經文怎麼處理呢？他完全把它刪除了。為什麼路加要刪除這一經節？也許他對耶穌的死有不同的認知。

在這一詮釋上的連結中（耶穌的死和贖罪），〈馬可福音〉中關於耶穌的死帶來贖罪的「證據」，就緊接著在耶穌死後聖殿的幔子被撕成兩半的時刻，這顯示在耶穌的死之中，人們可以親自接觸到上帝了。而路加修改了這一時間點，撕裂的幔子發生在耶穌還活著的時刻。許多學者認為這很重要，因為撕裂的幔子不再代表耶穌的死所具有的贖罪效果，而是代表上帝對猶太人聖殿

的判決，這是一個象徵，代表聖殿會被摧毀。

因此，在〈路加福音〉中耶穌死的原因究竟是什麼？在路加的第二卷著作，也就是〈使徒行傳〉裡，事情變得明朗了，在那裡使徒們宣傳從基督而來的救贖，以吸引其他人改宗歸信這一信仰。在這些傳福音的佈道中沒有任何一則的任何字句提到耶穌的死是贖罪祭。相反地，最常出現的訊息是人們有罪，是因為他們拒絕那位從上帝那裡派來的，並把他殺了。無辜者的死亡必然使人們懺悔他們自己的罪並轉向上帝，以使上帝原諒他們（參考〈使徒行傳〉2 章 36-38 節；3 章 17-19 節）。路加的觀點是救贖並不是來自贖罪祭，而是來自因懺悔而來的赦免。

但贖罪和赦免不是一樣的嗎？不，這就好比如果你欠我一百塊錢沒還，我們有幾種方法可以解決這個問題。可能是由另一人（你的朋友、兄弟或父母）替你繳交這一百塊錢。這就像是贖罪，由另一人來支付你的罰款。或者，相反地，我也可以直接說「不用在意了，我不需要這筆錢」。這就像赦免，沒有任何人償還，而上帝簡單地就原諒了這筆債務。

耶穌的死對馬可和路加而言都非常重要，但對馬可而言，他的死是贖罪，而對路加而言，是人們認識到自己有罪並需要轉向上帝尋求赦免的原因。關於耶穌死因會根據你所讀的作者而有所不同。

耶穌何時成為上帝之子、主、或彌賽亞？

〈使徒行傳〉中那些佈道的演說處理的不只是救贖的問題，還非常直截地提到基督，以及上帝如何在他死後提升他。在保羅對彼西底的安提阿（Antioch of Pisidia）那些潛在歸信者的演講中，他提到上帝將耶穌提升上來，是實現了《聖經》上所說的：

> 我們也報好信息給你們，就是那應許祖宗的話，神已經向我們這作兒女的應驗，叫耶穌復活了。正如〈詩篇〉第二篇上記著說：你是我的兒子，我今日生你。（〈使徒行傳〉13 章 32-33 節）

在這段經文中，耶穌成為上帝所生之子的「日子」是在他復活那天。但這如何跟路加在其他地方所說的相合呢？在〈路加福音〉中，當耶穌被施洗時，有聲音說了同樣的話：「你是我的兒子，我今日生你。」（〈路加福音〉3 章 22 節）[22] 但在更早之前，天使加百列在耶穌受孕和出生前就向馬利亞宣告：「聖靈要

---

22 有些學者認為〈使徒行傳〉20 章 28 是個例外，但我認為那是對這節經文的誤讀。完整的討論可參考我的書：*The Orthodox Corruption of Scripture: The Effect of Early Christological Controversies on the Text of the New Testament* (New York: Oxford University Press, 1993), p. 203。另一個可能的例外（〈路加福音〉22 章 19-20）則是抄寫者加入到經文的，而不是路加的原文，參考同一本書的 197-209 頁。

臨到你身上，至高者的能力要蔭庇你，因此所要生的聖者必稱為神的兒子。」（〈路加福音〉1章35節）在這一範例中，耶穌之所以是神子似乎是因為處女懷孕的關係：他就物理上而言就是上帝的兒子。路加怎麼會認為這三種意見同時都成立呢？我不確定這三處經文是不是有可能互相調和，也許路加從不同的來源獲得了這三種不同的傳統，但這些來源在這件事情上彼此就已經互不相同了。

同一形式的問題也發生在其他路加關於耶穌所說的話裡。比如說，在五旬節時彼得的演講中，他提到耶穌的死，並肯定上帝已使他復活、將他提升到天上了：「故此，以色列全家當確實地知道，你們釘在十字架上的這位耶穌，神已經立他為主，為基督了。」（〈使徒行傳〉2章36節）再次地，這裡提到耶穌在復活時獲得地位的提升，即上帝「立他為主、為基督」的時刻。但是人們要怎麼處理這節經文和〈路加福音〉中耶穌出生的敘事呢？在那裡天使向「夜間按著更次看守羊群」的牧羊人說：「因今天在大衛的城裡，為你們生了救主，就是主基督。」（〈路加福音〉2章11節）在這一範例中，耶穌在出生時就已是彌賽亞、是主了。耶穌是如何能在兩個時間點上同時成為彌賽亞和主的呢？再次地這似乎是路加著作中的矛盾，也許是因為他用不同的來源創作故事所造成的。

上帝是否鑒察那些偶像崇拜者的無知呢？

在〈使徒行傳〉中，我們不僅偶爾可以看到它和福音書之間的差異，還可以看到其中敘事的主角（也就是保羅）自相矛盾的情節。在這少數的案例中，一個特別有趣的案例發生在一次保羅向異教徒聽眾講道時，他站在雅典的亞略巴古（Areopagus）向一群哲學家講道（〈使徒行傳〉17章22-31節）。保羅一開始讚揚他的聽眾對宗教有著偉大的熱情，但接著指出他們犯了一個大錯，就是以為可以藉由崇拜偶像來敬拜上帝，然而上帝「不住人手所造的殿」，祂是全地的主，是一切的創造者，因此「世人蒙昧無知的時候，神並不監察，如今卻吩咐各處的人都要悔改」。這是關鍵的經節，根據保羅，異教徒出於無知而崇拜異教神祇，他們單純就是不知道還有更好的辦法。但上帝忽略了這一切，現在給他們一次面對真理的機會，並透過死後復活的耶穌來相信上帝。

這一觀點之所以有趣，是因為保羅曾在他的信中談到異教的宗教信仰，並清楚表示他不認為異教徒崇拜偶像是出於無知，或者認為上帝忽略了他們的行為並希望他們悔改。在〈羅馬書〉1章18-32節中，保羅所說的就完全相反：「上帝的憤怒」要落到那些異教徒身上，因為他們蓄意且有意識地拒絕上帝的知識，而那些知識本來就在他們裡面，「神的事情，人所能知道的，原顯明在人心裡，因為神已經給他們顯明。」（〈羅馬書〉1章19

節）他們並不是出於無知而追求宗教上的幻覺，而是對真理有完全的知識。「因為，他們雖然知道神，卻不當作神榮耀祂……將不能朽壞之神的榮耀變為偶像，彷彿必朽壞的人和飛禽、走獸、昆蟲的樣式」。

那麼，上帝到底有沒有忽略他們的罪呢？毫無疑問地，他們「無可推諉」。而上帝處罰他們，不僅是在未來某個顯現的時刻，還在現在，使他們（或容許他們）變得更加墮落、邪惡和不道德。

因而，關於保羅對異教徒和他們崇拜偶像的觀點，我們有兩個互相矛盾的圖像。他們是出於無知所以崇拜偶像嗎？〈使徒行傳〉中的「保羅」說是，而保羅在自己的書信裡說不是。上帝是否忽略他們所做的呢？〈使徒行傳〉說是，而保羅說不是。上帝是否因而在現在就將祂憤怒的判決降臨到他們身上呢？〈使徒行傳〉說不是，而保羅說是。

學者們經常企圖調和這些互相矛盾的觀點。大部分時候他們說因為〈使徒行傳〉的保羅是向異教徒說話，希望能讓他們改宗歸信，因此不希望告訴他們他真正的想法以免冒犯他們。我總是很難相信這樣的說法。如果這樣，那就表示保羅在關於上帝對異教徒的宗教行為的觀點上，會為了獲得更多信徒而撒謊。保羅有很多特點，但我不認為他是個偽君子。真正的保羅更有可能會宣告火和硫磺從天而降的消息，來讓那些人知道他們的錯誤；「技巧」是另一個很少在歷史上的保羅身上發現的特質。〈使徒行

傳〉中的保羅跟真實的保羅似乎不是同一人,至少,當提到上帝
對於異教的偶像崇拜會有什麼樣的反應這一非常基本的問題時是
如此。

羅馬帝國是善的還是邪惡的力量呢?

我最後的問題是關於一個觀點上的主要差異,這一問題經常
被許多早期基督徒詢問:基督徒對於國家的合理態度是什麼?不
同作者有不同的回答方式,有時這些答案會彼此矛盾。使徒保羅
代表了光譜上的其中一端:

> 在上有權柄的,人人當順服他,因為沒有權柄不是出於神
> 的。凡掌權的都是神所命的。所以,抗拒掌權的就是抗拒
> 神的命;抗拒的必自取刑罰……因為他是神的用人,是於
> 你有益的。(〈羅馬書〉13 章 1-2, 4 節)

政府的權柄來自於上帝,上帝為了善而建立政府,任何人都
不該抗拒他們,因為抗拒政府的就是抗拒上帝。

另一個極端觀點則在〈啟示錄〉中。〈啟示錄〉認為政府的
權柄是邪惡的,是由邪惡的力量所建造和控制的,並在最後會
臣服於上帝無比的憤怒之下。在這裡,這些「統治的當權者」是
反基督和反基督者的僕從,而且羅馬城被描述為「大淫婦」,是

「世上的淫婦和一切可憎之物的母」，還是「喝醉了聖徒的血和為耶穌作見證之人的血」。為什麼在〈啟示錄〉17 章中提到的「巴比倫的淫婦」會被認為是羅馬的統治者，也就是保羅稱讚的那個有權柄的人呢？因為在這裡有位天使給了我們關於這一「巴比倫的淫婦」異象的意義之解釋。那女人騎的那頭獸有七個頭，「那七頭就是女人所坐的七座山」，而他自己則是「管轄地上眾王的大城」（〈啟示錄〉17 章 18 節）。公元第一世紀時坐落在七座山上統治一切的偉大城市是誰？當然就是建立在「羅馬七丘」上的羅馬城了。

在〈啟示錄〉中，羅馬不是保羅書信中那個努力帶來一切好事的善良機構，也不是為了上帝子民的幸福而被指派過來的神僕。在〈啟示錄〉中，羅馬是令人髮指、病態、瀆神、極不道德、暴力壓迫的統治者，它不是被上帝指派的，而是被上帝的敵人所建立。然而它的日子就要到了，上帝很快就會推翻羅馬帝國，並帶來祂美好的國度，將巴比倫淫婦從地上掃除。

結論

到現在為止，我已經在大學教授《新約》將近二十五年了，主要在羅格斯大學（Rutgers University）和北卡羅萊納大學教堂山分校。在這段期間裡，我認為最難教給學生的一堂課（也就是最難說服他們的一堂課），是歷史批判學者所宣稱的，必須讓每

一位《聖經》作者說出他們自己的話，因為有太多的案例證明一位作者所說的跟另一位作者是不一樣的。有些時候，這些差異只是重點或強調的地方不同，有些時候是不同的敘事或不同作者的思想互相矛盾，有些時候這些差異很大，不僅影響到經文中的微小細節，還影響到這些作者所處理的那些大問題。

我已在本章中試圖包含一些這種「大」的矛盾了，如耶穌是誰？他如何來到這個世界？他的教導是什麼？為什麼他要施行神蹟？他對自己的死亡的態度是什麼？為什麼他必須死？人如何能在上帝前稱義？上帝對「錯誤」的宗教信仰的態度是什麼？基督徒應該如何面對統治的權柄？這些都是大問題，而不同的《新約》作者各自用不同的方式回答了。

這些作者到底是誰呢？他們為什麼那麼常在這些基要問題上彼此不同意？這是緊接著歷史批判檢視《新約》內容後要討論的主題：《聖經》到底是誰寫的？

第四章

《聖經》到底是誰寫的？

　　學生們第一次修大學《聖經》課程時總會驚訝地發現，我們其實不知道大部分的《新約》經卷是誰寫的。怎麼會這樣？這些經卷不都有作者的名字在上面嗎？〈馬太福音〉〈馬可福音〉〈路加福音〉〈約翰福音〉、保羅書信、〈彼得前書〉〈彼得後書〉〈約翰一書〉〈約翰二書〉〈約翰三書〉等等？怎麼會有人把錯誤的名字標在經卷上呢？這不是上帝的話嗎？如果有人寫了一卷書然後宣稱這是保羅寫的，而大家都知道他不是保羅，這不是撒謊嗎？《聖經》怎麼能撒謊？

　　在我剛進入神學院時，我就是這樣充分裝備好、準備迎戰那些堅持這些瘋狂意見的自由派《聖經》學者對我信仰的大舉進攻。我在保守的信仰圈裡受過訓練，我知道這些觀點是像普林斯頓神學院那種地方的標準觀念，但**他們**又知道什麼了？一群自由佬！

接下來一段時間讓我震驚的，是過去我以為不證自明關於《聖經》各卷作者是誰的傳統說法，在經文中的證據是那麼稀少，反而有很多真正的證據可以證明這些關於作者的說法是錯的。顯然這些自由派學者有真材實料的證據支持他們的說法，他們不是僅僅沉浸在帶有破壞意圖的想法裡而已。有些像福音書那樣的經卷一開始不知道作者是誰，是後來才有人把作者附會上去（例如使徒或使徒的朋友們），而那些作者沒寫過這樣的東西。其他經卷的作者則直接宣稱他們自己是某人，事實上卻不是。

在本章中，我要解釋這些事有什麼樣的證據。

福音書是誰寫的？

雖然很顯然地這不是牧師們一般會告訴會眾的，但一個世紀以來學者中廣泛同意《新約》中的許多經卷不是經卷名稱上宣稱的那位作者所寫的。如果這是真的，那麼是誰寫了它們呢？

初步的觀察：福音書作為親眼見證者的報告

如同我們剛剛看到的，福音書上充滿各種大大小小的矛盾。為什麼四卷福音書中會有這麼多的差異？這些書被稱為〈馬太福音〉〈馬可福音〉〈路加福音〉和〈約翰福音〉，是因為傳統上認為這四卷福音書的作者分別是曾當過稅吏的使徒馬太、被第四

卷福音書稱為「主所愛的門徒」的約翰、彼得的秘書馬可，以及保羅旅行時的同伴路加。這些傳統可追溯到這些書卷被寫下後一個世紀。

但如果〈馬太福音〉和〈約翰福音〉都是耶穌在世上時的門徒所寫下的，為什麼兩者之間在各個方面會有那麼多的不同和矛盾？為什麼他們對耶穌是誰有那麼根本上的差異？在〈馬太福音〉中，耶穌是在處女懷胎或生子時才出現在世上的，而在〈約翰福音〉裡，耶穌是上帝之道的化身，從一開始就是上帝並且透過祂創造了整個宇宙。在〈馬太福音〉中，沒有任何提到耶穌就是上帝的經文，而在〈約翰福音〉裡，這正是耶穌的身分。在〈馬太福音〉中，耶穌教導上帝國度的來臨卻幾乎沒提到他自己（而且從未說到自己就是神），在〈約翰福音〉中，耶穌的教訓幾乎毫無例外地都是關於他自己，特別是關於他的神性。在〈馬太福音〉中，耶穌拒絕施行神蹟來證明自己的神性，在〈約翰福音〉中，這卻是他施行神蹟的唯一理由。

難道這兩位耶穌在世時的追隨者對於耶穌是誰真的有那麼極端不同的理解嗎？這是有可能的。兩位曾效命於小布希總統的官員，對他可能會有極端不同的觀點（雖然我懷疑有任何人會認為小布希是神）。這帶來一個重要的方法論上的問題：我想要在討論福音書作者的證據之前強調一下這問題。

為什麼基督教傳統最後會認定這些經卷是由使徒和使徒的同伴書寫的呢？某部分原因是為了向讀者保證這些福音書是由見證

者本人或見證者的同伴所寫下。見證者所說關於確實發生在耶穌生活中的事件，真實性是可被信賴的，但事實上，見證者所說的不能被認為是歷史上真確的紀錄。它們過去不能被信任，現在也一樣不能被信任。如果見證者總是給出歷史上真確的說法，我們就不需要法庭了。當罪案發生時，如果我們需要知道確實發生什麼事，我們只要隨便問一個人就好了。真實世界中的法庭程序需要多位見證者，因為見證者的證詞往往不同。如果法庭上有兩位見證者的證詞像〈馬太福音〉和〈約翰福音〉那樣天差地遠，想想看，在這情況下想要做出判決有多麼困難。

更進一步的真相是，所有福音書的作者姓名都不詳，而且沒有任何一位宣稱自己就是見證者。他們的名字是被後來的編輯者或文士加上去的（例如「根據馬太的福音」）[1]，這些標題僅代表編輯者認為這些不同版本的福音書背後的作者是誰。透過一些簡單的反思，就能說明這些標題不是福音書原本就有的。任何寫下〈馬太福音〉的人，都不會稱呼那是「根據馬太的福音」。下這個標題的人顯然是在告訴讀者根據他們的意見作者是誰，而作者本人不會在自己的書上用「根據」這樣的字眼。[2]

1　譯注：〈馬太福音〉在原文中的名稱是「根據馬太（的福音）」（According to Matthew），後來才通稱或簡稱為〈馬太福音〉（Gospel of Matthew）

2　有些批評者挖苦我上一本關於苦難問題的書應該稱為《根據葉爾曼的上帝的問題》（God's Problem According to Bart Ehrman），而不該叫做《上帝的問題》（God's Problem），很顯然那不會是我本人會下的標題。

　　進一步來說，馬太的福音完全是用第三人稱來書寫的，他寫的是關於「他們」（也就是耶穌和使徒們）做了什麼，而不是關於「我們」（也就是耶穌和我們其他人）做了什麼。即使在提到馬太被呼召成為門徒的事件時，福音書仍然是用「他」而不是「我」來稱呼。你可以讀讀看這段紀錄（〈馬太福音〉9 章 9 節），裡面沒有任何一句話會讓你覺得作者說的是他自己。

　　約翰就講得非常清楚了。在福音書的最後作者提到「主所愛的門徒」時說：「為這些事作見證，並且記載這些事的就是這門徒；我們也知道他的見證是真的。」（〈約翰福音〉21 章 24 節）注意到作者如何區分他的故事來源（「作見證」的門徒），和**他自己**（「我們知道他的見證是真的」）。稱呼「他」和「我們」，代表作者本身不是門徒。他宣稱自己從某位門徒身上獲得了這些資訊。

　　至於其他的福音書，〈馬可福音〉被認為是彼得的同伴而不是門徒所寫，而〈路加福音〉是保羅的同伴所寫，他也不是門徒。即使這些福音書的作者都是門徒，也不能保證他們故事的客觀性和真實性。事實上，這些福音書的作者沒有一位是親眼目擊耶穌的見證者，也沒有任何一位宣稱自己是。

　　那，這些經卷是誰寫的呢？

福音書的作者

首先從一個基本問題開始：我們對於耶穌的追隨者瞭解多少？關於他們，我們最早且最好的資訊來自福音書自身（包括〈使徒行傳〉）。其他的《新約》經卷，例如保羅的著作只偶然提到十二使徒，而這些部分讓我們更加肯定從福音書中找到的內容。除了《新約》，我們所擁有的就只有好幾十年或好幾個世紀後的傳說故事，比如有名的〈約翰行傳〉就提到約翰在耶穌復活後進行的神奇佈道事工。沒有任何歷史學者會認為這一行傳在歷史上是可信的。[3]

根據福音書，我們知道耶穌的門徒就如同他一樣，都是來自加利利鄉下較低階層的農夫。大部分（也就是西門彼得、安德烈、雅各和約翰）都是打零工的（漁夫或類似工作），馬太是個稅吏，我們不知道他在稅務徵收的組織裡地位到底有多高，也許他是直接為統治當局工作以保證稅金收益的一般契約人員，或者更有可能的，他是那種會來敲你家門叫你交錢的傢伙。如果是後者，那就表示他不需要太高的教育水平了。

其他人同樣也是如此。我們有些資訊可以說明第一世紀時巴

3　我們還有幾乎完整版的〈安德烈行傳〉〈彼得行傳〉〈多馬行傳〉和〈保羅行傳〉，如果要看傳說故事是怎麼發生的，這些同樣也很有趣，但它們很少是歷史事實。這些文本有個不錯的合集，可參考：J. K. Elliott, *The Apocryphal New Testament* (New York: Oxford University Press, 1993)。

勒斯坦鄉村地區低下階層的農民是什麼樣子。其中一個，就是他們幾乎理所當然地不識字。耶穌本人是個例外，他顯然能閱讀（〈路加福音〉4 章 16-20 節），但沒有任何證據表示他能書寫。在古代，閱讀和書寫是兩種分開的技能，許多人能閱讀但不能書寫。

那麼，懂得閱讀的人有多少呢？不識字的人口在羅馬帝國中分布廣泛，即使是最好的時候，也大約僅有百分之十的人稍微識字。而這百分之十的人是有閒階級，他們是上層階級，有錢有時間可以獲得教育（而這些人的奴隸和僕人也被教導讀書，以方便服務他們的主人）。其他人只能從年紀很輕時就開始工作，並且沒時間或金錢可以接受教育。[4]

在福音書或〈使徒行傳〉中，沒有任何一處提到耶穌的追隨者懂得閱讀，更不用說書寫了。事實上，在〈使徒行傳〉中有個地方提到彼得和約翰被稱為「沒有學問的小民」（〈使徒行傳〉4 章 13 節），在古代世界，這表示他們是不識字的。作為來自加利利的猶太人，耶穌和他的追隨者就如同耶穌一樣懂得如何說亞蘭語。身為鄉下人，他們也許沒有任何關於希臘文的知識，如果有也是非常粗淺的，因為他們大部分的時間都和不識字且使用

---

4 關於古代世界的識字率，參考：William Harris, *Ancient Literacy* (Cambridge, MA: Harvard University Press, 1989)。關於巴勒斯坦地區猶太人的識字率，參考：Catherine Hezser, *Jewish Literacy in Roman Palestine* (Tübingen: MohrSiebeck, 2001)

亞蘭語的農夫們在一起，為了每日溫飽勉強度日。

長話短說，耶穌的門徒們是什麼樣的人？從加利利來的低下階級、不識字且使用亞蘭語的農夫。

而福音書的作者又是誰呢？雖然他們都沒有表明自己的身分，但我們可以從他們的作品學到一些東西。我們所認識到的跟我們所知道關於耶穌門徒的資訊完全不一樣。這些福音書的作者是高度受過教育、說希臘語的基督徒，也許住在巴勒斯坦以外的地方。

關於這些作者受過良好教養並說希臘語，基本上沒有任何疑慮。雖然一直以來有學者認為福音書也許原本是由亞蘭文寫成的，但今天主流的認知（基於大量語言學技術上的理由）還是認為福音書都是用希臘文寫成的。如同我提過的，羅馬帝國中最多只有百分之十的人懂得閱讀，少數人可以寫出一個完整的句子，更少的人真的可以把敘事編輯成初步的形式，而事實上能把大量的文學作品編輯成福音書的形式，人數是少之又少。顯然地，福音書不是帝國中最為精良的作品（還差得遠），但仍是由受過良好訓練的作者所寫下前後一致的故事，這些作者知道如何建構一個故事，並透過修辭實現文學上的各種目標。

不論這些作者是誰，他們都是後來世代、有不可多得天賦的基督徒。學者們對這些作者是否必須靠工作度日還沒有定見，但這些人對巴勒斯坦地區的地理，以及對當地猶太人習俗的陌生，顯示他們是在帝國的其他地方寫成這些著作的。而這也表示他們

居住在大城市中，在那裡他們可以受到良好的教育，並且在那裡也會有相對較大的基督徒社群。[5]

這些作者不是來自加利利的低下階級、不識字、說亞蘭語的農夫。但難道沒有可能他們是在晚年才寫成這些著作的嗎？比如說約翰，他年輕時可能是不識字、說亞蘭語、靠打零工維生的人（作為那時的漁夫，他的年紀已足夠拖拉魚網了），但就不能年老時寫下福音書嗎？

我想這是**有可能的**。而這表示在耶穌復活之後約翰決定去上學並且學習如何識字。他學習基本的閱讀、學會基本的寫作、學習希臘文，而且希臘文好到非常流暢。在年老時，他已經十分擅長寫作並可寫下福音書了。這是可能的嗎？恐怕很難吧！在經歷了耶穌復活的事件之後，約翰和其他門徒都有其他事要忙，其中之一，就是他們認為自己必須向全世界傳福音，並且還要管理教會。

帕皮亞的證詞

儘管有這些證據說明沒有任何耶穌的門徒寫下了福音書，我們仍要處理那些宣稱有些門徒寫下了福音書的教會傳統。我們要

5　關於他們不瞭解猶太人的習俗，常見的例子是〈馬可福音〉7章3節，那裡提到法利賽人和「猶太人」都在吃飯前洗手，並說這是他們遵守「古人的遺傳」。這不是事實，大部分的猶太人沒有這樣的儀式。如果馬可曾是一位猶太人，或甚至是一位居住在巴勒斯坦地區的外邦人，他應該知道這點才是。

如何面對這些傳統呢？

　　這些傳統最早的來源，是一位稱為帕皮亞（Papias）的早期基督教會教父，他只提到了兩本福音書：〈馬可福音〉和〈馬太福音〉。帕皮亞是一位神祕的人物，曾寫下一本五卷的著作《主語解》（*Exposition of the Saying of the Lord*）。學者們很可信地定位這本著作的寫作時間約在公元一一〇到一四〇年間，也就是第一本福音書寫成後的四十到七十年間。[6] 帕皮亞的著作已不存在，有些後來的基督教作家認為帕皮亞的觀點要不太過冒犯就是不夠高雅，因此沒有很多人抄寫這一著作。[7] 我們關於這一著作的所有資訊都來自後來教父對他著作的引用。

　　帕皮亞無疑常被描述為在建立教會傳統時有用的資訊來源，部分原因在於他描述自己是如何獲得這些資訊的。在一些被保存和流傳下來的《主語解》的引文中，他宣稱自己曾親自與一些人談話，那些人認識一群他稱為「長老」的人，而這些長老認識一些門徒，因此他得以將從長老那裡領受的話流傳下來。因此，當閱讀帕皮亞時，我們得以從那些認識耶穌門徒的同伴之人手上獲

6　福音書寫成的年代更早些：〈馬可福音〉大約是公元七十年，〈馬太福音〉和〈路加福音〉約寫於公元八十到八五年，〈約翰福音〉則大約是公元九十或九五年間。

7　教會史學家優西比烏稱帕皮亞是「一個沒什麼聰明才智的人」（優西比烏，《教會史》，3.39）。譯注：《教會史》的中文譯本譯為「他的領悟力有限」，但這裡優西比烏指的其實是帕皮亞對《聖經》預言千禧年王國的誤解，也就是指神學觀念而言。

得第三手或第四手資訊。

帕皮亞有一則常被引用的文字是優西比烏（Eusebius）所記載，這則關於馬可和馬太如何成為福音書作者的說法可用來描述這一類第三或第四手資訊的模樣：

這就是長老們說的，「當馬可作為彼得的解釋者時（譯者？），他準確地寫下彼得回憶關於主所做、所說的每件事，但不是按順序。因為他既沒有聽過主說話也沒跟隨過他，如同我說的，後來他跟隨了彼得，彼得依照現況需要而使用主的教訓，而不是依照時間順序編排主所說過的話。因此，馬可沒做錯什麼，他寫下他所記得的那些事。他的目的只有一個：不要遺漏任何他聽過的，或包含任何錯誤的訊息。」

他緊接著寫到馬太：

因此馬太用希伯來語寫下了這些話，每個人都盡他所能最好地解釋（翻譯？）它們。（優西比烏，《教會史》3.39）

這不是很明確地提到馬太真的寫了〈馬太福音〉，而馬可寫了〈馬可福音〉嗎？

在評判帕皮亞的言論的歷史價值時，有些非常重大的細節值

得注意。讓我們從馬太開始。跟馬可不一樣，關於馬太，有件事讓我們不知道帕皮亞的資訊來源是誰，或甚至他是不是真的有資訊來源；這是第三手、第四、第五手的資訊嗎？如果帕皮亞寫於公元一二〇年或一三〇年，那大約是不知名作者寫成〈馬太福音〉的四十或五十年後。這本福音書已默默流傳了好幾十年了。有沒有可能帕皮亞提到的傳統，是這段期間裡才被塑造出來的呢？

在連結到福音書時，同時還要注意這兩段帕皮亞提供關於馬太的資訊對「我們的」那本〈馬太福音〉而言並不是真的。我們的〈馬太福音〉不僅是耶穌語錄的集結而已，而且這本福音書確實是用希臘文寫成，而非希伯來文。[8] 帕皮亞只是搞錯了嗎？還是他所說的是另一本馬太所寫而今天已不在的書？比如說，那是一本耶穌語錄的集結。

如果帕皮亞關於〈馬太福音〉的說法不可靠，那他關於〈馬可福音〉的說法就可靠嗎？在這裡，他提到我們所接受到的是第三或第四手的資訊。[9] 再次地，他強調的其中一點真的錯了：他

8　這是今日學者們的共識。其一，〈馬太福音〉在許多故事中使用〈馬可福音〉作為來源，在有些段落〈馬太福音〉的作者是一個字一個字地照抄馬可的希臘文。如果我們的〈馬太福音〉是希伯來文原著的希臘文譯本，那就不能解釋〈馬太福音〉和〈馬可福音〉這種在希臘文上逐字相同的情況了。

9　這取決於這是他直接從「長老們」那邊聽到的資訊，還是從那些長老們的同伴那裡聽到的。

宣稱馬可的兩個主要目標之一是說出**每件**他從彼得那邊聽到關於耶穌的事。這基本上不可能是真的：〈馬可福音〉只花兩小時就可以大聲朗誦完畢。彼得與耶穌在一起有好幾個月或好幾年，而馬可日日夜夜聆聽彼得宣講耶穌的故事，然後我們能想像馬可所聽到的有用資訊僅只兩小時的份量而已嗎？

不論如何，看來帕皮亞無法提出能讓我們信任的資訊。我同時還要指出，學者們幾乎異口同聲否決了所有現存文獻引用的帕皮亞說過的話。再來看看另一則第四手的資料：

> 因此，那些曾看過主的門徒約翰的長老們，還記得曾經聽他說過主是如何教導「那日子」的，他說：
> 當葡萄藤（vines）長出的日子，那日子就要來到，每一葡萄藤都要長出一萬根枝幹（boughs），每一根枝幹都要長出一萬跟枝子（branches）。是的，每一枝子要長出一萬根枝條（shoots），每一枝條要開出一萬串花序（cluster），而每一串花序要結出一萬串葡萄（grapes），每一串葡萄經過壓榨後會產生二十五桶的葡萄酒。而每當一位聖徒握住了一串花序，另一串要叫嚷「我更好，取我吧，透過我祝福上主吧！」（優西比烏，《教會史》3.39.1）[10]

---

10 譯注：這段事實上出自愛任紐的《反異端》5.33.3，是教父愛任紐引用帕皮亞，

沒有人相信耶穌確實說過這樣的話，或是耶穌的門徒約翰曾說耶穌說過這樣的話。而且，認識約翰的長老們真的這麼說了嗎？[11]

如果學者們對於帕皮亞說過的幾乎每一件事都傾向於不信任，那為什麼他們有些時候還是引用他的話來證明我們有個早期傳統，可以把馬太跟我們的一本福音書互相連結，把馬可和另一部福音書連結起來呢？為什麼這些學者只接受帕皮亞所說的一部分內容而非全部呢？我猜想，是因為這些學者想要為他們自己的觀點找到支持的理由（比如馬太真的寫了〈馬太福音〉），因此當帕皮亞符合他們的觀點時就相信他，不符合時就不相信他。

快速檢視帕皮亞後，我的結論是，我認為他將自己所聽到的故事傳遞了出來，並且把這些故事的作者歸之於那些「聽其他人說過」的人。然而，如果他說的是可以被驗證的，那通常都是錯的。至於那些不能被驗證的，就可以信任嗎？如果你有一個朋友，每次提到你熟悉的地方時都會搞錯方向，那麼當他提及你從未沒去過的地方時，你還會認為他是可以信任的嗎？

沒有任何關於帕皮亞提到〈路加福音〉或〈約翰福音〉的紀錄，我不確認原因何在。但結論還是：關於四本福音書的作者，

而非出自優西比烏的《教會史》。

11 另一個帕皮亞傳說但沒人認為正確的故事是：他寫到猶大在背叛耶穌後發福了，他變得如此胖以至於他無法走到大街上，因為他的頭甚至塞不進兩棟建築中間，直到他最後爆炸死去。這真是一個恐怖的故事，但沒有人會相信。

一直到第二世紀快結束為止（也就是這些不知作者為誰的福音書被匿名寫下並流傳整整一百年後），我們沒有任何可信任的、關於作者為誰的可靠證據（比如說證明某位作者就是我們所知道的那個馬太或那個馬可）。

愛任紐和其他人的證詞

首先確實提到四本福音書的是教父愛任紐（Irenaeus）的作品——一本攻擊基督教異端的五卷本著作中。在那裡，他提到了教會中的四本福音書：〈馬太福音〉〈馬可福音〉〈路加福音〉〈約翰福音〉。到了愛任紐的時代（公元一八○年），教會教父們會想知道這些不知名的福音書作者到底是誰一點都不奇怪。如同我們會在下一章看到的，在早期教會中還有許多其他的福音書到處流傳，其中大部分確實宣稱是耶穌的門徒所寫，比如彼得、多馬和腓力。這樣，人們要怎麼決定信任哪本福音書是使徒所寫的呢？這是個棘手的問題，因為大部分這些「其他的」福音書所呈現的神學觀點，都被愛任紐按自己喜好認定為異端的觀點。人們要怎麼知道耶穌真正的教導是什麼？只能接受那些確實是耶穌的追隨者或追隨者親近的同伴所寫的福音書。

然而，在愛任紐的圈子中，那些被廣泛接受的權威福音書，原本都是作者不明的福音書。想要證明這些文本，解決問題的方法十分明顯，就是幫它們找到已被確立的真正權威。關於馬太

寫過一本福音書的傳統已流傳了好幾十年，那就把我們的第一本
福音書當成馬太寫過的那本福音書好了。馬可被認為是彼得的同
伴，因此我們的第二本福音書就當作是馬可寫的，用以轉述彼得
關於耶穌生平的觀點。我們的第三本福音書的作者寫了兩卷書，
第二卷又稱為〈使徒行傳〉，以保羅當作主角來記載。教會領袖
堅持那肯定是保羅的同伴所寫，那就分派給路加吧。[12] 在排除這
些之後，第四本福音書雖然明確宣稱不是親眼見證者所寫，還是
分給耶穌最親近的門徒約翰好了（約翰這門徒的名字在〈約翰福
音〉中其實從未被提到過）。

　　然而，這些指派沒有一項可推回到福音書的作者自身，而且
沒有任何一本是耶穌的追隨者所寫，因為他們只不過是來自加利
利講亞蘭語的低下階層，而不是講希臘語且受過充分教育的基督
徒後代。

　　因此，關於這些福音書之間為什麼會有這麼大的差異的終極
問題，我們有了答案。它們不是由耶穌的同伴寫的，也不是由
他同伴的同伴寫的，而是好幾十年後由不認識耶穌的人所寫，這

12　會認為「路加」是保羅的旅行同伴的原因，是在〈使徒行傳〉中有四個地方作
　　者使用第一人稱複數的「我們」。這些「我們」的經文（如〈使徒行傳〉16 章
　　10-16 節）被認為暗示作者在這些特別的情境中跟保羅在一起。但其他學者發
　　現，這些經文開始和結束得很突然。而且作者從沒有宣稱「我在這時加入了保
　　羅，然後我們去做這或做那」，為什麼會出現得這麼突然？現在廣泛被認為的
　　說法是，作者不是保羅的同伴，但他其中一個來源是某種形式上的旅行日記，
　　他在研究的過程中發現了它，並且這一日記是使用第一人稱複數來記載的。

些人住在跟耶穌不同的地方（或是很多地方），而且講著跟耶穌不一樣的語言。它們彼此不同的一部分原因是他們甚至不認識彼此；進一步來說，他們所擁有的故事來源也不一樣（雖然馬太和路加都引用了馬可），並且他們都根據自己對耶穌是誰的瞭解而修改了故事內容。

福音書其實不是耶穌的使徒所寫，這一事實在《新約》中並不稀罕。相反地，這是很典型的。大部分《新約》中的經卷都被指派給了那些事實上沒寫過這些經卷的人。從上個世紀早期以來，這一知識都是學者之間廣為人知，並在全國的主流神學院或神學系所中被教導，大部分的教牧人員也都知道。但對於街上的或座位上的許多人而言，這卻是「新聞」。

《新約》中有偽造的作品嗎？

在《新約》的二十七卷經書中，只有八卷幾乎確認可追溯到經卷所指名的那個作者，也就是七封沒有疑問的保羅書信（〈羅馬書〉〈哥林多前書〉〈哥林多後書〉〈加拉太書〉〈腓立比書〉〈帖撒羅尼迦前書〉〈腓利門書〉）和約翰的〈啟示錄〉（雖然我們並不知道這個約翰是誰）。

其他的十九卷則可以分成以下三類：

• **誤稱作者的作品**：如同我們看到的，福音書的作者有可能

都是誤稱的。使徒約翰沒有寫〈約翰福音〉，馬太也沒有寫〈馬太福音〉。其他不知作者為誰的福音書，也都被錯誤地分派給某些有名的人。〈希伯來書〉本身沒有宣稱是保羅寫的，而且幾乎可以肯定不是保羅所寫，[13] 但最後之所以被納為《聖經》正典（參見第七章），是因為教會的教父們認為是保羅所寫。

- **同名作者的作品**：「同名」（homonymy）這個字的意思是「有同樣名字」。一份同名的作品是指作品的作者名字跟某個名人一樣。比如說，〈雅各書〉無疑是雅各寫的，但作者沒有說自己是哪一個雅各，而雅各是一個相當普通的名字，後來的教會教父接受這經卷為正典的部分原因在於他們認為這個雅各是耶穌的兄弟雅各，但書上並沒有這樣自稱。

- **托名作者的作品**：有些《新約》經卷是以某些事實上沒寫過該書的人的名義寫的，而學者知道這一點已有一個世紀了。這一現象的專有名詞叫作「托名寫作」（pseudepigraphy），字面上的意思是「作者名字錯誤的作品」。學者們在使用這個詞彙時不十分精準，而且他們

13　參考本書 197 頁的討論。

之所以傾向於這樣使用是因為它可以避免跟「偽造」這一詞彙有負面連結。不論使用的是哪個詞彙，關於這件事《聖經》學者們已討論很長一段時間了，《新約》中某些經卷的作者很明顯地宣稱自己是另外一人。

古代世界的托名寫作

要讓這情況聽起來比較合理一點，我們得先認識一下古代世界所謂的作者和托名作者。

定義

首先，重要的是精確定義我們所使用的詞彙。「托名寫作」可用來指稱任何錯誤指名作者的作品，這些作者可能是被人錯誤賦予的，但也有可能是這些作品的作者錯誤地宣稱自己是另外一人。

錯誤指稱作者的形式有兩種。有些書是匿名寫作的，是後來的讀者、編輯者或抄寫者錯誤地認為這本書是某個有名的作者所寫；其他的書則是同名作者所寫，這些作者剛好跟某些名人有一樣的名字。在古代，大部分的人沒有姓氏，所以叫「約翰」的可能有好幾百或好幾千人。如果一個叫做約翰的作者寫了一本書，而後來的某人宣稱這個約翰就是西庇太的兒子約翰（有些人就是這樣稱呼〈啟示錄〉的作者），那麼這就是因為同名而錯誤的指

稱作者。[14]

　　「托名」（pseudonymous）的作品（也就是以錯誤的作者名義書寫的作品）同樣也有兩種情況。筆名就是「托名」的簡單形式。當山謬·克萊門斯（Samuel Clemens）用馬克·吐溫的名字寫《哈克歷險記》（*Adventures of Huckleberry Finn*）時，他沒有蓄意欺騙任何人，而只是選擇用另一個名字來出版作品。在古代世界，這種案例的托名寫作非常稀少，僅管偶爾會發生一、兩次，比如希臘歷史學家色諾芬（Xenophon）在寫他最有名的作品《長征記》（*The Anabasis*）時就使用筆名「德米斯托傑尼斯」（Themistogenes）。古代世界中更常發生的是另一種形式的托名寫作，是作者使用了另一個名人的名字，為的是欺騙讀者以為作者真的就是那人。這種形式的托名寫作其實就是字面意義上的「偽造」。

在古代世界托名寫作的盛行率

　　偽造的文學作品在古代世界是個很常見的現象。我們之所

14　我早先說〈啟示錄〉是八卷以作者真名寫作的經卷之一，是因為作者並沒有宣稱自己就是那個西庇太兒子約翰。許多後來的基督徒之所以接受它成為正典，是因為他們以為其作者是另一個約翰——長老約翰。這使得〈啟示錄〉落到另一個跟〈雅各書〉不同的種類中，後者之所以被當成正典，是因為被認為是耶穌的兄弟雅各所寫。

以知道，是因為古代作者這麼說過，而且說得很多。我們可以在一些古代最著名作者的作品中看見討論偽作的問題。在希臘和羅馬人的龐大作者群中，你都可以找到提及或討論偽造問題的紀錄，比如希羅多德（Herodotus）、[15]西賽羅（Cicero）、[16]昆體良（Quintillian）、[17]馬提亞（Martial）、[18]蘇托尼烏斯（Suetonius）、[19]蓋倫（Galen）、[20]普魯塔克（Plutarch）、[21]斐洛斯脫拉德（Philastratus）。[22]在基督教的作家中，也有許多名人曾討論過這個問題，比如愛任紐、德爾都良（Tertullian）、俄利根（Origen）、優西比烏、耶柔米（Jerome）、魯菲努斯（Rufinus）和奧古斯丁（Augustine）。

　　有些時候《新約》學者會認為，偽造的問題在古代世界如此普遍，沒有人會看得很嚴肅，而且因為這種欺騙很容易就被識破，因此也不是真的有意要騙人。[23]我過去幾年來檢視古代對偽

15　譯注：古希臘歷史學家。

16　譯注：羅馬共和時代的政治家。

17　譯注：Marcus Fabius Quintilianus，公元第一世紀羅馬修辭學家。

18　譯注：Marcus Valerius Martialis，公元第一世紀的羅馬詩人。

19　譯注：Gaius Suetonius Tranquillus，公元第一到第二世紀的羅馬歷史學家。

20　譯注：公元第二世紀的希臘醫學家、哲學家。

21　譯注：公元第一到第二世紀的希臘哲學家、傳記作者。

22　譯注：Lucius Flavius Philostratus，公元第二到第三世紀的希臘哲學家

23　這是許多《新約》學者廣泛認同的觀點，特別是注解教牧書信的那些人，但研究古代偽造文學的專家早就知道這個意見根本是胡謅的。參見注解 24 的引用書目。比較好找到且保守的學者的相關著作，可參考：Terry L. Wilder,

造的討論並得出以下結論：會抱持這種意見的人都是沒有真正讀過古代文獻的人。

　　古代文獻對待偽造是很嚴肅的。它們幾乎全都斥責這類事情，並且經常使用極強烈的詞彙。這一現象到底有多廣泛地被指責呢？有些時候甚至連偽造的作品都詭異地指責偽造這回事。此外，那些宣稱沒人會被這種偽造騙到的說法是徹底錯誤的。人們總是被騙，這就是為什麼總是有人偽造作品來騙人。

　　我不用在這裡對古代討論偽造的紀錄給出詳細的細節，關於這個問題有大量的學術研究，雖然說很不幸地這領域最詳盡的研究是用德文寫的，[24] 但我仍然可以提供一個特別有趣的軼事來說明這樣的論點。

　　在第二世紀的羅馬，有位出名的醫學家與作家叫做蓋倫。蓋倫提過一個故事，有天他走在羅馬街頭上經過了一個書販的棚子，在那裡他發現兩個人正在爭論某本出售的書，該書的作者是……蓋倫！其中一人堅持該書的作者真的是蓋倫，而另一個一樣聲嘶力竭地堅持不是，因為該書的寫作風格完全不像蓋倫。不用

Pseudonymity, the New Testament, and Deception: An Inquiry into Intention and Reception (Lanham, MD: University Press of America, 2004).

24 幾乎唯一從頭到尾討論過所有相關文獻的著作是：Wolfgang Speyer, *Die literarische Fälschung im heidnischen und christlichen Altertum* (Munich: C. H. Beck, 1971)。但如果只討論這個問題的某些面向的有趣紀錄，可參考：Anthony Grafton, *Forgers and Critics: Creativity and Duplicity in Western Scholarship* (Princeton: Princeton University Press, 1990)

說，這個爭論讓蓋倫覺得開心，因為事實上他並沒有寫過這本書。但讓他頗為困擾的是竟然有人賣一本假冒他名字的書，因此他回到家裡，寫了一本書叫做《如何分辨蓋倫的書》（*How to Recognize the Books of Galen*），今天我們仍然可以看到這本書。

偽造作品是廣泛實行的，它的目的就是為了欺騙，而且經常有效。偽造的作法是不被接受的，從古代作者用什麼詞彙形容它就可以清楚知道。關於偽造，有兩個最常見的希臘文詞彙是 *pseudon*（謊言）和 *nothon*（私生子）。後面這個詞彙在希臘文中就跟在英文中一樣，是個嚴厲且令人不快的詞彙，經常和 *gnesion* 一起出現，而 *gnesion* 的意思是合法的或真實的。

偽造作品的動機

從眾多古代文本可以很清楚地發現，偽造文本的動機就是為了欺騙讀者，讓他們以為是另一人而不是這文本的作者寫了這本書。但是什麼讓作者這麼做呢？為什麼他們不乾脆用自己的名字寫書呢？

在異教、猶太教和基督教的作家中有各種不同偽造文本的動機。這裡列出其中十種：

1. 為了獲利：古代世界兩座最大的圖書館分別坐落於亞歷山卓（Alexandria）和別迦摩（Pergamum）這兩座城市裡。古代圖書館要取得館藏書籍的方法跟現代有非常大的差別。由於書本

要靠手寫拷貝，同一本書的不同拷貝往往會有所差異，有時甚至差別很大，因而大部分重要的圖書館都寧可保有原始的那本書，而不是後來拷貝、可能有錯的版本。根據蓋倫的說法，這導致了創造經典的「原本」以銷售給亞歷山卓和別迦摩圖書館的龐大產業。如果圖書館員付了一大筆錢給哲學家亞里斯多德一篇論文的原始抄本，你一定會被突然大量冒出來的亞里斯多德論文原始抄本給嚇到。但就我所知，這個獲利動機在早期基督教的著作中並沒有什麼作用，因為這些作品要到後來才開始在市場上販售。

2. 為了攻擊敵人：有些時候一部文學作品被偽造出來是為了栽贓他的敵人。希臘哲學史學家第歐根尼（Diogenes Laertius）曾指出有位名叫狄奧特姆斯（Diotemus）的哲學家，以他哲學上的敵人伊比鳩魯（Epicurus）的名義，偽造並流傳了五十份猥褻的信件。這很顯然對伊比鳩魯的名聲沒有任何幫助。我有時候會懷疑，這一類事件會不會也在基督教的偽作中出現？第四世紀的異端獵人愛皮法尼烏斯（Epiphanius）說他曾讀過一本書叫作《馬利亞的大問題》（*The Greater Questions of Mary*），這本書據說被一個稱為費比翁派（Phibionite）的不道德的基督教異端所使用。書中據說有個關於耶穌和抹大拉的馬利亞的詭異故事，故事中耶穌帶著馬利亞到一座高山上，並且在她前面從自己身邊拉出了一個女人（很像上帝從亞當的肋骨造出夏娃），接著開始跟那個女人交媾，在他即將高潮時離開那女人的身體、把精液搜集在手上然後吃掉，並告訴馬利亞：「我們要這麼做才能活下

去。」可想而知，馬利亞昏過去了（愛皮法尼烏斯，《反異端》
26 冊）。[25]這個奇怪的故事除了愛皮法尼烏斯的著作以外沒有留
下任何紀錄，而愛氏本人出名地喜歡捏造關於異端的「資訊」。
我常懷疑這一則故事是不是根本是愛皮法尼烏斯捏造的，他宣稱
是在費比翁派的書上看到的，但其實從頭到尾都是他自己偽造
的。如果是這樣的話，他以馬利亞的名義捏造費比翁派的書，就
是為了讓自己的敵人看起來很糟糕。

3. 為了攻擊特定的觀點：如果我關於愛皮法比烏斯《馬利亞
的大問題》的論點是正確的，那麼他有部分動機就是為了對抗費
比翁派異端，一個他認為有害的觀點。類似動機也可以在許多其
他基督教的偽作中找到。除了〈哥林多前書〉和〈哥林多後書〉
以外，在《新約》之外還有一部〈哥林多三書〉。[26]這部著作很
顯然是寫於第二世紀，因為他反對的許多異端觀點都發生在那個
時代，那些觀點認為耶穌不是真的有血有肉的人，而他的追隨者
也不會真的以肉體復活。作者一面宣稱自己是保羅，一面以堅決
的語氣宣稱他們一定會復活。用一個假身分對抗一個錯誤觀點，
這聽起來似乎有點古怪，但事情就是這樣。這在早期基督教的偽
造傳統中經常發生。

---

25 譯注：《反異端》原本希臘文名 *Panarion*，該名字引自拉丁文的 *panarium*，意
思是麵包籃。而後拉丁文譯本更名為 *Adversus Haereses*，意思就是反異端。

26 這本書可以參考：Elliott, *Apocryphal New Testament*, pp. 379–82

4. 捍衛自己的傳統是為神所啟示的：有一部古代著作的集結稱為《西卜林神諭》（*Sybilline Oracle*），[27] 西卜林（Sibyl）是古代異教出名的女先知，號稱受到希臘神阿波羅的神啟，但今天流傳下來的那些神諭其實大部分是猶太人所寫。在神諭中，號稱活在這些事件發生前的女先知討論未來會發生的歷史事件，而她說的預言都是正確的，因此確認了那些猶太人重要信仰和實踐的正當性。而預言之所以正確，是因為實際作者活在這些事件發生以後。後來的基督徒也不甘示弱地在一些神諭中插入預言基督降臨的情節，這樣一來，這個異教女先知就準確預見了彌賽亞的到來。還有什麼比從你敵人的先知口中說出的預言、更能證明你宗教的神聖性和真實性呢？

5. 因為謙卑？在《新約》學者中一般認為某些哲學流派的成員會以他們導師的名義書寫，並在自己的作品上簽上導師的名字，作為一種謙卑的表示，因為哲學流派中的個人思想不過都是導師思想的延伸而已。這一說法被認為在一群稱畢達哥拉斯學派的哲學家中特別準確，這一學派的名字來自希臘哲學家畢達哥拉斯。然而，畢達哥拉斯學派的成員自稱為畢達哥拉斯的行為是不是真的出於謙卑，這一說法還有很大的爭議。在這些畢達哥拉斯學派成員的著作中沒有任何關於這一行為代表謙卑的敘述，這一

---

27 John Coline 有很好的翻譯與簡介，參考 *The Old Testament Pseudepigrapha*, ed. James H. Charlesworth (New York: Doubleday, 1983), vol. 1, pp. 317–472

・ 177 ・

說法只存在於好幾個世紀以後的作者作品中。[28] 這些畢達哥拉斯學派的成員可能是出於其他原因才這麼做的。

6. 出於對權威人士的愛慕：類似的脈絡。的確有位古代作者宣稱他偽造作品是出於愛與尊敬。這是最不尋常的狀況，因為偽造者罪證確鑿地當場被抓包。這一故事出於第三世紀早期教父德爾都良，他說關於保羅和他的女門徒德格拉（Thecla）的有名故事，是小亞細亞某間教會的領袖所偽造的（德格拉在中世紀時被認為是個模範門徒），這人在偽造時被抓到，並被革除了教會的職位。在自我辯護中，這位偽造者宣稱他之所以寫這本書是出於「對保羅的愛慕」。[29] 我們不太清楚他這麼說到底代表什麼意思，但有可能因為他對保羅是那麼地崇拜，以至於他以保羅的名義創造出一個故事來表現（他認為重要的）保羅的某些教導和觀點。不過，事實上，在今天僅存的〈保羅與德格拉行傳〉（Acts of Paul and Thecla）中可找到的教訓不盡然都是保羅教導過的，比如這本書中的保羅宣稱永生不會降臨到那些相信耶穌的死和復活的人身上（這是保羅自己宣稱的），而只會降臨到那些跟隨耶

---

28 有兩篇新近論文駁斥新畢達哥拉斯主義因為這一理由而偽造的概念，參考：Jeremy N. Duff, "Reconsideration of Pseudepigraphy in Early Christianity" (Ph. D. dissertation, University of Oxford, 1998) 和 Armin Baum, *Pseudepigraphie und literarische Fälschung im frühen Christentum* (Tübingen: Mohr-Siebeck, 2001)

29 參考德爾都良的《論洗禮》第 17 章，〈保羅與德格拉行傳〉可參考：Elliott, *Apocryphal New Testament*, pp. 364–74

穌在性方面保持禁欲的人身上（即使他們已經結婚了）。

7. 為了愚弄人：有些古代的偽作者創造出作品，僅是想看看他們能不能矇住其他人的眼睛，這有個專有名詞叫贗品（mystification）。最有名的例子是第歐根尼所說一位叫做戴奧尼修斯（Dionysius）的作家，為了設計欺騙他的死敵本都的赫拉克力德斯（Heraclides of Pontus），[30] 以索福克里斯（Sophocles）[31] 的名義偽造了一齣戲劇。赫拉克力德斯被騙了，並把它當作真正的作品來引用。戴奧尼修斯揭露了自己的計謀，赫拉克力德斯卻拒絕相信，於是戴奧尼修斯指出，他可以把作品中某幾句的第一個字母合起來（就像藏頭詩一樣），而那幀好就是戴奧尼修斯男友的名字。赫拉克力德斯堅稱那只是個意外，於是戴奧尼修斯再舉出兩個藏頭的案例，其中一個合併起來變成一個句子：「老猴子不會被陷阱抓到，噢，是的，他最後還是被抓到了，只要花一點時間而已。」另一句則說到：「赫拉克力德斯根本不懂文字，而且他對自己的不懂一點都不覺得可恥。」[32] 我在早期基督教的偽作中還沒有看過這種偽造作為贗品的案例。

8. 為了補充傳統：特別是在基督教早期，有許多案例是偽造者想要提供一些「真實」的作品，以補充傳統中所欠缺的部分。

30　譯注：希臘哲學家和天文學家。

31　譯注：希臘劇作家，著名的作品如希臘悲劇《伊底帕斯王》。

32　這則軼聞出自第歐根尼的《哲人傳》（Lives of Philosophers）5:92-93。

比如說，在〈歌羅西書〉4章17節中，作者（保羅？）要他的讀者也讀讀那封寄給老底嘉基督徒的信。然而，我們手上並沒有保羅寄給老底嘉教會的信。因此，毫無意外地，第二世紀時冒出了好幾封用保羅名義偽造的信件以補充缺少的那封信。[33] 另一個例子，眾所周知《新約》中的福音書幾乎沒提到耶穌早年的生活，這讓一些早期的基督徒感到困惑，到了第二世紀，關於耶穌童年的故事就開始冒出來了。最有名的一個號稱是一位叫多馬所寫的，這個名字意思是「雙生子」，也許「雙生子」指的是敘利亞基督教傳統中耶穌的兄弟猶大，據說他事實上是耶穌的雙胞胎兄弟「雙生子猶大」。不論如何，這是一個關於年輕耶穌（從他五歲開始）有趣的冒險故事。[34]

9. 對抗其他的偽作：藉由偽造作品來對抗其他偽造作品所抱持的立場，是鮮少被研究的早期基督教偽作現象之一。根據教父優西比烏的報導，第四世紀早期，一份用以反對基督教被稱為〈彼拉多行傳〉（Acts of Pilate）的異教偽作被製造了出來。很顯然，這部作品根據羅馬觀點描寫了耶穌的審判和死刑，藉以表示耶穌接受懲罰全然出於活該。這是一份受到廣泛閱讀的文獻，羅馬皇帝馬克西敏（Maximin Daia）[35] 甚至發出告諭要求

33　今天還流傳下來的部分，可參考：Elliott, *New Testament Apocrypha*, p. 546

34　參考：Elliott, Apocryphal New Testament, pp. 68–83

35　譯注：是戴克里先（Diocletian）死後羅馬帝國內戰時期的皇帝之一，馬克西敏後來被他的對手打敗。該內戰最後以君士坦丁大帝獲勝重新統一羅馬帝國告

還在學習單字的學童們閱讀它（優西比烏，《教會史》9.5）。但不久之後，一份同樣也稱為〈彼拉多行傳〉的基督教文件誕生了。在這文件的故事當中，彼拉多完全同情耶穌並且熱切地嘗試要赦免他免於所有的控告。[36] 這個基督教版本的文件之所以出現，就是寫來對抗異教的版本。這一基督教反抗偽作的現象顯然非常廣泛。有份寫於第四世紀名為〈使徒憲章〉（Apostolic Constitutions）的文件號稱是十二使徒在耶穌死後所寫（雖然這份文件事實上是寫於這些使徒死後三百年）。這份文件的一個特徵，便是一再強調基督徒不該閱讀那些錯誤宣稱是使徒所寫的書籍（〈使徒憲章〉6.16）。在《新約》中也有類似的段落，〈帖撒羅尼迦後書〉的作者就警告他的讀者不要被一封宣稱保羅所寫的書信挑釁，也就是說，那是一封以保羅之名偽造的書信（〈帖撒羅尼迦後書〉2 章 2 節）。然而，就像我們等一下會看到的那樣，我們有很好的理由認為〈帖撒羅尼迦後書〉本身也是托名偽作的作品，被認為是保羅的書信，但事實上不是他寫的。

10. 為某人的觀點提供權威：這是我認為到目前為止最常見的基督徒偽作理由。在早先幾個世紀中，有大量的基督徒宣稱各式各樣的觀點，大部分後來都被宣告為異端。然而這些基督徒都

終。

36 這一本書有時又稱為〈尼哥德慕福音〉（Gospel of Nicodemus），參閱：Elliott, *Apocryphal New Testament*, pp. 169–85

宣稱他們代表了耶穌和他門徒的觀點。如果你想要說服其他可能
成為信徒的人,讓他們相信你所宣稱的觀點是使徒的觀點,那要
怎麼做呢?最簡單的方法就是寫一本書,宣稱那是使徒所寫,並
讓這本書到處流傳。每一個早期基督教的團體都曾碰過號稱是使
徒所寫的作品,這些作品大部分都是偽造的。

早期基督教的偽造

　　沒有人會懷疑這一說法的合理性,即大部分早期基督教的文
學作品都是偽造的。比如《新約》之外的作品當中,就有各式
各樣宣稱是某些有名的基督教領袖所寫的福音書:彼得、腓利、
多馬、耶穌的兄弟雅各和尼哥德慕。此外,還有各式各樣使徒們
的行傳,例如〈約翰行傳〉(Acts of John)、〈保羅與德格拉
行傳〉;各式各樣的書信,如〈老底嘉書〉、〈哥林多三書〉、
保羅與羅馬哲學家西尼加(Seneca)[37]的往來書信、一封據說是
彼得寫給雅各以反對保羅的書信;我們還有一些〈啟示錄〉,如
〈彼得啟示錄〉(Apocalypse of Peter,這經卷幾乎就要被認為是
正典了)和〈保羅啟示錄〉。我們會在第六章來檢視其中的一些
作品。

　　早期基督教作家都非常忙碌,他們共通的工作就是以使徒的

37　譯注:第一世紀羅馬哲學家,皇帝尼祿(Nero)的老師。

名義偽造作品。這使我們想到一個大哉問：是不是有些偽造被收入《新約》了呢？

從歷史的角度來看，毫無疑問地，部分偽造作品是很可能被編入正典的。《新約》之外既然有許多偽作，為什麼《新約》中就不會有？我不認為有人可以宣稱第二世紀開始的教會教父們會知道哪本書真的是使徒所寫而哪本不是。他們怎麼知道的？或者，也許重要的是，我們又怎麼知道的？

這麼說聽起來有點奇怪，但今天的我們確實比古代世界的人更容易察覺古代的偽作。我們用的方法跟古人其實是一樣的。像蓋倫一樣，我們考察書信的書寫風格，看它是不是跟作者在其他地方的書寫風格一致。如果有差異，那是怎樣的差異？是很微小的差別，還是極端的差別？有沒有可能是同一個作者使用不同風格來書寫？或者，是否這一書寫風格中的幾個特徵跟作者在其他地方所使用的風格截然不同？特別是在那些我們在寫作時通常不會想到的地方（比如我們使用哪些種類的連接詞、我們如何建立複雜的句子，或是我們如何使用分詞與不定詞）？我們也會檢查作者所選用的詞彙；有些作者使用的單字在這裡找不到？或者說，這本書上使用的單字要到後期的古希臘文中才會出現？最重要的是書上那些神學觀念、觀點和看法；它們在本書中跟在作者的其他著作裡的是否是一致，或至少是相似的呢？或者說，它們其實非常不同？

對於這一類的分辨方式，我們之所以比古人更裝備齊全，是

因為我們真的裝備得更好！古代嘗試偵查偽造的批評者顯然沒有資料庫、資料探勘系統或是電腦，來產生無微不至的單字和風格分析，他們必須大量依靠一般的常識或直覺，而我們有這些，還加上大量的資料。

但儘管我們的技術已經如此進步，在許多情況下仍然有爭議的空間。這裡沒有足夠的空間可以詳細討論《新約》中每一個有問題的段落，但我會用最合理的原因說明為什麼保羅不是正典中以保羅為名的其中六卷經卷的作者。我相信這六卷都是偽造的，它們的作者也許是出於好意，認為自己是在做正確的事，或是認為自己有絕對正當的理由。但不論如何，他們都宣稱自己是另外的某個人，也許是為了讓人聽到自己的觀點。

保羅書信的托名作品（偽造）

下面所舉的例子中，我無法提供所有深入淺出的論辯來說明這些信件的作者是誰。[38] 我的目的是要去解釋學者長期以來主張的主要理由，以說明這些信件即使宣稱是保羅所寫，但實際上不是，這樣就夠了。

既然我先前已經提到了〈帖撒羅尼迦後書〉，我就從這卷開

---

38 關於一般學者觀點更詳細的解釋，請參考我的教科書：*The New Testament: A Historical Introduction*，第 24 章，該章還提供其他學術著作的書單。

始，這是一個很好的起點，因為它是六卷有爭議的保羅書信中關
於作者是誰討論得最激烈的一卷。兩方都有許多優秀的學者支持
（相反地，比如教牧書信或〈彼得後書〉，絕大多數的歷史批判
學者都認為這些書信是托名偽作的），但儘管如此，仍有強大的
理由認為保羅並沒有寫這封信。

〈帖撒羅尼迦後書〉

〈帖撒羅尼迦後書〉的作者爭議之所以如此之大，原因在於
就書寫風格和使用單字而言，幾乎可以肯定與確定是保羅寫的
〈帖撒羅尼迦前書〉非常相像。事實上，因為它跟〈帖撒羅尼迦
前書〉如此相似，有些學者認為它的托名寫作者就是使用〈帖
撒羅尼迦前書〉作為範本來建構這封書信，而後再加上自己的意
見；而這些意見跟它的範本卻有非常大的不同。這兩封書信的相
似性顯現了學者們在判斷古代文件是否為偽造時會碰到的一個問
題，即任何人若有技術可以偽造作品，自然會用盡全力讓他的作
品看起來像是他模仿的那個作者。有些偽造者就是比其他人優
秀。如果有人特別厲害，那就很難（至少從風格上來說）發現他
到底做了什麼。

但是，為什麼會有人模仿保羅的書寫風格卻在神學觀點上跟
他不一樣呢？讀者可以想到很多可能的理由：也許教會中的情
勢改變了，而作者希望從墳墓中召喚保羅回來解決新的問題；也

許作者對保羅並沒有充分的瞭解，誤解了他的一些關鍵論點（保羅自己也說過這在他活著時就發生了，參見〈羅馬書〉3 章 8 節）；也許作者認真覺得他的讀者都誤解了保羅真實的訊息，並且希望修正他們的誤解，卻不知道讀者才一直都是對的那方。

從方法論上看，我的觀點是這樣：人人都期待一個善於模仿保羅的人寫出來的東西神似於保羅，但沒有人會期待保羅不像保羅。我認為〈帖撒羅尼迦後書〉不是保羅所寫的關鍵原因，就在於它的主題跟保羅自己在〈帖撒羅尼迦前書〉中所說的互相抵觸。

〈帖撒羅尼迦後書〉也許是寫來反對一封以保羅之名偽造、今已失傳的信件的觀點。那封信提到：「主的日子現在到了」（〈帖撒羅尼迦後書〉2 章 2 節）。收信的基督徒顯然認為世紀的終結（也就是耶穌在榮耀中歸來）的時刻就要到了，而這位作者正是要寫信修正他們的錯誤。因而在第二章中，也就是整封信的中心，作者指出在終末來到前會有一系列的事件接連發生。首先，會有某種敵擋上帝的叛亂發生，而後一個敵基督者要出現，並坐上猶太聖殿的寶座，宣稱自己就是上帝。這位不法者要展現出各種虛假的神蹟奇事使人沉淪（2 章 1-12 節）。只有在這些都發生過後，終末才會來到。不過，終末還沒來到，而且不會立即到來，在它來臨之前還有清楚且顯然的徵兆要發生，因而知情的基督徒才不會覺得意外。

這是強力而且有趣的訊息，但問題在於這訊息跟保羅自己在

〈帖撒羅尼迦前書〉說的並不相符。

　　〈帖撒羅尼迦前書〉也在處理終末問題，也就是當耶穌從天上在光榮中返回時會發生什麼事（〈帖撒羅尼迦前書〉4章13-18節）。保羅寫這封信的原因，是因為他曾教導帖撒羅尼迦教會的成員終末的日子就要來到，而那些成員感到困惑和焦急，因為教會中有些成員在耶穌再臨之前就已過世。這些人會因而失去在耶穌第二次降臨時一同被提的獎賞嗎？保羅寫信向那些仍存活的人保證那些死去的人會在耶穌第二次降臨時首先復活；而同樣地，他們（仍活著的人）也一定會領到屬於他們的祝福。

　　保羅接著強調當初他在他們中間時曾告訴他們耶穌來臨的日子是突然而不可預期的（〈帖撒羅尼迦前書〉5章1-2節）「好像夜間的賊一樣」（〈帖撒羅尼迦前書〉5章2節），還會帶來「忽然的災禍」（〈帖撒羅尼迦前書〉5章3節），因此帖撒羅尼迦的信徒必須警醒謹守，那日子才不會意外地臨到他們中間。

　　如果保羅在〈帖撒羅尼迦前書〉中認為耶穌歸來的時刻是突然而不可預期的，那麼我們就很難相信他會在〈帖撒羅尼迦後書〉中說終末的日子不會立刻來到，還會有分明的預兆顯示末日近了，而那預兆現在還沒出現。〈帖撒羅尼迦後書〉的作者寫道：「我還在你們那裡的時候，曾把這些事告訴你們。」（2章5節）如果這是真的，為什麼〈帖撒羅尼迦前書〉中的帖撒羅尼迦人會因為他們社群中的某些人過世而煩惱呢？他們應該已經知道終末還不會立刻來到，在那之前先會有反基督的人物出現以及

其他預兆才是。

　　看來，這兩封信不可能都是保羅寫的。也許是因為基督徒在第一世紀快結束時的高漲期待，讓保羅教會中某位不知名作者寫下〈帖撒羅尼迦後書〉來撫平他們的情緒，使他們知道：是的，末日會來到，但不是立刻就來，還有些事要先發生。

〈歌羅西書〉和〈以弗所書〉

　　同樣地，關於辯論保羅是否是〈歌羅西書〉和〈以弗所書〉的作者，原因也很類似。這兩卷和〈帖撒羅尼迦後書〉一樣都被學者稱為「第二保羅書信」（Deutero-Pauline epistles），因為一般認為這些書信不是保羅所寫，因而在保羅著作中屬於第二類的作品（deutero 的意思就是第二）。

　　根據大部分學者的判斷，〈歌羅西書〉和〈以弗所書〉（特別是後者）是作者假借保羅之名書寫的證據，比〈帖撒羅尼迦後書〉來得還要充分。首先，這兩封信的書寫風格都不是保羅式的書寫風格；這一類的論證除非深入到希臘文句型的構成做詳細解析之外很難說明清楚。基本的概念是，〈歌羅西書〉和〈以弗所書〉的作者都傾向使用較長且複雜的句型，而保羅不是。〈歌羅西書〉1 章 3-8 節是一個希臘文句子，是個龐然大物，跟保羅一般會寫下的句子完全不同。〈以弗所書〉1 章 3-14 節，是一個包含十二節的更長句子，一點都不像保羅會寫的。〈以弗所書〉

中有將近百分之十的句子長度超過五十字，這對保羅那些無爭議的書信而言極不尋常。〈腓立比書〉跟〈以弗所書〉的長度接近，但只有一個長句。〈加拉太書〉比〈以弗所書〉更長，也只有一個這樣的句子。[39]

在〈歌羅西書〉（比如〈歌羅西書〉1 章 15-20 節）和〈以弗所書〉中還有許多材料從神學上來看比保羅書信更深入、發展得更好。更重要的是，在一些特殊觀點上，這兩位作者（假設這兩封書信的作者是不同的人）和保羅的意見是不一致的。這兩位作者和保羅都想要談論相信耶穌並受洗的人會發生什麼變化，但他們三人所說的差異甚大。

在早期教會中不會幫嬰孩進行洗禮，只有成年人在相信基督後才會受洗。對保羅而言，洗禮是個重要的儀式事件。它不僅是一個象徵性的行為，當一個人受洗時，有些事確實**發生**了，即這人神祕地與基督的死合而為一。

保羅在〈羅馬書〉中非常仔細地陳述了這個概念，而基本的概念是終末論式的。世界上存在著邪惡的力量，這邪惡力量（包括原罪的力量）奴役人類並使人們與上帝遠離。原罪是惡魔的勢力，不只是你做錯了什麼事，而是每個人都臣服在這一勢力之下，也就是說每個人都無望地與上帝遠離了。唯一能逃離原罪力

39　參考 Victor Paul Furnish 的討論：*Anchor Bible Dictionary*, ed. D. N. Freedman (New York: Doubleday, 1992), vol. 2 。特別關注 "Ephesians, Epistle to the," pp. 535–42

量的方法是死亡。這是基督要死的原因——為了要將人從原罪的勢力中釋放出來。因而,想要脫離原罪的勢力就要與基督一同死去。這就是在洗禮中發生的事。藉由被放入水中(保羅的教會所實行的是全身入水的洗禮),相信基督的人因而與基督的死合一了,如同基督被放到墳墓中,受洗者也向控制這世界的諸多力量死亡了。洗禮過的人不再被原罪的力量奴役,而是「與基督一同死了」(〈羅馬書〉6 章 1-6 節)

然而,保羅非常堅持即使人們已與基督一同死了,卻還沒有「與他一同復活」。跟隨耶穌的人只有在基督於光榮中再臨時才會隨著基督一同被復活(提起),那時將有物質意義上的復活。那些已在基督中死了的人要復活,而那些那時仍然活著的人的身體將體驗到榮耀的轉變,那時這一凡人的軀殼要成為不朽的,不再受制於生活的痛苦或死亡的可能。

每當保羅提到與耶穌一同復活時,他使用的都是未來式(參考〈羅馬書〉6 章與〈哥林多前書〉15 章)。然而在保羅的教會中,有些信徒卻有不同的看法,他們認為他們已與基督一起經歷了某種靈性上的復活,並且已跟基督一起在天上「統治」這個世界。這是保羅在他第一封寫給哥林多教會的信中大聲疾呼並且反對的觀點。整封信的關鍵與高潮在最後的部分:保羅強調復活不是什麼已被經驗到的東西,而是將要來的,是真實的、未來的、物理上的身體復活,而不是過去的靈性復活(〈哥林多前書〉15 章)。保羅在〈羅馬書〉6 章 5 節和 8 節講得非常堅決,那些

受過洗禮的就是與耶穌一同死了，然而他們還沒有與他一同復活（注意，這裡他使用的是未來式的「必」）：

> 我們若在他死的形狀上與他聯合，也要在他復活的形狀上與他聯合……我們若是與基督同死，就信**必**與他同活。[40]

然而，〈歌羅西書〉和〈以弗所書〉都不認同這一觀點。比如〈歌羅西書〉的作者談到同一問題時是這樣說的：

> 你們既受洗與他一同埋葬，**也就在此與他一同復活**，都因信那叫他從死裡復活神的功用。（〈歌羅西書〉2 章 12 節）[41]

一般讀者也許不太容易注意到這些觀點之間的差別，畢竟這兩者都談到了基督的死與復活。然而對保羅來說，精確用詞是很重要的。與基督同死是過去式，而復活卻絕不是過去式，而是未來式。保羅在〈哥林多前書〉花了很大的篇幅爭論這個觀點，正

---

40 譯注：中文本身沒有未來式，這裡和合本翻譯中的「就」有未來會達成的意思。讀者可參考〈羅馬書〉6 章 8 節的英文翻譯："If we have died with Christ, we believe that we will also be raised with him."

41 譯注：作者原標 2 章 13 節，但按引文應該是 2 章 12 節 才是。這裡的「就在此與他一同復活」在原文中其實是過去式，可參考英文翻譯："When you were buried with him in baptism you were also raised with him through faith in the power of God, who raised him from the dead."

是因為教會中某些信徒徹底搞錯了這一觀點，而他表達了極度的厭惡。〈歌羅西書〉所持的觀點，正是保羅在〈哥林多前書〉中反對的那個觀點。

〈以弗所書〉甚至比〈歌羅西書〉更強調這個觀點。在提到過去靈性上的復活時，作者提出了與保羅相反的觀點：「（上帝）叫我們與基督一同活過來……他又叫我們與基督耶穌一同復活，一同坐在天上。」（2章5-6節）這些都是已經發生的事，信徒已與基督一同統治了。這正是某些哥林多教會的信徒以及〈歌羅西書〉和〈以弗所書〉的作者（他們也是保羅教會的成員）搞錯的地方。

〈歌羅西書〉和〈以弗所書〉上還有些關鍵的地方跟歷史上的保羅非常不同，包括詞彙用語上的不同，以及保羅常用的用語在這些書信上的不同使用方式。我的目的是要提出合理的理由，以說明為什麼大部分的歷史批判學者懷疑保羅寫下這兩封書信。跟〈帖撒羅尼迦後書〉一樣，這些書信顯然都是保羅死後才由保羅教會的成員寫成的（也許是他死後十年或二十年後），他們書寫的對象是基督教社群和保羅死後在那些社群中興起的一些問題。他們藉由宣稱自己就是使徒保羅本人，來欺騙他們的讀者。

教牧書信

比之於〈歌羅西書〉和〈以弗所書〉，教牧書信（也就是

〈提摩太前書〉〈提摩太後書〉和〈提多書〉）在學術上的爭論就少了許多。在北美、英國和西歐的歷史批判學者中（這些是《聖經》研究的先進地區），多年來的共識是保羅從未寫過這些書信。

這些經卷被稱為教牧書信，是因為在這些書信中，「保羅」勸告提摩太與提多（這兩人據說分別是以弗所和克里特島上的教牧人員）應該如何在教會中履行他們的教牧義務。這些經卷都是教牧工作上的指示，包括保羅的追隨者應該如何嚴謹地管理教會、控制假教師，並選擇合適的教會領袖。

這些書信有可能是保羅寫下的嗎？當然，理論上來說有可能，然而對大部分學者來說，那些否定的論點看來更有壓倒性的說服力。

一般同意這三封信都是同一位作者所寫。當你讀〈提摩太前書〉和〈提多書〉時，會很清楚地發現它們都在處理許多相同的主題，並且經常使用相同的或類似的語言。〈提摩太後書〉在許多方面則不太一樣，但如果你比較它和〈提摩太前書〉的開頭，就會發現它們看起來非常相像。

對某些學者而言，根據用詞和書寫風格來看，保羅不是這三封信的作者是非常明確的。在這些書信中，總共使用了八百四十八個希臘文單字，其中有三百零六個單字不曾出現在任何《新約》上確信是保羅寫過的書信中，甚至也不出現在〈帖撒羅尼迦後書〉〈以弗所書〉和〈歌羅西書〉中。這表示，有超過

三分之一的單字不是保羅的常用單字。同時，這些不屬於保羅的單字還有三分之二是第二世紀基督教作家會使用的單字。也就是說，這些書信上單字顯然經過更多的演變，在特性上更像發展到後來的基督教。

這位作者所使用的一些重要單字跟保羅一樣，但他以非常不同的方式使用它們。比如說「信」，對保羅來說，信是為了與上帝一同站立的正當性，因而信任地接受基督的死。這是一個關係式的詞彙，表示某種「信任」的意思。在教牧書信中，這一詞彙表示另一種意思：是構成基督教宗教的一整套信念和概念（〈提多書〉1 章 13 節），[42] 這不是一個關係性詞彙，而是一個標示著一整套基督教教訓的詞彙，包含應該被確信的內容，這也是後來基督教的情境中這個詞彙被使用的方式。因而，這是一個例證，說明為什麼教牧書信是從一個後來的、非保羅情境中發展出來的。

若想論證一本特定的書是不是特定作者所寫，單字論證是個惡名昭彰的伎倆，因為人們通常會在不同情境下使用不同詞彙。但在這裡，這一差異卻非常鮮明。更有說服力的證據是，整個教

42　譯注：〈提多書〉1 章 13 節（「這個見證是真的。所以，你要嚴嚴地責備他們，使他們在真道上純全無疵。」）在這裡講的跟作者所提的沒有任何關係，不確定作者實際指的是哪一段經文，或許作者指的是〈提多書〉1 章 3 節：「到了日期，藉著傳揚的工夫把他的道顯明了；這傳揚的責任是按著神我們救主的命令交託了我」，這裡的「託」在原文中和「信」是同一個字。

牧書信中所預設的教會情境，事實上和我們所知保羅時代的教會情境不一樣。

我們從〈哥林多前書〉和〈哥林多後書〉這些書信中，對保羅的教會有了非常豐富的概念。在信中，他討論教會內部的運作方式，包括如何組織與建構信仰群體，以及這樣的群體如何運作。到了教牧書信，事情發生了劇烈變化。

保羅的教會並不是階層式的架構，教會中沒有一個領袖或領導群體，而是一個信仰者的團契，藉由「上帝的靈」在每個人身上活動而運作。

這是非常重要的，要知道保羅本人的觀點是徹頭徹尾的天啟末世信仰，他相信耶穌的復活代表世紀的終結已經近了，這一終結可能在任何一天來到，耶穌會從天上顯現，死人會復活，而還活著的信徒會改變成為不死的身體，他們會永遠活在未來的國度中。

那麼，當信仰者在等待主降臨時，他們都在做什麼呢？他們在團契中彼此見面、一起敬拜、教誨、教育並互相幫助。這些團契是如何組織起來的呢？保羅認為是由上帝自己藉由聖靈組織起來的，這在〈哥林多前書〉12 到 14 章中說明得很清楚。當人們受洗進入教會後，他們不僅「與基督一同死去」，還被賦予了聖靈，這聖靈是上帝在終結來臨前在地上的顯現。每個信徒因而都領受到某種「屬靈的恩賜」，讓他們可以在團契中藉以幫助他人。有些人獲得知識上的恩賜，有些是教訓、有些是施捨、有些

是說出從上帝而來的預言、有些能說出天外或天使的語言，這些語言一般是無法被瞭解的（所謂的「說方言」），有些則能翻譯這些啟示（也就是「翻方言」）。這些恩賜是為了群體的益處而賜下，因而信仰者的團契可以在終末來臨前的這些日子完美而和諧地運作。

然而事情總不按計畫進行，比如說哥林多教會，老實說，就是一團糟。不同的屬靈「領袖」宣稱自己在屬靈上比其他人更有恩賜，他們有自己的追隨者，在教會中造成派系分裂。這些分裂群體的發展完全失去控制，有些成員甚至上法院控告自己教會的人。此外，還有猖獗的不道德現象，教會中的某些人不但逛窰子還在教會裡吹噓，此外還有人跟自己的繼母同居。至於教會的聚會儀式，也是徹底混亂，那些在哥林多人中「更屬靈」的人認定真正屬靈的記號是說方言的能力，因此他們在崇拜時彼此競爭，看誰更常說、說得更大聲。在每週團契聚餐的時刻（真的是吃飯，不是吃塊威化餅或抿一口小酒那樣），有些早到的成員狼吞虎嚥然後酩酊大醉，而那些晚到的人（也許是屬於社會階級較低的人或奴隸，這些人的工時通常比較長）卻沒東西可以吃。有些群體的成員對於自己屬靈的優越性如此自信，他們宣稱自己已跟基督一起復活並且一起在天上統治世界了（這一說法很像後來〈以弗所書〉的作者所宣稱的）。

為了解決教會中的問題，保羅寫了一封長信給整間教會，並請求全部的人都要改變。為什麼他不寫信給教會的主教或是首

席牧師呢？為什麼他不寫一封信給教會領袖，叫他管好下面的人呢？因為教會中沒有最大的領導者，沒有主教或是首席牧師。在耶穌復活到所有信徒復活之間這麼短的時間裡面，保羅教會的群體是藉由上帝的靈在每個成員身上工作來運作的。[43]

如果沒有官方的組織結構，沒有指定的領導者，沒有人可以負責，那會發生什麼事？哥林多教會發生的問題就是典型會發生的問題：一團混亂！這樣的混亂要怎麼才能得到控制？要有人出來負責。隨著時間轉移，這最終在保羅的教會中發生了。在保羅最終離開後，他的教會開始採用你想得到的那種形式，有人開始成為組織的上層，這些人發號施令，下面還有其他領導者被指派負責讓所有人同心協力、確保只有正確的教訓才被教導、約束那些行為不合規範的成員。

在保羅還在世的日子，你看不到這樣的教會結構，然而在教牧書信中卻看到這樣的教會。這些書信是寫給兩間保羅教會的首席領會者。這些書信指示要約束管制假教師；指示要任命主教（這些主教顯然要照管整間教會的靈性發展）；要指派執事，讓他們負責救濟的工作，並照顧團體在物質上的需求；還訓誡人們在不同的社會情境下（丈夫與妻子、父母與小孩、主人與奴隸等

43　在〈腓立比書〉1章1節中，保羅的確提到了複數的主教（監督）和執事，但他沒有告訴我們這些人是做什麼的，或是他們在教會的領導角色中（如果有的話）意味著什麼。

等）要有什麼樣的行為，這樣教會才能長久地存續下去。

另一方面，對保羅來說，他從來沒有想到**要**拖延這麼久，他認為終末很快就會來到。然而終末沒有來到，他的教會必須組織起來才能存活下去。他們的確組織起來了，教牧書信就是在這個新形勢的情境下寫出來的，也許是在保羅過世後二十年或更久以後寫下的。在這一新形勢下，一位作者寫了這三封信，他自稱是保羅，好讓訊息取得保羅的威信。然而，他的訊息不是保羅的訊息。保羅生活在另一個不同的世代。

《新約》中的其他經卷是誰寫的？

前面所說過的大部分都可以用來說明剩下的《新約》經卷。有些的作者是匿名的，特別是〈希伯來書〉以及被稱為〈約翰一書〉〈約翰二書〉〈約翰三書〉的書信。如同許多早期教會的作者已經知道的那樣，沒有理由認為保羅寫了〈希伯來書〉，然而〈希伯來書〉終究還是被那些認為該書是保羅所寫的教父們收進了正典。事實上，〈希伯來書〉的書寫風格跟保羅的書信完全不一樣，該相信的主要主題在保羅的其他書信中完全找不到，而論證的模式跟保羅更是一點都不像，那為什麼還有人認為這是保羅所寫的呢？跟保羅自己的作品不一樣，這本書的作者是匿名的。

那些被稱為約翰書信的經卷同樣也沒有宣稱自己是約翰所寫的，〈約翰二書〉和〈約翰三書〉是某位自稱「長老」的人所

寫，而〈約翰一書〉沒提到任何關於自己的事情。作者可能是第一世紀末任何一位教會的領袖。

其他經卷則是同名作者。〈雅各書〉的作者沒有宣稱自己是哪一位雅各，更不用說那位按傳統被稱為耶穌的兄弟的雅各了。〈猶大書〉宣稱是「雅各的兄弟」的猶大所寫，這也許可以解釋他是耶穌的兄弟，因為根據〈馬可福音〉，耶穌的兩位兄弟分別是雅各和猶大。但奇怪的是，如果他想要被認為是耶穌的兄弟，為什麼不直接說自己是耶穌的兄弟就好？這樣可以讓自己的書更有權威一點。不論猶大還是雅各，都是古代猶太人中和基督教教會中非常普通的名字。後來建構正典的基督徒宣稱這兩位是耶穌的親戚，但是他們自己沒有這樣承認過。

我們也很難相信這兩封信會是兩位來自加利利、說亞蘭語、處在社會底層的農夫所寫（他們更有名的那位兄弟都不被認為懂得書寫了，更不用說用希臘文編寫出一篇複雜的文章）。這裡的論證跟早先關於〈約翰福音〉作者所提出來的論證一樣，耶穌的兄弟們（在加利利的落後農村中長大、靠著雙手掙錢過活、從沒有時間或金錢接受教育）後來決定接受希臘式的教育又去上作文課，並因此能寫出這些辭藻華麗且雄辯的著作，這在理論上是可能的，但實際看來不太可能。

同樣的思考方式也可以應用到〈彼得前書〉和〈彼得後書〉上，不過這兩卷經卷跟第二保羅書信（也就是〈帖撒羅尼迦後書〉〈歌羅西書〉和〈以弗所書〉）或教牧書信一樣，所宣稱的

作者都不是真正的作者。這是名副其實的托名著作，它們看起來就是偽造的作品。

可以確定的是，寫了〈彼得後書〉的人沒有寫〈彼得前書〉：這兩者的書寫風格天差地遠。在早期教會中，已經有些基督教學者認為彼得沒有寫下〈彼得後書〉了。今天，關於這兩卷作者是誰的爭論甚至比教牧書信的爭論還少。那稱為〈彼得後書〉的著作寫於彼得過世許久之後，由一位不滿於某些人否認末日很快會來的人所作（隨著日子繼續過下去，這種懷疑或許會跟著出現，這是可以理解的），這位作者想要反駁這些人的錯誤概念，並宣稱自己就是耶穌的得力左右手西門彼得，藉此來達到自己的目的。

稱為〈彼得前書〉的著作在學者之間擁有比〈彼得後書〉更多的爭論。但再次地，究竟一位來自加利利農村的單純的漁夫突然發展出希臘文寫作的技巧，這樣的機率有多大呢？有些人會說有其他人協助彼得寫了這封信，比如信上提到過的西拉（5 章 12 節）。但這封信本身並沒提到這點。而且，如果是其他人寫了這封信，那真正的作者不就是他，而不是彼得了嗎？在這一經卷中作者對《舊約》熟練的運用，證明了不論作者是誰他都受過高深的教育與優良的訓練，而不是像西門彼得這樣的人。同樣還值得指出的是，我們有許許多多早期基督教的著作宣稱是彼得所寫，但事實上不是他寫的，比如一本彼得的福音書、一封彼得寫給雅各書的書信，一些彼得的「行傳」，以及三個不同版本的〈彼得

啟示錄〉。以彼得之名偽造著作幾乎是個山寨產業了。

結論：《聖經》到底是誰寫的？

我現在回到原本的問題：《聖經》到底是誰寫的？在《新約》的二十七卷中，只有八卷可以確認是傳統所宣稱的那人所寫的：也就是七封無爭議的保羅書信和約翰的〈啟示錄〉。不過，〈啟示錄〉也可以被當作是同名作者所寫，因為他沒有宣稱自己是特定的哪位約翰，而這甚至在早期教會中也被某些作者所承認。

我對《新約》作者的觀點在學者中並不特別偏激。不可否認地，學者中總是存在著對這卷經卷或對那卷經卷作者是誰的爭論。有些非常好的學者認為，保羅寫了〈帖撒羅尼迦後書〉，或耶穌的兄弟雅各寫了〈雅各書〉，或彼得寫了〈彼得前書〉。但大多數的歷史批判學者長期以來就對這樣的歸屬感到懷疑，而〈提摩太前書〉或〈彼得後書〉這些《新約》經卷的爭論則幾乎沒有；這些著作並不是他們以為的那些作者所寫的。

對於那些成為正典的經卷作者是誰的懷疑，在早期教會中就有了，然而在現代（十九世紀開始），學者開始用更有說服力的理由來論述這樣的意見。即使現在許多學者還是不喜歡稱呼這些偽造的《新約》文件為「偽造的」，畢竟我們現在討論的可是《聖經》。然而，事實是，不論怎麼定義這個稱呼，它們就是偽

造的。早期教會中許多著作的作者都錯誤地宣稱自己是使徒，以欺騙他們的讀者，好讓讀者接受他們的著作和他們的觀點。

關於《新約》包含著以假造的名字書寫的著作，這一觀點在所有西方世界主要的高等教育體系中幾乎都有教導，除了那些福音派主導的學校以外。這一觀點在所有學府所使用的主要《新約》教科書中也都有提到。這一觀點在神學院或神學系所中被教導。這些都是牧師在準備成為牧師之前所學習的內容。

那麼，為什麼這些不是大家都知道的事呢？為什麼那些坐在會堂位子上的人（更不用說在街上的人了）對這些一無所知呢？你猜猜看？

· Jesus, Interrupted ·

第五章

騙子、瘋子還是主？尋找歷史上的耶穌

幾年前，我收到一些來自瑞典、很特別的電子郵件。我從未去過瑞典，而且我也從未接觸過這些人。他們希望知道我是不是真的認為耶穌從未存在過。我覺得這是個奇怪的問題。幾年前，我寫了一本書談歷史上的耶穌，在書中我指出古代資料能告訴我們的耶穌生平事蹟，並依照我認為我們可以說的、描繪了他所說和所做的事。我不僅認為歷史上的耶穌真實存在，我們還可以提出關於他可信的歷史論證。那為什麼會有人詢問我是不是認為他不存在呢？

這些電子郵件並不是出於冒犯，試圖說服我相信耶穌真的存在，相反地，這些人不僅不相信耶穌存在，還聽說我這個《新約》學者也支持他們的觀點。這一觀點對美國聽眾來說可能非常奇怪，在美國大部分的人不但認為耶穌存在，並且認為他過去

是、現在也是上帝之子。但在斯堪地那維亞的某些角落，大部分的人認為耶穌只是個虛構角色，他並不真的存在，而是一群想要建立新宗教的人發明出來的。

在困惑了幾週不理解為什麼會有人把我放在這個陣營當中之後，我突然發現造成這一混淆的來源：二〇〇六年《華盛頓郵報》上一篇關於我的報導之錯誤解讀所造成的。

由於我當時出版的書《製造耶穌》，《華盛頓郵報》決定對我、我的著作以及我轉為不可知論者做一篇專訪。報社派了一位銳利精明的記者尼力·塔克（Neely Tucker）到教堂山與我共處了幾天。我們相約在我的辦公室談話，他過來看看我家的書房，我們一起吃了幾頓飯，他還到我大學部的課堂上聽課。根據我們的瞭解，他撰寫並發表了這篇專訪題目是〈巴特的書〉（The Book of Bart）。我在他發表出來後讀了這篇文章，發現他還算有趣，而後就差不多忘記了。

然而，在尼力的文章中有一個段落很容易遭到誤解，而這就是造成這次瑞典來信問題的原因。尼力到我對大學部講授關於《新約》的大堂課聽課，那天我剛好講到〈約翰福音〉，並指出（如同我前幾章好幾次說到的那樣）〈約翰福音〉是唯一一本明確定義耶穌是上帝的福音書。無疑地，所有福音書都稱呼耶穌為上帝之子，但是對古代猶太人而言，稱呼一個人為上帝之子不會讓這個人變成上帝，只是說這個人跟上帝有親密的關係，是上帝藉以在世上實現祂的意志的人。但〈約翰福音〉跨過了這一界

線。在〈約翰福音〉中，耶穌是「上帝之道」，是在一切存有之前的存在，藉由他，上帝創造了宇宙，而他變成了人（1章1-14節），他因而跟上帝等同（10章30節），可以用上帝的名字稱呼自己（8章58節），他自己就是上帝（1章1節；20章28節）。〈約翰福音〉是唯一一本對基督有如此崇高的觀點的福音書。

當我向課堂解釋這些時，尼力就坐在演講廳後排，我突然想到當初我還是福音派基督徒時的事。在慕迪聖經學院時，我上了一堂基督教護教學的課，也就是運用知識來為信仰辯護（希臘文 *apologia* 的意思就是辯護）。在那門課中我認識了英文的護教士和學者 C. S. 路易斯（C. S. Lewis），特別是他關於耶穌必定是上帝的論辯。在 C. S. 路易斯的論證中，既然耶穌自稱為上帝，那麼邏輯上只有三種可能：他要不是騙子，就是瘋子，要不就是主。路易斯的想法是，如果耶穌對自己的宣稱是錯的（也就是說，萬一他不是上帝），那麼，他要不就是知道自己不是上帝，要不就是不知道他自己不是。如果他知道自己不是上帝卻宣稱自己是上帝，那麼他就是個騙子。如果他不是上帝卻真的以為自己是，那麼他就是瘋了，也就是個瘋子。除此之外，唯一的選項則是他對自己的宣稱是對的，那麼他就真的是主了。

路易斯繼續論證說，我們有各式各樣的理由認為耶穌既不是騙子也不是瘋子，因而無可避免的結論是，他必定就是他所宣稱的那一位。耶穌是主，是上帝。

在穆迪的時候，我認為這一辯證方法完全能讓人信服，好幾

年來我自己一直用它來說服其他人相信耶穌的神性。但那是好幾年前了，而我的想法也有了劇烈的改變（所有這一切，穆迪聖經學院、基督教護教學、C. S. 路易斯、耶穌的身分，以及我改變的想法等等，當我在教堂山教導〈約翰福音〉時，這一切都在電光火石間閃過我的腦中）。我發現路易斯的論證最基本預設是有瑕疵的。認為耶穌是騙子、瘋子或主的論證就建立在這樣的預設上，那就是耶穌曾經宣稱他自己是上帝。我很久以前就相信他沒有這麼宣稱過。一直到我們最後的福音書，也就是〈約翰福音〉，耶穌才稱呼自己為上帝，而這本福音書一直以來都比其他福音書表現出更多更為精深的神學辯證。我領悟到，我們最早的各種傳統都沒有說耶穌曾用任何類似的東西稱呼自己。而且肯定地，如果耶穌真的生活在加利利與耶路撒冷並稱呼自己為上帝，我們所有的文獻都會迫不及待地報導這件事。換個方式來說，如果耶穌宣稱他就是上帝，不論〈馬太福音〉〈馬可福音〉還是〈路加福音〉的作者竟然都漏掉這件事什麼都沒說，就真的很奇怪了。他們是剛好忘記提及此事嗎？

我因此瞭解到耶穌的神性是〈約翰福音〉神學的一部分，而不是耶穌自己的教導。

當這想法剛好閃進我的腦海裡，我決定在這個時間點把這件事攤開來說給我的學生聽（這不是我一般教〈約翰福音〉時會講的），特別是我知道許多學生都有參與校園中的基督教團體，並且曾經聽過耶穌要不是騙子就是瘋子要不就是主的論證。我以

為讓他們聽一下歷史學者（對比於基督教的護教學）對這種事的看法，也許是很有用的。因此，我在尼力在場的情況下，解釋了C. S. 路易斯的標準辯護法，並指出當中的問題，也就是耶穌也許根本就沒說過自己就是上帝。為了證明我的論點，我指出整個論證其實不只有三個選項，而是四個，也就是：騙子、瘋子、主以及傳說。當然，我選擇了第四個詞彙作為耶穌的頭銜。我的意思並不是說耶穌只是一個傳說，當然不是！我確實相信他這個人存在，而且我們對於他可以說出些東西。我的意思是他稱呼自己為上帝的這個說法其實是個傳說，並且我相信它是傳說。這表示他不一定要是個騙子或瘋子否則就得是上帝，他可以是一個第一世紀巴勒斯坦地區的猶太人，他有自己要宣傳的信息，而不是他自己的神性。

尼力在《華盛頓郵報》的文章中第一頁先報導了我的這堂課，而這個報導很容易遭到誤解，人們看完後可能會覺得我認為耶穌本人是個傳說。這離事實差太遠了。

然而，我或其他的《新約》學者或是歷史學者怎麼知道耶穌事實上是如何稱呼自己或稱呼其他事情呢？這顯然只是一個更大問題的一部分，那問題就是耶穌究竟是誰、他真的教導過什麼、做過什麼以及他真的經驗過什麼。這是許許多多書籍的主題，有些書更是長篇大論、無所不有。我沒辦法在本章中涵括所有細節，但我會處理最重要的那些問題，早期基督教的歷史學者曾討論過它們，因此我會讓你們稍微領略一下我認為對於耶穌這個人

我們可以知道多少，不是這本或那本福音書中如何描繪他，而是他在歷史上究竟是什麼樣的人，也就是歷史上的耶穌。

早期文獻中關於耶穌的訊息

大部分不熟悉《聖經》學術的人可能會認為認識歷史上的耶穌是何許人相對來說比較簡單。在《新約》中有四本福音書，要知道耶穌說過什麼和做過什麼，去讀福音書就好了。福音書告訴我們所有耶穌說過和做過的事，這有什麼問題？

問題在於這些福音書中充滿了各種差異，並且是在耶穌傳福音和死亡之後好幾十年才寫下來的。而寫下福音書的作者本身並未親眼看過任何關於耶穌的事蹟。

要讓這個問題更清楚，這樣想也許會有用一點：思考一下學者們在寫作關於過去人物（如凱撒、征服者威廉，或莎士比亞）的歷史事蹟時喜愛引用的文獻。想知道這些人物的事蹟的唯一辦法，就是研究擁有這些資訊的文獻。我們不能僅憑直覺猜測凱撒或耶穌是什麼樣子。因此，如果學者想要重建一位重要的歷史人物的生平，他會需要哪些文獻呢？

如果學者什麼都能得到，肯定會想要大量的文獻資料，越多越好，因為有部分的資料甚或全部的資料會給出扭曲的紀錄。而且這些文獻應該要跟事件發生的時間屬於同一時期的紀錄，而不是根據後來的道聽塗說而寫下的。它們應該要包含無利害關係者

的報導，而不僅是帶偏見者留下的故事。如果這些文獻彼此互相獨立，那就最好不過了，這樣你可以知道這些作者不會彼此串通捏造出一個故事。此外，他們彼此之間還應該保持一致性並能互相確認對方的說法，以此提供沒有合謀的確證。

但關於耶穌，我們的文獻會是什麼呢？我們在《新約》中有多本福音書，這是好事。但這些福音書並不是跟故事同一時間的親眼見證者所寫下的。它們是在耶穌死後三十五年或六十五年寫下，寫這些書的人根本不認識耶穌，沒看過任何他做過的事、聽過任何他的教導，他們所說的話跟耶穌不一樣，並且生活在跟耶穌完全不同的地方。他們寫下的故事當然不是毫不相干的，這些故事是由真切相信耶穌的基督徒所訴說，因此無法避免因為自己的偏見而對某些故事特別偏頗。他們也無法完全免於「協作」的問題，比如馬太和路加就都引用〈馬可福音〉作為文獻來源。而且，它們彼此之間也有許多不一致，差異處處可見，不論是在細節上不同，還是像耶穌是誰這種大哉問，都存在著眾多差異，無法完全保持一致。

像這樣的文獻怎麼能拿來重建歷史上的耶穌呢？不容易，但有方法。

首先，第一步就是更好地掌握福音書的作者是如何取得他們的故事的。如果他們是生活在所陳述事件發生後三十到六十年的時代裡，那他們原始的資訊是什麼？簡短的答案是，福音書的作者從口傳傳統中取得大部分的教訓，這些口傳傳統是從耶穌死後

一直到福音書作者們把它們寫下來為止,透過口耳相傳而傳布的耶穌故事。若想知道歷史學者是如何使用這類來源(根基於口傳見證,而在好幾十年後書寫下來的互相衝突故事)建立過去發生的事蹟(雖然有幾分程度的或然性),我們必須多知道一點關於耶穌的口傳傳統。

口傳傳統

雖然要準確定位福音書的書寫年代十分困難,但大部分學者都能根據各種原因而同意基本的時間範圍。不用進入所有細節就可以說,我們根據相對上的確定性而知道保羅(他的書信和〈使徒行傳〉)的作品大約是寫於公元五十年左右。他在基督教的社群中四處旅行,而且在他的著作中完全沒提到任何他知道或聽說福音書存在的證據。據此,可以推斷福音書的書寫時間大約是在保羅之後。同時,福音書的作者顯然知道一些後來的歷史事件,比如耶路撒冷在公元七十年被毀(〈馬可福音〉13 章 1 節也許知道,而〈路加福音〉21 章 20-22 節肯定知道)。而這表示這些福音書也許是寫於公元七十年之後。

我們有理由相信〈馬可福音〉是最早被寫下來的,因此也許是在與羅馬戰爭的前後寫下的,也就是公元七十年。如果〈馬太福音〉和〈路加福音〉都引用〈馬可福音〉作為資料來源,那它們必然是在〈馬可福音〉從原本社群往外流傳一段時間後才寫下

的，也許是十年或十五年後，那大概就是公元八十到八十五年之間。〈約翰福音〉看來是神學發展最深刻的福音書，因此它的寫作時間在更後面，應該是在第一世紀快結束時，所以大約是公元九十年到九十五年間。這些都是粗淺的猜測，但大部分的學者都同意這結論。

因而，這表示我們最早留存下來關於耶穌生平的著作，是在他死後三十五年到六十五年間所寫下的。

在這中間的幾年到底發生了什麼事？很顯然地發生了這樣的事：基督教擴張到地中海地區的各個主要城市中。如果福音書和〈使徒行傳〉是對的，那麼在耶穌復活的時候，他的追隨者應該包含十五或二十位男女，他們曾在加利利跟隨耶穌，並且相信耶穌已經從死裡復活了。多虧使徒或像保羅這樣歸信者的傳教工作，在第一世紀即將結束之際，這個宗教信仰已出現在猶大省、撒馬利亞、加利利和敘利亞地區的鄉村、城鎮和都市中，並向北移動，向西進入基利家（Cilicia），穿過整個小亞細亞（也就是今天的土耳其）、馬其頓和亞該亞（Achaia，今天的希臘），這個宗教一直傳播到帝國的首都羅馬，甚至還可能傳播到西班牙，並且它也還向南傳到北非，也許還包含部分的埃及地區。

這並不是一夕之間數千人突然歸信，而是在主要的都市地區經過好多年，數十人、數十人（或許是數百人）轉變信仰而逐漸造成的。基督教要如何讓人離開他們原本的信仰（大部分是異教信仰）轉信唯一一位上帝，而且這位上帝是猶太人的上帝，並且

他的兒子耶穌藉由死亡而將死亡帶離這個世界呢？唯一使人歸信的辦法是告訴他們關於耶穌的故事：他說過和做過的事情、他如何死，以及如何從死裡復活。

一旦人們改變信仰成為一位基督徒，他們一樣會講述這些故事。而被他們傳道的人也會講述這些故事，而讓這些故事一直傳講下去。在沒有大眾傳播的世界裡，一個新宗教全靠嘴巴說出的話而傳播開來。

但是，那些訴說耶穌故事的人是誰呢？在幾乎每一個案例中，這些人都不認識耶穌，甚至不認識某位認識耶穌的人。讓我用一假想的案例來解釋。我是一位住在以弗所（在小亞細亞）的銅匠，某位陌生人來到城中宣傳耶穌傳奇的生活和死亡。我聽了他說的故事後，決定放棄我對本地異教神祇雅典娜的信仰，成為猶太人上帝和他兒子耶穌的追隨者。我的太太因為我重複講述的故事也跟著改宗了。她把這故事告訴隔壁的鄰居，於是鄰居也改宗了。這位鄰居又把這些故事告訴她的先生，這位先生是位商人，他也改宗了。這位商人因著一次商業行程去到士美拿（Smyrna），將這些故事告訴他商業上的夥伴。結果那位夥伴改宗了，他又告訴了他的太太，然後他太太也跟著改宗。

這位改宗的太太的確聽過各種關於耶穌的故事，但是誰告訴她的呢？是使徒的一位嗎？不是，是她的先生。那麼這位先生又是從哪裡聽來的呢？他隔壁的鄰居，以弗所的商人。那他（商人）又是從哪裡聽來的呢？他太太。那他太太呢？我太太？那我

太太呢？我。而我又是從哪裡聽來的呢？是一位親眼見證者嗎？不是，我是從一位來到城中的陌生人口中聽到的。

　　這就是基督教傳播開來的方式，一年又一年，十年又十年，直到最後某人把這些故事寫了下來。當人們一再講述這些故事，並不把它們當成親眼見證者所講的毫無利害關係的新聞報導，而是當作一種要人改宗相信這個信仰的宣傳手段，那些講述者本人所聽到的也是第五、第六甚至第十九手的故事時，你覺得這些故事在長年轉述下會發生什麼事呢？你或你的孩子有在生日派對上玩過打電話的遊戲嗎？小朋友們坐成一個圓圈，一個小孩先講個故事給坐在隔壁的小女孩聽，隔壁的小女孩又講給她隔壁的小女孩聽，那個小女孩再講給隔壁的人聽，這樣一直下去，直到故事回到第一個講故事的人那裡。現在，這個故事已經變成不一樣的故事了（如果不是不一樣的故事，這個遊戲就不好玩了）。想像一下這些玩打電話遊戲的人，不是一群有相同社經水準、來自同一社區、上同一個學校、有著相同年紀並講相同語言的小孩，而且他們花了四十年或更久的時間來玩這個遊戲，橫跨不同國家、不同情境、不同語言，這些故事會變得怎樣？它們會改變！

　　福音書中充滿了差異，這很奇怪嗎？約翰聽到跟馬可不一樣的故事，即使聽到的是一樣的故事，但他也是以不同方式聽到這些故事的。福音書的作者很顯然地改變了原本的故事（記得路加如何改寫馬可關於耶穌面對死亡時的故事嗎）。如果只是從一位作者到另一位作者，就可以改變這麼多的事情，想像一下口傳傳

統會帶來怎樣的改變？

因為這種混沌狀態，人們可能會對建立任何歷史上耶穌的事跡感到絕望。連來源都這樣了，我們怎麼可能知道任何關於歷史上的耶穌的事情呢？

在這裡說絕望可能言之過早。我們還是有可能透過嚴謹的方法分析原始文獻來繞過這所有問題的，其中一個進路就是看是否還有其他福音書之外關於耶穌的資訊可以加進來。顯然，還有一些來源，但是它們沒有太大用處。

重建耶穌生平的其他來源

如果你看多了好萊塢關於耶穌的電影，也許會認為耶穌是羅馬帝國當中最常被提到的人物。畢竟，神子醫病、趕鬼、施行死人復活的事蹟，可不是每天都會發生的。而顯然地，羅馬帝國的統治者對他的能力十分忌憚，擔心上帝之子就在他們中間，因而想要處置他。搞不好這個命令真的是來自高層，是從羅馬那邊直接下來的。

很不幸地，這一切純屬幻想。我接下來要說的對大部分的人來說非常奇怪，因為耶穌是西方文明史上最重要的人，但他卻不是他的當代最重要的人物，相反地，他幾乎是個無名小卒。

希臘、羅馬的文獻怎麼談論耶穌的呢？或者，更聚焦一點來問，如果耶穌的出生和死亡都在第一世紀（大約公元三十年左右

過世），那麼從他存在的時間一直到世紀末（就說是公元一百年吧），希臘和羅馬文獻是怎麼描述他的呢？答案很刺激，裡面完完全全沒有提到耶穌——從未有人討論、挑戰、攻擊、毀謗過耶穌，今天留存下來的那時期的異教文獻中，也沒有以任何形式談論過耶穌。沒有出生紀錄，沒有關於他的審判和死亡的紀錄，沒有對他重要性的反思或是關於他的教導之駁斥。事實上，他的名字在所有異教文獻中連一次都沒提到，而我們有大量那時代流傳下來的希臘羅馬文獻：不論是宗教學者、歷史學者、哲學家、詩人還是自然學家，我們有上千份私人信件，還有各種公共建築物上的碑文。沒有任何第一世紀希臘或羅馬的異教文獻中曾經提及耶穌。

學者們從來都不確定該怎麼處理這樣的情況。大部分的人只是假設耶穌在他那個時代不是那麼重要。但不論這是否正確，事實是如果我們想要知道耶穌說過什麼或做過什麼，我們都不能指望他在帝國中的敵人說了什麼。就我們所知，他們沒說過任何內容。

異教文獻中第一次提到耶穌是公元一一二年。作者是小普林尼（Pliny the Younger），他是一個羅馬行省的長官。在一封寫給皇帝圖拉真（Trajan）的信中，他提到一群稱為基督徒的人非法聚會，他想要知道該如何處理這種情況。他告訴皇帝，這些人「把耶穌當成上帝來崇拜」，關於耶穌，他全部就說了這麼多。如果你想要知道關於歷史上耶穌的事跡，這些顯然是不夠的。

普林尼的朋友羅馬歷史學者塔西佗（Tacitus）提供了稍微多一點資訊。在他於一一五年寫成的羅馬史中，塔西佗提到一場尼祿設計、發生在公元六十四年羅馬的大火，皇帝把這場大火歸咎於「基督徒們」。塔西佗解釋基督徒這一名稱的來源是「基督……在台比留（Tiberius）在位時，在總督本丟·彼拉多手上被處死」（《編年史》15.44）。他繼續提到基督教這個「迷信」在傳播到羅馬之前首先出現在猶大地。至少這裡部分肯定了我們在福音書中已經知道關於耶穌死於彼拉多之手的訊息了。但塔西佗跟普林尼一樣，都沒給出讓我們可以繼續探索下去的消息，讓我們知道耶穌真的說了什麼或做了什麼。

如果我們把範圍再放大一點，包含耶穌死後一百年（公元三十至一三〇年）的所有現存希臘、羅馬異教文獻，這兩段簡短的敘事就是我們所有可找得到的內容了。[1]

除了第一世紀的異教文獻，我們還有非基督教的猶太教文獻，雖然也不是很多。但這裡有一份，而且是唯一一份確實提到

1　有時人們也會認為歷史學者蘇托尼烏斯（Suretonius）曾提到耶穌。當他提到克勞迪烏（Claudius）皇帝在位、羅馬城中猶太人暴動時（大約在耶穌死後二十年），蘇托尼烏斯寫到這場暴動之所以發生，是「被克雷斯督斯（Chrestus）唆使的」。有些學者爭論這是基督名字的拼寫錯誤，而羅馬城中的猶太人正是因為基督徒宣稱耶穌是彌賽亞而發生暴動。是有這一可能，但即使這是真的，再次地，這也不能提供我們關於耶穌生平任何實際的歷史資訊。其他的可能是蘇托尼烏斯要講的就是他講的：也就是，這場暴動是一個叫做克雷斯督斯的人開始的。

耶穌的，就是有名的猶太歷史學家約瑟夫（Flavius Josephus）在公元九十年左右寫了一本二十卷的猶太人歷史，從亞當、夏娃一直寫到他的時代。在這本冗長著作中並沒有長篇提到耶穌，但他確實兩次提到他。其中一處，他只是提到這個人名叫耶穌：「耶穌的兄弟，這耶穌又被稱為彌賽亞。」（《猶太古史》20.9.1）

　　另一個提到耶穌的地方稍微長一點，但還是很有問題。在此處，約瑟夫彷彿基督徒一樣做了信仰告白，但我們從他的其他作品中知道他不是基督徒（除此之外他還寫了一本自傳）。學者長久以來就知道在中世紀時拷貝約瑟夫作品的人不是猶太人，因為在公元七十年那場摧毀耶路撒冷與羅馬的災難性戰爭中，他被認為是猶太人中的叛徒（這也許是對的）。而在約瑟夫討論耶穌的論點上顯然有某位基督徒抄寫者插入了一小段文字、藉以說明耶穌事實上是誰。下文中我把可能是基督徒抄寫者插入的句子用括號括起來：

> 在這個時期，有個人叫耶穌，他是個有智慧的人 [如果人們真的要稱呼他為人的話，因為] 他是奇蹟的創造者，是民眾的教師，他滿心喜悅地接受了真理。而他在猶太人和希臘來的人當中擁有許多追隨者。[他是彌賽亞。] 而且當彼拉多因為我們當中的領袖對他的控告而判他釘十字架時，那些先前曾愛過他的人也不曾停止愛他。[因為他在第三天時向他們顯現，再次活了過來，如同上帝的先知們

所講過關於這些以及其他無數關於他的神奇事蹟。] 而且一直到現在，那些因他而被稱為基督徒的人都還沒消失。（《猶太古史》18.3.3）[2]

當然，第一世紀猶太人中最突出的歷史學者至少知道一點關於耶穌的事跡還是值得注意的，特別是提到他是一位能施行奇蹟的教師、有大批追隨者，以及被彼拉多判處釘十字架的刑罰。這則紀錄確認了福音書中記載耶穌人生與死亡中最重要的幾個部分。但他還是沒有提及耶穌到底說了什麼或做了什麼，即使把括號中的注解加進來也是如此。

沒有任何其他耶穌死後一百年間非基督教的文獻（不論是猶太人的還是異教的文獻）曾經提過耶穌了。

當然，有些後來的基督教文獻提過他，比如從第二、第三世紀以後，有大量的其他福音書出現。我們會在下一章看看這些文獻，讀者們會發現這些其他的紀錄極為有趣並且值得一讀。但是，一般來說，它們並不能提供我們任何可信的歷史訊息。它們都比《新約》中的福音書成書更晚，並且充滿關於上帝之子的傳說故事，儘管內容很有趣。

人們可能會認為《新約》中的其他經卷可以提供我們關於耶

2　關於這一文本的詳細討論以及這一段落中提到的其他文本，參考：John Meier, *A Marginal Jew: Rethinking the Historical Jesus* (New York: Doubleday, 1991), vol. 1

穌更進一步的訊息，但再次地，它們基本上沒有太多可供參考的地方。比如說使徒保羅曾說過許多關於耶穌的死和復活的話，但他很少提及耶穌的生活：在他還活著的時候說了什麼、做了什麼等等。在少數幾個地方他確認了福音書的報導：耶穌是一位猶太人並向猶太人宣教，他有兄弟、其中一人叫雅各，還有十二個使徒。保羅提到耶穌在最後晚餐時所說的話，以及兩段耶穌說過的話：他的追隨者不可離婚以及他們必須付錢給傳道者。[3] 除此之外，保羅告訴我們的並不多。其他的《新約》作者告訴我們的就更少了。

這一快速檢視的結果應該很清楚了：如果我們想要知道關於歷史上耶穌的一生，我們或多或少必須限定只使用〈馬太福音〉〈馬可福音〉〈路加福音〉〈約翰福音〉這四本福音書。然而，這些故事並不是親眼目睹者說出單純的客觀敘述，而是事實發生後數十年才寫下的，這些作者從口傳傳統中聽到耶穌的故事，而那些關於耶穌的故事也許在這段期間當中被修改了，或根本是在這段期間捏造出來的。這些故事之間有大量的不一致，而且福音書的作者還會根據自己的認知修改它們。想要用這樣的文獻來探究歷史事實怎麼可能呢？事實上，還是有辦法的。學者們設計出

3　參考〈加拉太書〉4章4節、〈羅馬書〉15章7節、〈哥林多前書〉9章5節、〈加拉太書〉1章19節、〈哥林多前書〉15章5節、〈哥林多前書〉11章22-25節、〈哥林多前書〉7章10-11節，以及〈哥林多前書〉9章14節。

一些方法論上的原則，如果仔細、嚴謹地遵守這些原則，就可以給我們一些關於耶穌究竟是誰的指示。

建構歷史材料真確性的規範

以下描述的幾點原則不會太過複雜，可以合理解釋至今我們在福音書傳統中看到的每件事。第一點看起來比較明顯：

1. 越早的越好。既然關於耶穌的傳統隨著那些故事一講再講而不斷改變，以致寫下來的故事遭到修改、擴充和編輯。這麼一來，早一點的材料應該比晚一點的材料更為可信也就十分合理。一本第八世紀的福音書，在歷史真實性上，按照規則就不會比第一世紀的福音書還來得可信（當然，第八世紀的福音書可能讀起來會非常有趣）。

〈約翰福音〉是《新約》中最後一本福音書，因而比起其他福音書在歷史真實性上就顯得較不可信。〈約翰福音〉對耶穌所展現的觀點顯示了後來傳統中的發展，比如他是逾越節的羔羊，死在逾越節羔羊被宰殺的那天；或者是他宣稱自己跟上帝等同等等。這不表示我們可以完全不再理會〈約翰福音〉所講的任何事情，相反地，我們需要應用其他規則來解讀他的故事。總結來說，越早的越好。

我們至今所存最早的福音書是〈馬可福音〉，也許它比〈約翰福音〉包含了更多可信的材料。但〈馬可福音〉不是後期福音

書唯一的材料來源。可能還有其他寫下來的時間跟〈馬可福音〉一樣早的福音書，只是沒被保存下來。在早先的章節中我曾指出，馬太和路加的許多故事都是從〈馬可福音〉中取得的，他們把〈馬可福音〉當成一個文獻來源。但〈馬太福音〉和〈路加福音〉中還有許多關於耶穌的傳統是在〈馬可福音〉中找不到的。這一類傳統大部分（但不是全部）都是耶穌說過的話，比如說主禱文和登山寶訓（這些都可以在〈馬太福音〉和〈路加福音〉中找到，但在〈馬可福音〉中沒有）。既然後來的福音書無法從〈馬可福音〉中取得這些內容，那麼會是從哪裡來的呢？我們有很好的理由認為〈馬太福音〉的這些內容不是取自〈路加福音〉，而〈路加福音〉也不會從〈馬太福音〉取得。因此十九世紀以來的學者認為，這兩卷福音都是從另一個來源取得這些內容的。想出這個觀點的德國學者稱呼這一來源為 *Quelle*，也就是德文的「來源」。這一多出來、無人知曉的「來源」因而也就被簡單稱為 Q。[4]

　　因此，所謂的 Q 就是出現在〈馬太福音〉和〈路加福音〉中、但在〈馬可福音〉中找不到的來源材料。這兩卷福音書作者所接觸的材料，顯然出自一本後來失傳的福音書。我們無法知道 Q 中所有的內容（或者是**沒有**的內容），但每當〈馬太福音〉和〈路加福音〉在某個〈馬可福音〉找不到的故事上逐字相同時，

4　更多的資訊參考我的 *New Testament: A Historical Introduction*，第七章。

我們就會認為它來自於 Q。因此〈馬可福音〉和 Q 成了我們最早的兩種材料。馬太在他的福音書中還使用了一份或多份其他書寫或口傳來源作為材料，而這些我們稱為馬太的來源，或是 M。而只有路加才特有的來源則稱為 L。因此，在〈馬太福音〉和〈路加福音〉之前我們有四種可能的來源：〈馬可福音〉、Q、M 和 L（其中 M 和 L 有可能是好幾種材料）。這些是我們用以重建耶穌人生的最早材料。[5]

2. 越多越好。假設有個關於耶穌的故事只能在一個來源中找到，那麼有可能是這一來源的作者自己發明了這個故事。但如果這一故事獨立地存在於一份以上的來源呢？這個故事就不可能是任何一份來源單獨創造的，因為這些來源彼此獨立，那麼這個故事的出現就必然早於這些來源。因此，可以在多份彼此獨立的來源中找到的故事，也就有較高機率是更早且更可能是真的（注意，如果相同故事都在〈馬太福音〉、〈馬可福音〉和〈路加福音〉中找到，這不代表這故事有三**個**來源，因為〈馬太福音〉和〈路加福音〉都是從〈馬可福音〉上取得這故事的）。

比如說，〈馬太福音〉和〈路加福音〉都各自獨立宣稱耶穌是在拿撒勒長大的，但他們關於他如何去到拿撒勒的故事卻不一樣，因而一個故事來自 M、一個來自 L。而〈馬可福音〉宣稱了

5　有些學者認為〈多馬福音〉中包含的一百一十四節耶穌說過的話（大部分不存在於《新約》中），也許也保存了部分耶穌真正說過的話。

同樣的事情，沒使用任何對觀福音或它們來源的〈約翰福音〉也是。那結論是什麼呢？就是我們能獨立證明耶穌也許來自拿撒勒。另一個例子是：耶穌在〈馬可福音〉一開始時跟施洗約翰有關聯，在 Q 的開頭（〈馬太福音〉和〈路加福音〉都保存了部分施洗約翰的宣教內容，這些卻沒有出現在〈馬可福音〉中）以及〈約翰福音〉的開頭也是如此。我們可以得出結論，就是耶穌一開始傳道時也許跟施洗約翰有所關聯。

3. 不合常理的比較好。我們會一再看到，在耶穌的故事中差異不斷被創造出來，這是因為不同說故事者或作者會修改傳統、使其與自己的觀點相合。但我們要怎麼看待那些關於耶穌卻顯然**不**符合「基督教」說法的傳統呢？也就是那些故事並不支持說故事者的觀點。這些不可能是說故事的基督徒創造出來的，因而他們很可能在歷史上是正確的。這有時會讓人誤稱為「不相似準則」——任何關於耶穌的傳統越是跟早期基督徒想要說的不一樣就越可信。以前面兩則舉過的例子來說，你可以看到為什麼基督徒會說耶穌來自伯利恆，因為這是大衛的子孫要出現的地方（〈彌迦書〉5 章 2 節）。有誰會想要創造一個故事說救世主來自拿撒勒這樣一個名不見經傳的小城鎮呢？這對任何基督教的說法都沒好處。然而諷刺地，這在歷史上可能是真確的。或者以施洗約翰為例，在我們最早的紀錄〈馬可福音〉中記載了施洗約翰替耶穌施洗。基督徒會創造這樣的故事嗎？記住，在早期基督教的傳統中，人們相信靈性上更高的人才會替靈性上較低的人施

洗。那麼，基督徒會創造故事說耶穌被某人施洗，而他比那人的層次還要低嗎？再說，施洗約翰的洗是「悔改的洗」（〈馬可福音〉1章4節），會有人宣稱耶穌有原罪需被赦免嗎？這顯然極不可能。所以結論是，耶穌一開始傳福音時也許真的跟施洗約翰有關聯，並且有可能是由施洗約翰施洗的。

4. 要跟情境相符。既然耶穌是一位第一世紀居住在巴勒斯坦的猶太人，任何關於他的傳統都必須跟他的歷史情境相符才可信。大量於第三世紀或第四世紀在世界另一端寫成的福音書，裡面提到關於耶穌的事情則跟耶穌的情境完全對不上。這些事情由於在歷史上是不可信的，所以可被忽略。然而在四卷正典福音書中也有一些不可信的部分；在〈約翰福音〉3章中，耶穌有段跟尼哥德慕有名的對話，他說：「你必須要重生。」這一翻譯為「重」的希臘文事實上有兩個意思，它不僅可以意指「第二次」，還可以是「從上而來」的意思。而在〈約翰福音〉的其他地方，每當用到這個字時都只是「從上而來」（〈約翰福音〉19章 11, 23 節）的意思，所以這是耶穌在〈約翰福音〉3章中與尼哥底慕對話時的意思：人必須從上而生才能在天上獲得永生。然而尼哥德慕誤解了並以為耶穌指的是另一個意思，也就是他必須第二次被生出來：「我……豈能再進母腹生出來嗎？」他沮喪地詢問，但耶穌糾正他並不是第二次物理上的出生，而是天上的出生，是從上而來的。

這段對話產生的前提是希臘文單字的雙重含義（也就是雙關

語），沒有這雙關語，這一對話就沒什麼意思了。但問題是，耶穌和耶路撒冷的猶太人領袖卻不是說希臘語而是說亞蘭語。而亞蘭語中的「從上而來」沒有「第二次」的意思。這一雙關語只在希臘文中有效。因而，這一對話看來不太可能發生，至少不會是像〈約翰福音〉描述的那樣發生。

上述這些便是學者用以檢視關於耶穌諸多傳統的標準，特別是在《新約》的福音書中發現的那些。細心而嚴謹地運用這些標準能帶來某些正面結果。我們也許**可以**知道一些關於歷史上耶穌的事情。那麼，我們可以知道什麼呢？

耶穌，天啟末世運動的先知

自史懷哲劃時代的著作《歷史耶穌的探索》（*The Quest of the Historical Jesus*）[6] 一書出版一個世紀以來，大多數歐洲和北美的學者都認為耶穌是一位天啟末世運動的先知。[7] 許多此一主題的著作在史懷哲之後被寫成，當然，史懷哲本人並沒有嚴謹地遵從我前面提到的那些規範，那些規範是他之後才被發展出來的。但他的直覺似乎是正確的。

6　首次在一九〇六年出版，仍然非常值得一讀。（New York: Macmillan, 1978）

7　關於猶太天啟末世運動的思想和意義，參考：77-79 頁。

耶穌的教導

　　與許多他那時代的天啟末世運動成員一樣，耶穌以二元論的方式看待這個世界，認為世上充滿善與惡的力量。當下的世紀為邪惡勢力所掌控，也就是魔鬼、惡魔、疾病、災害和死亡，而上帝很快就會介入這一邪惡的世代，推翻邪惡勢力，並帶來祂善良的王國，也就是上帝的國。在那裡不再有疼痛、悲傷和苦難。耶穌的追隨者期待這一王國很快就會來到，事實上，在他們還在世時候就來到。這一王國會由一場對全世界進行審判的宇宙性審判者帶來，耶穌稱這人為人子（這是對猶太《聖經》〈但以理書〉7 章 13-14 節的引用）。當人子來到，必然會審判全世界，邪惡要被摧毀而正義將獲得獎賞。那些現在受苦和受壓迫者屆時要被提升，那些現在與邪惡為伍並因而繁盛的人屆時會被降低。人們必須為他們的邪惡行為而懺悔，並準備迎接人子的到來，以及隨即緊跟而來的上帝之國，因為這一切很快就要發生了。

　　在主日學或教會講台上，我們不常聽到這種對耶穌的觀點。但長久以來這個觀點在全國頂尖神學院或神學系所中被教導。這些用天啟詞彙來解釋耶穌的，都是堅實且具說服力的論證。最重要的是，這樣詮釋耶穌的方式全都來自《新約》的福音書，並且通過了我們各種可信度標準的檢驗。

　　我們已看過一些證據證明這是在福音書中可找到的最早觀點。如同我在上一章指出的，在對觀福音中，耶穌宣傳的是上

帝之國的來臨，這一上帝國度並不是「天堂」這個後來基督教傳統所相信的人死後會去的地方（我會在第七章深入探討這個問題），而是一個真實的王國，就在這裡、這個地上，會由上帝藉由彌賽亞施行統治，是一個在前的要在後、在後的要在前的烏托邦國度。只有在最後一本福音書〈約翰福音〉中，耶穌才不再宣傳這一國度很快就會來到。那麼，為什麼最後一部福音書中沒有這個教訓呢？無疑地，因為這一王國從來都沒來到，因而最後一部福音書的作者必須根據他的時代重新詮釋耶穌的訊息。至於最早的福音傳統，則將耶穌的訊息描繪為王國即將來到的訊息。事實上，這不僅是早期來源中普遍可見的訊息，還是我們最早的文獻來源（也就是〈馬可福音〉和 Q）中最主要的訊息。在〈馬可福音〉中耶穌說：

凡在這淫亂罪惡的世代，把我和我的道當作可恥的，人子在他父的榮耀裡，同聖天使降臨的時候，也要把那人當作可恥的……我實在告訴你們，站在這裡的，有人在沒嘗死味以前，必要看見神的國大有能力臨到。（〈馬可福音〉8 章 38 節 -9 章 1 節）

在那些日子，那災難以後，日頭要變黑了，月亮也不放光，眾星要從天上墜落，天勢都要震動。那時，他們要看見人子有大能力、大榮耀，駕雲降臨。他要差遣天使，把他的選民，從四方，從地極直到天邊，都招聚了來……

我實在告訴你們，這世代還沒有過去，這些事都要成就。

（〈馬可福音〉13 章 24-27,30 節）

人子要來臨，他要審判世界，那些支持耶穌的會被獎賞，其他的則要被懲罰，而這會在耶穌還在世時發生。這一天啟的訊息在關於耶穌傳道最早的紀錄中到處都找得到。

看一下他在〈路加福音〉和〈馬太福音〉中是怎麼說的，這一段不在〈馬可福音〉中，而是出自 Q：

因為人子在他降臨的日子，好像閃電從天這邊一閃直照到天那邊……挪亞的日子怎樣，人子的日子也要怎樣。那時候的人又吃又喝，又娶又嫁，到挪亞進方舟的那日，洪水就來，把他們全都滅了……人子顯現的日子也要這樣。

（〈路加福音〉17 章 24,26-27,30 節，參考〈馬太福音〉24 章 27,37-39 節）

你們也要預備；因為你們想不到的時候，人子就來了。

（〈路加福音〉12 章 40 節、〈馬太福音〉24 章 44 節）[8]

在馬太所引用的來源材料 M 中，耶穌也宣揚類似的訊息：

8　譯注：作者原本標記經文為〈路加福音〉12 章 39 節，但應該是 12 章 40 節才是。

將稗子薅出來用火焚燒,世界的末了也要如此。人子要差遣使者,把一切叫人跌倒的和作惡的,從他國裡挑出來,丟在火爐裡;在那裡必要哀哭切齒了。那時,義人在他們父的國裡,要發出光來,像太陽一樣。有耳可聽的,就應當聽!(〈馬太福音〉13 章 40-43 節)

如果我們其中一個規則是從多樣來源中尋找關於耶穌傳統的獨立見證,那麼耶穌宣傳人子即將來到地上進行審判的概念,無疑是高分通過了。

同樣重要的是,部分的獨立見證說法還通過了不相似準則的**檢驗**。比如〈馬可福音〉8 章 38 節所引用的話:「凡在這淫亂罪惡的世代,把我和我的道當作可恥的,人子在他父的榮耀裡,同聖天使降臨的時候,也要把那人當作可恥的。」早期基督徒認為耶穌本人就是未來的宇宙最高審判者,這並不是什麼祕密,如同我們在保羅著作中看到的那樣。因此很自然地,當基督徒讀到馬可這節經文時,他們認為耶穌是在講他自己。但如果仔細看,耶穌並沒有把自己當作是人子。如果你不知情(對於這一類的論證,你要先把先入為主的預設放到括弧裡),你會以為他真的把自己和人子區分開來。那些不聽從耶穌的,都會在人子從天來的時候受到審判。

那些後來編造耶穌話語的基督徒會造出這樣的話,就好像耶穌跟人子是不一樣的人嗎?看起來不太可能。如果基督徒編造出這樣

的話語，那他們就不會用這種方式編排，相反地，他們可能會說出類似這樣的話：「任何人如果把人子我當作是可恥的……人子我就要……」，而這表示這句話可能真的可以回溯到耶穌身上。

或者，舉另一個例子來說明，在 Q 的引文中，耶穌告訴門徒說：「我實在告訴你們，你們這跟從我的人，到復興的時候，人子坐在他榮耀的寶座上，你們也要坐在十二個寶座上，審判以色列十二個支派。」（〈馬太福音〉19 章 28 節，或參考〈路加福音〉22 章 28-30 節）。這一關於未來審判和未來上帝國度統治權的說法，幾乎真的是耶穌曾經說過的話。怎麼說呢？注意他指的是哪些人，是十二使徒。那就包括了加略人猶大。在耶穌死後，很快地就沒什麼基督徒願意承認加略人猶大會是上帝國度中十二個統治者其中一個。換句話說，沒有基督徒會在後來編造出這樣的話。而這表示，這一定可以回溯至耶穌身上。耶穌相信他的門徒會在將來成為地上神國的統治者。

最後一個不相似準則的例證跟最後的審判有關，當人子坐在他的偉大寶座上，並將綿羊從山羊中區分出來時（這是 M 的材料，來自〈馬太福音〉25 章）。「綿羊」因為他們做過的那些好事（例如給飢餓的人食物吃、給赤身裸體的人衣服穿、照顧生病的人等等），被允許獲得他們天上的和永恆的獎賞。「山羊」則被送往永恆的懲罰，因為他們沒有做好事。後來的基督徒會編造出這一特殊的傳統嗎？在耶穌死後，他的跟從者宣稱一個人只能透過相信耶穌的死和復活，而非透過做好事，被上帝稱為義並

因此獲得永恆的獎賞。所以這個故事與後來的教訓不符,因為它宣稱人可以因為做好事而被獎賞。換句話說,這一定可以回溯到耶穌。

簡短來說,耶穌的教導是人子很快就會從天上來到進行審判,人們需要為此預備,改正行為和生活,以符合上帝的期待。而這包含為他人犧牲的愛。因此耶穌曾引用《聖經》說:「要愛鄰舍如同自己」(〈馬太福音〉22 章 39 節,出自利未記 19 章 18 節)。[9]他這一說法是黃金律的公式:「你們願意人怎樣待你們,你們也要怎樣待人」(〈馬太福音〉7 章 12 節)。很難用更簡短的話來描述上帝律法的道德要求了。那些遵從《聖經》指示的人要在即將來臨的審判中受到獎賞,不遵從的則要被懲罰。而這一審判什麼時候會進行呢?在門徒還在世時:「站在這裡的,有人在沒嘗死味以前,必要看見神的國大有能力臨到。」(〈馬可福音〉9 章 1 節)「這世代還沒有過去,這些事都要成就。」(〈馬可福音〉13 章 30 節)

這一看法符合第一世紀時巴勒斯坦地區的情境,每一位研究這一時期的歷史學者都很清楚。耶穌不是唯一一個宣稱世紀就要結束而人子就要來臨的人。其他的猶太先知也有類似的天啟訊息(儘管每位先知的訊息在細節上不太一樣),這包括那些與耶穌

---

9   譯注:英文翻譯成「要愛鄰舍如同自己」,中文和合本《聖經》則翻譯成「愛人如己」。

大約同一時期的猶太人，他們留下的死海古卷中滿滿都是猶太天啟的思想。

更重要的是，這一訊息事實上是施洗約翰（在耶穌之前）的訊息。在〈路加福音〉3章9節的記載中（來源於 Q），約翰說：「現在斧子已經放在樹根上，凡不結好果子的樹就砍下來，丟在火裡。」這是審判的末世景象。如果人們沒有那樣行為（也就是結出好果子），就會像樹一樣被砍倒並燒掉。而這一毀滅何時會發生？很快就要來到了，斧頭已經準備好了，就「放在樹根上」，人們要開始結出好果子，也就是做上帝吩咐他們做的事，否則也會被摧毀。

這就是為什麼知道耶穌藉由與約翰的關聯而開始傳道是很重要的（根據許多的證據和不相似之處）。耶穌打從宣道初始就是天啟末世運動的支持者，從我們的文獻來源看，這點是很清楚的。我們最早的各種傳統充滿著天啟的言論和警告。更明顯的是，在耶穌死後，他的追隨者仍帶著天啟末世運動的傾向。這也是為什麼他們認為，在他們的時代終結就要來到了，而耶穌本人很快就會從天上回來，坐在審判臺上審判世界。這一傾向保留在保羅的著作中，他的著作是我們手上最早的基督教文獻。早期的基督徒就像他們之前的耶穌或耶穌之前的施洗約翰，都是有天啟末世思想的猶太人，都期待世紀即將結束。

耶穌的道德教訓需放在天啟末世運動的背景下理解才是。許多人認為耶穌是位偉大的道德教師，當然他是。但重要的是，**為**

什麼他認為人們必須有合適的行為？在我們的時代，倫理學者對於為什麼人們必須按道德的方式生活，典型的論點是這樣我們才可以在快樂、繁榮的社會中長時間相處。對耶穌來說，那個長時間相處的情境並**不存在**。結局就快要來到了，很快地，人子就要在天上顯現、審判全世界，上帝的國就在不遠處。改變行為的原因是，當這王國來到時，你才能獲准進入，而不是為了在可見的將來將社會創造成一個快樂的地方。未來是灰暗的，除非你跟耶穌站在同一邊，而且按照他命令的去做，這樣你才能期待在上帝介入歷史、推翻邪惡的勢力並在地上建立祂善良的王國時獲得獎賞，而這很快就會來到。

耶穌的作為和活動

知道耶穌是天啟末世運動的先知、知道他期待對世界審判和即將顯現的神國，有助於我們理解耶穌的行為和活動，而這些可在我們的各種規範下用來建立歷史上耶穌的可能樣貌。

受洗

我們幾乎可以確定耶穌的公開傳道活動是從接受施洗約翰的洗禮開始的。我們有許多早期的或晚期的獨立來源可為此作證，而且這一說法也不是那種後來基督徒會編造出的傳統。我認為洗

禮的重要性只有在天啟末世運動的信仰背景下才能被理解。就如同耶穌同時代的其他猶太人，事實上耶穌有大量的宗教選項可以選擇。有些猶太人選擇加入法利賽人（Pharisees），他們蓄意且極盡小心和細密地遵守上帝的律法（這是上帝給予這些律法的原因，就是要讓它們被人遵守）；有些人如同艾賽尼人（Essenes）般加入了修院式的社群（艾賽尼人創造了死海古卷，並極力地保持自身的純潔性，遠離周遭世界的腐敗影響）；有些人選擇認同撒督該人（Sadducees），他們是巴勒斯坦地區貴族勢力的競爭者，把持聖殿和聖殿的獻祭活動，並同時作為羅馬統治當局的中間人；有些人對聖地特別熱情，他們鼓動宗教和軍事上的叛變以反抗羅馬人，並在上帝原本賜給他們的土地上建立以色列成為主權獨立的國家。

耶穌沒有加入任何陣營，相反地，他跟施洗約翰這麼一位天啟末世運動的先知站在同一邊，一位催促民眾為了不久將來就要來到的審判日而懺悔的先知。為什麼耶穌會支持約翰呢？因為他贊同約翰的訊息，而不是其他人的訊息。就像他之前的約翰與他後來的追隨者，耶穌是一位天啟末世運動的支持者。

十二使徒

關於耶穌選擇了十二位追隨者作為他身邊的某種核心集團，這幾乎沒什麼疑義。這十二位在不同的福音書來源中都可以看

得到，保羅與〈使徒行傳〉也同樣有記載。進一步來說，關於這十二位使徒將會在神國統治以色列的十二支派的經文，也符合差異性原則。然而，為什麼耶穌要揀選十二位門徒呢？為什麼不是九位或十四位？

　　當然不會是為了湊足「本月使徒」這個數字。很顯然這是耶穌的象徵性行為。在希伯來《聖經》中，上帝的子民（也就是以色列人）原本就有十二個支派。根據耶穌，這十二支派要在上帝國度來臨時被重新組織，而十二使徒要統治真正的上帝子民。藉由選擇十二位親近的門徒，耶穌表明那些追隨他和他教訓的人將成為進入未來上帝國度的人。不是所有猶太人都被允許進入這個國度，只有那些改正他們道路並追隨耶穌教訓的人可在接下來的審判中存留下來。換句話說，選擇十二位門徒是一個神祕的天啟訊息。

耶穌作為一位醫治者與驅魔者

　　在本章後面，我會探討針對耶穌是否施行神蹟這個問題，歷史學者可以說什麼。在這裡，只要指出人們廣泛相信他曾施行神蹟，包括醫病、趕鬼以及使死人復活等等就夠了。關於耶穌行神蹟的傳統出現在許多互相獨立的來源中。當然，這些傳統無法滿足差異性原則：早期教會中說故事的人自然希望聽眾認為耶穌不僅是個凡人，還在他的公開傳道過程中特別受到上帝的力量加

持。無疑地，一直都有人在編造關於他的偉大神蹟故事，就如同那些《新約》之外的後期福音書，耶穌和他的追隨者施行的神蹟往往越發厲害。然而，即使是早一點的時期，這些故事就已廣泛流傳了。我指出這點的目的，是要說明在這一傳統的最早階段，這些神蹟故事是以天啟末世信仰的方式來解讀的。

在未來的國度中不再有邪惡的勢力，因此耶穌現在克服邪惡；不再有惡魔，因此耶穌現在將魔鬼趕出去；不再有疾病，因此耶穌現在使人病得醫治；不再有自然災害，因此耶穌現在就平靜風浪；不再有飢餓，因此耶穌現在餵飽飢餓的人；不再有死亡，因此耶穌現在就將死人復活。

當施洗約翰從監獄中派使者去問耶穌他是否就是那位末日要來的先知，還是他們要期待其他人時，根據 Q，耶穌是這樣回答的：「你們去，把所看見所聽見的事告訴約翰，就是瞎子看見，瘸子行走，長大痲瘋的潔淨，聾子聽見，死人復活，窮人有福音傳給他們。凡不因我跌倒的，就有福了！」（〈路加福音〉7 章22-23 節）。上帝的王國很快就會出現，並且已經開始以小規模的方式在耶穌的作為中顯現了。耶穌的那些行動是以天啟信仰的方式被理解的。

前往耶路撒冷的旅程

如果一位基督教神學家被問到為什麼耶穌要在他人生的最後

一週旅行到耶路撒冷，他也許會說這樣耶穌才能為了世界的罪惡被釘十字架。然而，從歷史學者的角度來看，耶穌前往耶路撒冷的動機又是什麼呢？如果人們將耶穌理解為一位天啟末世運動的信仰者，那就很合理了。根據我們最早的資料來源，也就是對觀福音書，耶穌絕大部分的傳道工作是在加利利內陸的鄉間向猶太人傳道。他顯然沒有花太多時間（如果有的話）在大城市中傳道，而是穿梭在在北方各個小城鎮、村莊或是小聚落中。

然而，他有個緊急訊息，就是神國很快就要隨著人子的臨到而出現，因此所有人都要悔改。

那麼，為什麼他要去耶路撒冷呢？很顯然就是要將他的訊息帶到猶太信仰的中心、首善的城市、聖殿的所在地、重要的社經和政治人物以及群眾聚集的地方。那為什麼他要在逾越節期間前往呢？因為那正是該地人潮最多的時候。如同我們在前幾章看到的，逾越節是耶路撒冷的一個重大事件。這是猶太人一年當中最重大的朝聖慶典，遠多於日常的人潮會充斥在城市的大街小巷中。

這也是猶太人會回想起摩西帶領以色列人出埃及這一偉大事件的時刻，回想起上帝如何帶領他們的信仰。無疑地，許多猶太人這樣做，是因為他們期待上帝會再次帶領他們，推翻現有的統治者（即羅馬人），就如同祂推翻過去的統治者那樣（即埃及人）。有些猶太人認為這會透過一場政治和軍事起義發生。其他人則認為這是一場超自然的宇宙事件：上帝自己會摧毀那些反抗

他的人。耶穌屬於後面這樣的思想。他來到耶路撒冷為的是宣傳這些訊息：上帝的國度幾乎來到這裡了，人們需要悔改並相信福音。

不讓人意外地，在我們最早的來源中（〈馬太福音〉〈馬可福音〉〈路加福音〉），耶穌用他生命的最後一週待在耶路撒冷中傳道，他的傳道內容充滿天啟末世訊息（比如說，參閱〈馬可福音〉13 章和〈馬太福音〉24-25 章）。這在歷史上是準確的，是耶穌度過人生最後一週的方式。但在此之前，他在剛到達這個城市時做了一件大事，一件承載著他的天啟訊息的象徵性行為。

潔淨聖殿

〈馬可福音〉和〈約翰福音〉各自獨立地講述了耶穌進入聖殿並造成一場騷動的故事。當然，〈馬可福音〉的紀錄比較早。在〈馬可福音〉中這一事件放在耶穌生命的最後時光而非全書一開始，也顯得較有說服力。事實上，對〈馬可福音〉來說，聖殿事件是最終導致耶穌被釘死在十字架上的原因。

就像在猶太教《聖經》被建構的那樣，聖殿是整個猶太教崇拜的核心地點。在耶穌時代，世界各地的猶太人都會來到耶路撒冷進行律法上描述的動物獻祭，這一祭祀要在聖殿中完成，而非任何其他地方。當然，人們不可能自己攜帶祭祀用的牲畜從遠方過來，這些都必須在本地購買。同時，他們無法用一般的羅馬幣

購買，羅馬幣上有皇帝頭像，而全羅馬帝國都認為他們的皇帝是神。對猶太人來說，只有一位上帝，因而他們不願將有凱撒（皇帝）[10]頭像的錢幣帶進聖殿中。更進一步來說，律法還禁止使用任何「雕刻的形象」，這是無法使用羅馬幣的另一個原因。為此，就要提供另一種形式的錢幣，於是也就有了某種錢幣兌換的機制，讓羅馬幣可被兌換成沒有凱撒頭像的聖殿錢幣。聖殿錢幣則可用來購買必要的動物。

於是就有錢幣兌換者來接手這些兌換工作。當耶穌來到耶路撒冷時，他看到這些兌換錢幣和販賣牲畜的行為，顯然他認為這是莫大的屈辱，於是他推翻了錢幣兌換者的桌子，將販賣牲畜的人趕出聖殿。我們很難知道這一「潔淨聖殿」的行動到底有多徹底，也很難相信耶穌把整個交易行為全都終止了：整個聖殿區大約有二十五個足球場大，不是個狹小空間，而福音書沒把這一事件描述為一場奇蹟。再說，如果他真的行出了這樣偉大的奇跡，[11]也很難解釋為什麼他是在一週後被逮捕而不是當下就被逮捕。這樣看來，早期的文獻來源似乎把某些細節誇大了。

我們也很難知道耶穌反對的究竟是什麼。上帝的律法要求人們獻祭，猶太人必需以動物獻祭，並且他們顯然不能使用羅馬幣

10　譯注：在新約中，羅馬皇帝稱為「凱撒」，凱撒是歷史上的人名但同時也是羅馬皇帝的稱號，舊的和合本譯本翻譯成「該撒」。

11　譯注：也就是終止聖殿中全部的交易行為。

來購買。耶穌單單只是因為有些人在崇拜上帝過程中得利而感到震驚嗎？這是有可能的，而這也是福音書作者解釋這一事件的方式。

但現代的解釋認為應該還有其他原因。在我們各自獨立的文獻來源中，耶穌說過的話中最常被引用的一個便是預言時代的終結災難來臨時、聖殿會被摧毀（〈馬可福音〉13 章 2 節、14 章 58 節、15 章 29 節）。聖殿？這不是崇拜以色列上帝的中心？說這話難道不是褻瀆嗎？

有些猶太人顯然這麼認為。這最後給耶穌帶來了麻煩。然而耶穌引用了希伯來《聖經》中先知耶利米的話，說他同樣認為聖殿和中的祭祀活動已經腐化了。如同耶穌，耶利米同樣猛烈抨擊聖殿，但耶利米也像耶穌一樣為此付出了慘重代價（參考〈耶利米書〉7 章 1-15 節、20 章 1-6 節）。

耶穌認為聖殿會在那即將來到的審判時刻被摧毀。那麼，為什麼他要推翻桌子造成一場騷動呢？歷史批判的學者現在有個標準想法，就是耶穌做的是一個象徵性的行為，也可以說是某種預表。[12] 藉由推翻桌子，耶穌以一個小規模的方式，象徵那個人子來到後審判時刻將以大規模方式出現的事件。上帝的敵人將被摧毀。而像許多其他希伯來《聖經》的先知一樣，耶穌認為上帝的

---

12 E.P. Sanders 關於這一點的論證極有說服力，參考他的著作 *Jesus and Judaism* (Philadelphia: Fortress Press, 1985)

敵人之一就是猶太人領袖自己，他們管理聖殿，腐敗而有權。但那個清算的日子就要來到了。

逮捕耶穌

因此，沒意外地，這些掌權者將耶穌當作一個該被除去的威脅。為什麼耶穌當下沒被逮捕而是一週之後呢？我的猜測是聖殿中的這一幕在當下極為瑣碎而不重要，然而關於耶穌做了什麼的耳語終究還是傳了開來，讓領袖們決定該留意一下耶穌的言行。他們所看、所聽的並沒有改善他們對耶穌的看法。耶穌開始聚集更多對他那即將來臨的審判之天啟訊息有興趣的群眾。最終，領袖們對於情況可能失控開始感到害怕。畢竟現在是逾越節節期，大批群眾湧進耶路撒冷，他們之中有許多人對於以色列的傳統極為狂熱，並且急切想要什麼事發生，以改變他們在羅馬統治下所感受到的困境。於是，猶太人領袖們安排人逮捕耶穌。

關於耶穌是被十二使徒中的加略人猶大背叛的說法，根深蒂固地存在於我們早期的文獻來源中，而且看起來不像是後世基督徒編造出來的故事（耶穌對那些最接近他的人竟沒有任何權威性？）關於猶大為什麼做了這些事有大量的猜測：他急迫地想要一場政治叛變、卻發現耶穌對此沒興趣而感到失望嗎？他以為他可以強迫耶穌召喚群眾前來幫助並因此發起一場叛變嗎？他那時剛好缺錢嗎？還是他單純一開始就是個害群之馬呢？

更有趣的問題是，猶大背叛的到底是什麼？這讓我們來到問題的核心：有沒有可能猶大做的，不僅是告訴當權者到哪裡可以避開群眾並找到獨處中的耶穌呢？畢竟這些是他們只要跟蹤耶穌就可以發現，不需花費三十塊銀子。難道猶大提供了更多東西，讓猶太人領袖願意為此逼迫耶穌並將他永久除去嗎？這問題的答案就是本章的關鍵問題，是我一開始就提到的：耶穌是怎麼說他自己的？

耶穌是怎麼說他自己的？

在這一整章中我一再強調耶穌並沒有教導大家他就是上帝。他的教導跟上帝有關，但大部分都跟自己無關。特別是他教導上帝的國度即將會隨著人子來到審判世界而顯現，這一事件耶穌宣稱會在他所屬的世代中發生。他教導群眾進入這王國的意思就是接受他的教導，這當中包括全心轉向上帝並愛自己的鄰舍如同愛自己。

但耶穌關於自己的教訓是什麼？這一問題困擾眾多學者這麼長的一段時間的原因是，當耶穌最終被轉交給羅馬統治當局並站在審判臺前時，對他的控訴突然升高了，變成他宣稱自己是猶太人的王（〈馬可福音〉15 章 2 節）。這很奇怪，因為在我們最早的來源中，耶穌從沒有在公開宣教的過程中說過任何這類（關於他自己）話。如果這不是他自己說的，為什麼羅馬統治者會認

為這是他說的呢？並且，為什麼他被審問時不簡單地否認這一指控，那樣他不就可以脫身了嗎？

人們可以看得出來為什麼統治當局會嚴肅看待這一宣稱：當羅馬的凱撒或羅馬所指派的某個人擔任國王時，任何宣稱自己是國王的人在政治上都犯了反叛罪。這就是耶穌被殺的原因，因為他煽動一場反抗羅馬的叛變。但從早期的來源文獻中看來，他顯然跟政治上的叛變沒任何關係。那要怎麼解釋這些資料呢？

答案就在耶穌的天啟末世信仰的教訓中。他告訴他的門徒們，他們十二位（包含猶大）要在即將來到的國度中成為「以色列十二支派」的統治者。那誰要來統治**他們**呢？每一個王國都有一位國王，當人子摧毀了聯合起來抵抗上帝的那些勢力，並建立起他對世界的統治時，誰會成為那即將來臨的國度的國王呢？當然，上帝在某種意義上是這國度最大的王，但祂會透過誰來統治呢？現在，耶穌既然稱召喚了他的門徒並成為他們的老師（master），那到時候他也會是他們的主人（master）嗎？

我不認為耶穌在傳道過程中曾公開宣稱他自己就是國王。這樣做是極度危險並且犯法的。並且，他也不認為自己在現在這個世代中是個國王。但有充分的證據說明他私底下教導十二使徒許多東西，而他教導他們的其中一件事，就是他們要在未來的國度中成為統治者。

所有的拼圖都湊齊了，如果耶穌在私底下教導門徒他不僅現在是他們的師傅，而且在即將來臨的世紀中也仍然會是，那麼當

上帝的國來到時他就會成為王。在古代以色列，稱呼這一未來國王的專有名詞就叫做「彌賽亞」，意思是上帝所膏立的人。耶穌並沒有在公開場合自稱彌賽亞，雖然其他人曾認為他是。但當耶穌在私底下和門徒談到自己作為彌賽亞時，他的意思不是指他要驅逐羅馬人並建立以色列成為地上主權獨立的國家。他指的是上帝將要推翻邪惡勢力並指派他成為國王。

這是為什麼在他死後他的門徒繼續稱呼他為彌賽亞。當時的猶太人並不認為彌賽亞會死去並再次從死裡復活。因此，即使耶穌的追隨者相信復活，復活這件事仍不足以讓他們稱呼耶穌為彌賽亞。他們必然要在耶穌死之前就認定他是彌賽亞。為什麼呢？因為這是他教導他們的。

如果耶穌從沒有在公共場合這麼稱呼過自己，為什麼羅馬人會因為耶穌自稱猶太人的王而處死他呢？因為他們知道他確實這麼認定自己。耶穌以未來的、天啟的方式認同這一身分，而他們卻以現在的、政治的意涵來解釋它，因而判處他死刑。而如果這不是公開的，羅馬人又怎麼會知道耶穌這麼想的呢？顯然一定是有人告訴他們，一個對他私底下如何教訓知曉甚多的人。那麼就是十二使徒中的一個了。

猶大不僅告訴當權者怎麼找到耶穌，還告訴他們耶穌曾自稱為（未來的）猶太人的王。

這是當權者真正需要知道的。從這一時刻起，一切定案了。猶太人的領袖審問了耶穌（耶穌在天啟末世信仰的傳道訊息中對

他們加以攻擊並挑戰他們的權威，因而彼此關係更加惡化），並將他轉交給彼拉多進行審判。彼拉多問耶穌他是否就是猶太人的王，而耶穌並沒有非常肯定地否定這事，因此彼拉多下令將他釘上十字架，而這一判決立即就被執行了。

補充說明：復活與耶穌在世時的其他神蹟

在本章中，我說的並不是什麼特別新穎或不尋常的東西，除了我所說關於耶穌被出賣給當權者的消息究竟意味著什麼這點，是比較不尋常的解釋。除此之外，我所呈現的觀點算是非常中規中矩的。當然，不同的學者會對這一點或那一點有意見。這是為什麼總是有越來越多的學術研究。然而關於耶穌作為一位天啟信仰的先知這一觀點，是我在神學院中學到的。這是大多數北美和歐洲學者的觀點並已經流傳超過一個世紀。[13] 這些是在國家領先的高等教育組織中被教導的觀點，包括神學院與神學系所。這些是大部分主流基督教牧師被教導的觀點，儘管這些牧師教導他們的教區信眾時很少使用它們。

我希望以最後一個議題來結束這章，這議題對於一般的《聖

13　傑出研究如耶穌研究會（Jesus Seminar）或他的幾位成員所出版的著作，包括：Marcus Borg, *Meeting Jesus Again for the First Time* (San Fran- cisco: HarperSanFrancisco, 1994), John Dominic Crossan, *The Historical Jesus: The Life of a Mediterranean Jewish Peasant* (San Francisco: HarperSanFrancisco, 1994)

經》讀者或早期基督教的學者而言都非常重要。根據福音書，耶穌的故事並不是在釘十字架之後就劃下句點，而是緊接著他死裡復活的記載。

釘十字架本身算不上什麼奇蹟。在羅馬帝國，許多人都被釘上十字架，也許每天都有人被釘十字架。在耶穌的死當中唯一的奇蹟面向跟神學解釋有關，也就是耶穌是「為世人的罪」而死的。作為一個歷史學者從歷史角度來看，無法對這一解釋做任何判斷。我們沒有任何歷史上的紀錄證明為什麼（從上帝的觀點來看）耶穌會死。歷史學者沒辦法接觸到上帝，只能看到地上發生的事，因為這些事被記錄了下來。因此，關於耶穌被釘十字架這件事，沒有任何歷史紀錄上的問題。

然而，關於他的死後復活則有些歷史爭議。這是神蹟，但根據歷史學的技術天性，歷史學者無法討論神蹟。這是我在最後這一小節中的主題。這一主題對某些人來講似乎違反直覺：如果事情確實發生了，即使是奇蹟，難道不是歷史上探索的對象嗎？拒斥神蹟發生的可能性，不正是一種反對超自然的偏見嗎？你認為只有無神論才能做歷史研究嗎？

對於這些問題的答案是「不」。我希望說明因為歷史學訓練的本質，歷史學者無法說明神蹟是否確實發生過。任何不同意我的人（也就是認為歷史學者可以展示神蹟確實發生），就該嘗試公平地對待檯面上的所有證據。在耶穌時代，有許多人宣稱可以施行神蹟。猶太聖人包括哈尼那・本・多薩（Hanina Ben

Dosa）或畫圈者霍尼（Honi the circle drawer）。還有異教的聖人提亞納的阿波羅尼烏斯（Apollonius of Tyana），他是一位哲學家，據說能醫病、趕鬼並使死人復活。傳說他的出生是超自然的，而在他生命終結時還升到天上去。聽起來很熟悉吧？此外，還有異教的半神半人，例如赫丘利（Hercules），他也可以使人由死裡復生。任何願意相信耶穌神蹟的人都必須承認其他人也有可能施行神蹟，不論是在耶穌的時代或任何其他時代、一直到現在為止，並在其他宗教例如伊斯蘭或非洲與亞洲的民間信仰都是如此。

但現在我想要聚焦在耶穌的神蹟上。他的復活不是唯一的神蹟。根據福音書，耶穌的一生充滿著奇蹟。他是由一位從未有過性經驗的婦人所生。成年後，他所行的神蹟一件接著一件：使瞎眼的看見、醫治瘸腿的、耳聾的、癱瘓的，或是趕走惡魔、使先前死去的人重新活過來。而在他生命的最後迎來了最大的神蹟：他由死裡復活，並且不會再死去。

儘管在福音書的傳統中有那麼多的神蹟，但我不認為歷史學者可以說明當中的任一個（包括復活）確實發生過。這並不是基於反對超自然的偏見。我不是說奇蹟就其定義而言不可能發生。很多人這樣說，但這不是我在這裡的意見。為了這一論點的目的，我願意承認也許我們以為奇蹟的事件確實發生了。

而我也沒有說僅僅因為我們的來源資訊並不完全可靠，因此我們無法證明神蹟確實發生過。雖然不可否認地，這是真的。

我們最早關於耶穌在公開場合行神蹟的紀錄,是寫於事實發生後三十五年到六十五年間,由那些沒有親眼目睹這些事情發生的人所寫下,他們的故事根據的是口傳傳統,這些傳統在試圖使他人信仰耶穌的人群中流傳了好幾十年。因此這些紀錄充滿著差異,特別是復活的敘述本身。沒有任何關於耶穌所行神蹟的紀錄可通過差異性原則的檢測。

但這不是歷史學者無法證明神蹟(包括復活)確實發生的原因。相反地,這原因跟歷史知識的局限有關:關於神蹟不可能有歷史證據。

想要知道為什麼,我們先思考歷史學者如何從事他們的工作。歷史學者和自然科學家的工作方式不一樣。科學家透過重複的實驗證明事物如何發生,他們一次只更動一個參數。如果同樣的實驗每次都產生同樣的結果,你可以在某個程度上建立可預測的機率:相同的結果在下次你做實驗時會再次發生。如果我想要以科學方法證明 Ivory 香皂可以浮在溫水上,而鐵塊會沉下去,我只要準備一百桶溫水、一百塊香皂和鐵塊就好。當我把它們丟進去,香皂永遠都會浮起來,而鐵塊永遠都會沉下去。而這給我們一個概念:當我做第一百零一次實驗時,我會有非常高的機率得到相同的結果。

歷史學者則必需用不同的方法工作。歷史學者並不企圖證明什麼會發生或即將要發生,而是要說明什麼**已經**發生了。在歷史中,這一實驗永遠無法重複。一旦某事發生了,也就永遠結束了。

　　歷史學者要透過各種證據來證明過去也許發生的事情。你永遠無法確定事實如何，儘管有些時候證據是如此地有力、沒有任何疑問。我的心裡毫無疑問地知道上個月我支持的籃球隊北卡羅萊納大學柏油腳跟隊（Carolina Tar Heels）在最後四強決賽中輸給了堪薩斯杰鷹（Kansas Jayhawks）。我痛恨承認這件事，而且我希望我是錯的，但各種證據（錄影、新聞報導、親眼見證者）實在太過充足。有些堪薩斯的人或許會認為這結果是神蹟，而有些卡羅萊納的人會認為這是宇宙邪惡力量造成的結果，但就結果本身來說那是很清楚的。

　　那麼，一個世紀之前的比賽呢？也許有好的證據，但不會像柏油腳跟隊輸球的證據這麼充裕。那萬一是一場兩千年前羅馬帝國境內的比賽呢？這比賽的結果將很難證明，因為沒有那麼多證據可用。

　　就事物的自然而言，有些歷史事件就是比其他有更好的證據，歷史學家唯一可做的就是建立可能性的不同等級。有些事我們幾乎可以肯定它確實發生（例如 UNC 在四強決賽中輸了）。[14]有些則是對我們大部分的人來說幾乎是肯定的，例如猶太人大屠殺（Holocaust）。為什麼有些人認為大屠殺從未發生過呢？他們辯稱所有的證據都被竄改過。這樣說肯定是瘋了，我同意。但其他那些顯然很聰明的人可以這麼宣稱並且甚至說服少數其他

14　譯注：UNC 即是北卡羅萊納大學教堂山分校，也是作者任職的學校。

人，這一事實顯示他們的說法不是完全不可能的。

還有許多歷史事件，確定性就更少了。林肯是否把蓋茲堡（Gettysburg）演講的內容寫在信封上呢？傑弗遜是否跟他的奴隸有過一段長期的戀情呢？亞歷山大大帝真的在他的男性愛侶過世後因悲傷過度而飲酒致死嗎？而耶穌真的是在居里扭擔任敘利亞巡撫時出生的嗎？這種問題太多了，你可以自己問問看。

關於這些事件，沒有什麼是天生不可置信的，問題在於它們有沒有可能發生，有些事件比其他事件更有可能發生。歷史學者多少會根據發生的相對可能性為過去的事件劃分等級。歷史學者可做的就是展現過去**可能**發生了什麼。

這是「神蹟」內在的問題。神蹟這一詞彙的基本定義就是不可能發生的事件。有些人會說它們是字面上的不可能，也就是違反了自然律：比如一個人無法在水上行走，就如同鐵塊不能漂浮在水上一樣。有些人則想稍微精確一點，他們認為關於自然界，並沒有任何被寫下來放在某處的「法則」，然後這法則還絕對不能被推翻；但自然界確實依照高度可預測的方式運作著。這才使得科學得以成為可能。我們會說神蹟是這樣一個事件：這事件違犯了自然界總是（或者幾乎總是）運行的方式，因而這樣的事件幾乎（如果不是「確定」）不可能發生。神蹟發生的機率是無限小的，如果不是這樣就不叫做神蹟了，而是發生某種奇怪的事件而已。而奇怪的事件其實經常發生。

到此，我希望讀者可以看出歷史學者面對「神蹟」時不可避

免的問題。歷史學者只能重建過去有可能發生的事情,但神蹟就其本質而言,是發生的事件中最不可能的那個解釋。不論你是否相信,這都是真的。在世上的六十億人口中,沒有任何人可以走在灌滿溫水的游泳池上。那麼任意一**人**走在上面的機率是多少呢?比六十億分之一還少,少很多。

如果歷史學者只能建立有可能發生的事件,而神蹟就其定義而言是最不可能發生的。那麼就其定義而言,歷史學者也就無法證明神蹟曾經發生過。

這對於穆罕默德、哈尼那・本・多薩,還是提亞納的阿波羅尼烏斯的神蹟都是如此,耶穌的自然也不例外。

但死後復活呢?我並沒有說那沒發生。有些人相信這發生了,有些人相信它沒發生。但如果你真的相信它,你不是以歷史學者的身分相信他的(即使你剛好是一個專業的歷史學者),而是以信仰者的身分。

就歷史研究的本質而言,不可能有關於復活的任何歷史證據存在。

不過,有些福音派的基督教學者宣稱的剛好相反,他們認為空無一人的墓穴和那些宣稱看見耶穌在死後還繼續存活的見證者之證詞,都是證明他真的復活了的良好證據。但做出這種宣稱,基本上是誤解歷史學者能做什麼和不能做什麼。歷史學者只能證明過去可能發生了什麼事,而不能證明神蹟(也就是把最不可能發生的事)是最有可能發生的事。「復活」本身並不是因為反對

基督教才變成最不可能發生的事。它就是最不可能發生的事，因為人們在徹底死去之後不會復活，從沒有人能死掉兩次。那萬一耶穌真的復活了呢？如果他真的復活，那是一件神蹟，但這超出歷史學者可證明的範圍。

許多基督徒不想聽到這些，但事實是比起從死裡復活，我們還有許多其他的方式可以解釋在耶穌身上發生了什麼事。在這些解釋中沒有任何一種是特別可能的，但卻是**更**可能的，只要用歷史方法看看這些事件，再看看復活的解釋就可以了。

你可以自己提出幾十個讓人難以置信但不完全不可能的解釋，讓我提供兩個就好。

為什麼墳墓應該是空的？我說「應該是」，因為我真的不知道它是不是空的。關於耶穌的墳墓是空的，第一個提到此事的來源是〈馬可福音〉，這本福音書寫在耶穌死後四十年，作者住在完全不同的地方，只聽說過耶穌的墳墓是空的，但他是怎麼知道的？不管如何，假設它就是空的好了，那為什麼會這樣？這是我瘋狂的假設，或許耶穌一開始是由亞利馬太的約瑟將他埋葬在約瑟家族的墳墓中，一些耶穌的追隨者（不是十二使徒）決定當晚趁夜將耶穌的屍體搬到其他更適合的地方。只有馬太提到墳墓那邊有一位守衛，那萬一實際上沒有呢？不過，正好有一隊羅馬軍團的士兵經過，看見他們帶著用布包裹著的屍體，於是在街上捉到這些追隨著。他們懷疑這些追隨者正在做什麼非法勾當，便與他們起了衝突。這些追隨者像客西馬尼園的門徒一樣拔出了劍，

然後被專業用劍的士兵當場殺死。羅馬士兵手上現在有了三具屍體，而且不知道第一具屍體是從哪裡來的。因為不知道要如何處理這些屍體，士兵們叫來了一輛車，將這些屍體推到城門外的欣嫩子谷，拋棄在那裡。三、四天後這些屍體就會爛到沒人認得出來了。於是，耶穌原本的墳墓是空的，而且沒有人知道是怎麼一回事。

這是事實的場景嗎？不是。我認為這是事實發生的情境嗎？肯定不是。不過，相對於發生神蹟、耶穌離開了墳墓升到天上，類似這樣的情景是不是更有可能呢？肯定是！從一個純粹歷史的角度看，一個高度不可能的事件甚至比基本上不可能的事件還更有可能。

那為什麼有些門徒宣稱曾在耶穌被釘十字架後還看到他活著呢？我一點都不懷疑有些門徒這樣宣稱。除了保羅以外，我們沒有任何關於他們所寫下的見證。保羅寫於大約二十五年後，並指出這是他們宣稱的內容，而我不認為保羅會捏造這些。而且保羅多少認識一些這樣的人，他在這事件之後三年就遇過他們了（〈加拉太書〉1 章 18-19 節）。然而，有些人宣稱他們見過耶穌活著這一事實，就代表他真的從死後復活了嗎？這是最有可能發生的嗎？不，根據定義，這是最不可能的。那比較有可能發生的什麼呢？差不多任何你想得出來的解釋都是。

讓我提議一個吧。這是一個記錄得非常仔細的現象，人們有時候會在他們鍾愛的人死後看到他們。一位男士在他的妻子埋葬

後一個月在自己的臥室看到了她；一位女士看見她死去的女兒；一位女孩看見她死去的祖母等等。這一直都在發生，而且這些都是紀錄確鑿的。[15] 在許多案例中，有這些經驗的人還能跟死去的人對話，可以跟他們擁抱並感覺到他們。有些紀錄顯示曾有多人同時擁有這樣的幻覺經驗，而且不只是看見自己的親戚而已。聖母馬利亞顯現給一群人看（這有上千位親眼見證者）的故事一直都在發生。她真的顯現給他們看嗎？不！或者那位死去的祖母真的回來並到臥室拜訪他的孫女嗎？不。也許這樣的事情確實發生過，但這不太可能。事實上，從歷史學家的角度看，這幾乎是不可能。然而仍然有人宣稱這樣的事情一直都在發生。

耶穌最親近的追隨者和後來的保羅，都宣稱他們之後還看見他仍然活著。這表示他真的從死後復活了嗎？不，這表示他們就像其他幾千人一樣，在一個人死後還有過跟這人接觸、彷彿真實的經驗。這些門徒沒做過任何死後幻視經驗的研究。他們經驗到這經驗，並以他們以所知道的方式解釋這些經驗，也就是耶穌還活著。他一定是從死裡復活了。那他現在在哪裡呢？他不在這，那麼他必然已經升到天上去了。

我對於他們這樣宣稱的解釋是可能的嗎？不。但不是完全不可能。從嚴謹的歷史研究角度來看，這比真的復活還來得可能。

---

15 參考 Dale Allison, *Resurrecting Jesus: The Earliest Christian Tradition and Its Interpreters* (London: T. & T. Clark, 2005)

　　我絕**沒有**說耶穌沒有從死裡復活。我沒有說耶穌的墳墓不是空的。我沒有說他沒有顯現給門徒看並升到天上去。信仰者相信這一切都是真的，但他們不是因為歷史證據而相信的。他們根據信仰相信這些基督教的宣稱，而不是根據證明。這沒有任何證明。歷史學家只能建立過去可能發生的事件，並且根據定義，神蹟是最不可能發生的。

· Jesus, Interrupted ·

第六章

《聖經》是怎麼來的

　　雖然一九七〇年代我剛進入普林斯頓神學院時是個保守的福音派基督徒，但我絕不是一個完全無知、駝鳥心態的基本教義派。我確實受過文科的博雅教育，有英國文學的學士學位，並經過歷史、古典和哲學上的訓練。我對世界多少有點認識，不會以為任何跟我在教義上有丁點差異的人都要下地獄烤火。我看過更保守的基督徒，儘管我是個非常保守的人。

　　除此之外，我一直相信《聖經》不光只是某些權威著作的集結，為指引基督徒、讓他們知道該相信什麼以及該有什麼行為。我相信《聖經》真的是上帝的話語，所教導的沒有任何錯誤。這是當我在慕迪聖經學院主修「聖經神學」時學習到的，儘管在惠頓時我接受了較進步的博雅教育，我仍然保持這樣的觀點。至少保持了一陣子。

　　然而，對於《新約》的研究卻從幾方面開始蠶食我的這個觀點。其中一個我必需面對的問題非常基本，某些程度上來說，這問題真是該死的簡單，這問題是相信《聖經》每字每句都是上帝啟示的人都要面對的問題，那就是我們說的是哪本《聖經》？

　　上帝所啟示的《聖經》，就是我們現在使用的《聖經》——「詹姆士譯本」（King James Version）嗎？到現在還是有人堅持這觀點，儘管這個觀點非常愚蠢：難道在詹姆士譯本出現之前多個世紀以來，基督徒都無法碰觸到上帝啟示的話語？上帝到底在想什麼？是其他現代譯本，還是這些譯本的希伯來文和希臘文原稿？如果最後一個答案是正確的，那要怎麼面對這件事？因為不論《聖經》上的哪一卷，我們都沒有最初的希伯來文或希臘文經文，我們所有的只是這些經文後來的拷貝，而這所有拷貝上都有錯誤。

　　在慕迪的時候，學校告訴我真正的啟示經文是最原始文字，也就是所謂的原稿（autographs）。當然，抄寫的文士一直以來都在更動文本，但他們更動之前的文本是完美的上帝話語。如同我在《製造耶穌》中提到的，最終我發現這樣的觀點是有問題的。如果上帝選擇不為後代保存這些文字，那為什麼祂要啟示這些文字？或者換個方法來說，如果我一開始就明確知道上帝沒把這些文字保存下來（我的確知道），那要怎麼說服我說祂一開始真的啟示了這些文字？這對我來說成了一個主要問題，我一直嘗試要分辨哪本《聖經》才是真正由上帝所啟示的。

　　另一個大問題則是我在《製造耶穌》中沒提到的。如果上帝在耶穌死後幾十年當中啟示了這些經卷，那我怎麼知道更後來的教會教父選對了經卷並把它們納入《聖經》中呢？當然，從信仰上我可以接受上帝絕不會允許非上帝啟示的經卷參雜到正典中，但是當我對早期基督教運動史投入得更多，我就開始明白在世界上許多地方，有許多基督徒全然相信其他經卷該被接受為《聖經》，而反過來說，那些最終進入正典的經卷，有些卻被其他地方教會的領袖拒絕了，有些被拒之於門外好幾個世紀。

　　在某些地方教會中，〈約翰啟示錄〉（也就是《聖經》上的〈啟示錄〉）直截了當地被當作包含錯誤教訓而遭到拒絕，而最終沒成為正典的〈彼得啟示錄〉反而被接受了。有些基督徒接受〈彼得福音〉，有些拒絕〈約翰福音〉。有些基督徒接受簡短版的〈路加福音〉（沒有最前面兩章），有些人則接受非正典的〈多馬福音〉。有些基督徒拒絕最後進入正典的三封教牧書信（〈提摩太前書〉〈提摩太後書〉〈提多書〉），有些人則接受沒有納入正典的〈巴拿巴書〉。

　　如果上帝真想讓祂的教會擁有來自啟示的《聖經》，而且只擁有那些經卷，為什麼會有這麼火熱的爭辯與不同意見，並且持續了三百年以上？上帝為什麼不讓這些爭論持續幾週並且產生確切的結論，卻允許它延續了好幾個世紀？[1]

1　許多神學家認為上帝在這整個過程的背後工作，以保證最後的結果。就此而

在本章中，我想要談談那些在我還相信《聖經》是上帝啟示話語時所產生的問題。第一個問題是，我們沒有任何《新約》著作的最原始版本（既然我已寫了一整本書討論這個主題了，我會盡量簡短地討論這問題）。[2] 第二個問題則是，正典中的二十七卷經卷最後是如何形成的。

《新約》的「原始」文本

雖然《製造耶穌》看起來像是惹到了一個蜂窩（至少就保守的福音派基督徒而言是如此），總體上來說這些問題幾乎沒有爭議。我總結論點如下：

• 我們沒有任何《新約》經卷的原始文本。

• 我們所擁有的拷貝本是更後來才寫成的，而且大部分是好幾個世紀之後的版本。

• 我們手上有數千份希臘文的抄本，希臘文是《新約》經卷

言，這真是奧祕，為什麼這個過程不更清楚、更平順、更快一點？（畢竟我們在談論的是上帝啊！）

2 參考我的《製造耶穌》一書。*Misquoting Jesus: The Story Behind Who Changed the Bible and Why* (San Francisco: HarperSanFrancisco, 2005).

原先寫下時所用的語言。

• 所有的抄本都有錯，可能是抄寫者不小心寫錯，或是抄寫者想蓄意地修改經文，讓經文說出他們想聽的話（或者是他們以為經文本來就該是這個意思）

• 我們不知道現存抄本中共有多少錯誤，但就目前而言就有成千上百個錯誤。或者換個說法，我們可以安全地說，現有抄本的差異比現有《新約》的字數還要多。

• 絕大部分這樣的錯誤其實完全不重要，它們只是告訴我們古代抄寫者的拼字能力不比今天大部分的人好。

• 但有些錯誤就有差了（而且是非常關鍵的錯誤）。有些會影響整個句子、整章或甚至整卷經卷的解釋方式。有些錯誤則顯示抄寫者關注的議題會如何影響抄寫者，他們有時會根據自己周遭的爭執或爭論而修改經文。

• 文本批判的任務就是一方面認清文本作者真正寫下的是什麼，以及瞭解為什麼抄寫者會修改這些經文（並進而幫助我們瞭解抄寫者工作時所處的情境）。

• 儘管學者三百年來為了這一任務勤奮地工作，不同意見之間的爭執仍然非常熱絡。嚴肅聰明的學者對於某些經節的原文是什麼總是有不同的意見，而有些地方我們也許永遠無法知道原文究竟是什麼。

　　保守的福音派對於我的書的回應讓我有點驚訝。[3] 有些批評者批判《製造耶穌》的內容是在「誤導」人，彷彿我引用的那些經文證據可能會導致人在滑坡上摔倒、永劫不復一樣。有些批評者指出他們不是很贊同我講話的方式，並且當中有許多人想要堅持我所提出的那些事實不必然會造成任何人失去他們對《聖經》是上帝啟示話語的信仰。

　　最後這一點我有點意見。事實上，有些關於《聖經》的啟示性觀點（比如我年輕時就思考的那些觀點）確實在面對文本批判時站立不住。大部分的基督徒並沒有我當初所有的保守福音派

3　網路上兩個較理性一點的批評者是Daniel Wallace, "The Gospel According to Bart," at http://www.bible.org/page.php?page_id=4000和Ben Witherington, "Misanalyzing Text Criticism—Bart Ehrman's 'Misquoting Jesus,'" at http://benwitherington.blogspot. com/2006/03/misanalyzing-text-criticism-bart. html。此外，有三本從保守觀點出版的書：Dillon Burroughs, *Misquotes in Misquoting Jesus: Why You Can Still Believe* (Ann Arbor: Nimble Books, 2006); Timothy Paul Jones, *Misquoting Truth: A Guide to the Fallacies in Bart Ehrman's Misquoting Jesus* (Downer's Grove, IL: Intervarsity Press, 2007); 和Nicholas Perrin, *Lost in Transmission: What We Can Know About the Words of Jesus* (New York: Thomas Nelson, 2008)

觀點，這些經文證據在他們看來只是很有趣而已，卻沒有任何一項足以挑戰他們的信仰，因為他們的信仰建構在其他事物上，而非確實擁有上帝所啟示的《聖經》上。而我，當然從未蓄意要使人離開基督教信仰，有些批評者認為，我在理解到我們的許多抄本有許多差異時就不再是基督徒了，這說法不但錯誤而且荒謬。[4]

不論如何，如同我指出的，這些論證就其本身完全沒有爭議。誰能否認我們有上千份的抄本，或是成千上百的差異呢？或者許多差異跟拼寫有關？或者學者至今對於許多地方的原文究竟如何都還有爭議？這所有命題都是正確的。

在這些命題中，真正造成爭議的是那些我宣稱有些重要的經文差異。某些保守福音派的人反對這樣的觀點，但就我所知除此之外其他人沒有意見。這不禁讓我停下來思考，為什麼這樣的批評只來自那些擁有特定神學觀點的人呢？典型的回應分成兩種：一、批評者認為絕大部分的經文修改並不重要，而我誤導讀者以為它們很重要；二、這些差異沒有一樣是無比重要的，人們長久以來就知道這些差異了，但沒有一項造成過什麼重大影響。

---

4 我從未在任何地方，不論是在出版的著作上或是在訪問中提到我因為《新約》抄本上的諸多差異而失去信仰，如同我在第八章解釋的（我在另一本書上也解釋過 *God's Problem*, HarperOne, 2008），最終使我成為不可知論的是關於苦難的問題。

　　我不大確定要怎麼回應第一種批評，畢竟我一再強調大部分文本上的差異是不重要的（比如說，在《製造耶穌》原書第十頁）。也許反對我的人覺得我說的還不夠多，只不斷強調那些真正造成問題的差異上，以致誤導讀者以為情況比實際上糟。我懂，這些批評者寧可我把主題放在無關緊要的經文修改上。**那這本書還能看嗎？**

　　對於第二個批評，我希望用較長篇幅來回應。在我看來，認為沒有任何一樣經文差異是重要的，這個觀點基本上不是真的。有些差異確實影響很大。

　　要回應保守福音派這樣的觀點，也就是沒有一條基督教的教條曾被這些經文差異所影響，我要指出：

a. 重要教義跟這些經文差異無關，這說法基本上不是真的。舉個關鍵例子：整本《新約》中唯一一處明確教導三位一體教義的地方，只在詹姆士譯本中找得到（〈約翰一書〉5章7-8節），但在許多主要的希臘文《新約》抄本上找不到。三位一體是基督教相當重要的教義。對這觀點典型的反駁方式，是宣稱三位一體教義可在《聖經》其他地方找到，而不用訴諸〈約翰一書〉5章7-8節。對此，我會說這個說法對基督教的每條教義都是對的。就我的經驗，神學家不會因為這一教義只在一節經文上出現就相信它，如果你看得夠認真，你基本上可以移除任何一節經文，並

在其他地方看到基督教的任何一條教義。[5]

b. 在我看來，說文本上的差異沒造成任何影響，是因為它們不影響任何主要的基督教教義，這一評判標準是很奇怪的。為什麼基督教教義是「文本差異是否重要」的最終標準？比如說，假設我們發現有一抄本上的〈馬太福音〉因為某些原因少了第四至第十三章的內容，這會是重要差異嗎？我會說這很重要。但它會影響任何教義嗎？不會。或者舉一個更極端的例子，假設我們明天一早醒來發現關於〈馬可福音〉〈腓立比書〉〈雅各書〉和〈彼得前書〉的所有蹤跡從地球上所有《新約》的內容中被抹除了，這會很重要嗎？這肯定非常重要！那它會影響基督教教義嗎？一點都不會。

c. 最重要的是，某些抄本的差異確實影響深遠，不僅是對於「基督教的主要教義」而已。

5　後來的基督教神學家在〈馬太福音〉28 章 19-20 節中找到另一處提到三位一體的經文：「奉父、子、聖靈的名」。很顯然構成三位一體的三個成員在這裡都提到了，而且我不認為這一引用是後來的抄寫者加上去的，我們所有的抄本上都有這節經文。然而，這裡沒提到這三者之間的交互關係，而這才是重點：這裡沒有任何文字提到這三者是各自獨立的神性位格，而且三者一起又是三一上帝。

1. 有些差異影響我們如何解釋所有《新約》上的經卷。舉〈路加福音〉上的幾個例子。首先，路加認為耶穌面對死亡時是痛苦的，還是平靜且克制的呢？這完全取決於你如何處理〈路加福音〉22 章 43-44 節，在那裡描述耶穌在被捕之前，他的汗如同大血滴一樣滴下。有些抄本保留了這一節，而這讓耶穌顯得非常痛苦。如果把這一經節抽走，那麼不論是這節還是其他任何路加關於受難的描述，都看不出任何痛苦的模樣了。就如同我們先前看到的，路加把〈馬可福音〉中提到耶穌感受到痛苦、對結局不確定的地方都移除了。第二，路加是否將耶穌的死理解成一種贖罪行為，這取決於你如何看待〈路加福音〉22 章 19-20 節。就像我們在本書第三章看到的，〈路加福音〉在其他地方都把〈馬可福音〉提到耶穌的死作為贖罪行為的部分給省略掉了。關於這一教訓唯一剩下的痕跡保留在某些抄本最後晚餐的段落，在那裡耶穌說這麵包是他的身體，「為你們」捨的，而這杯是他的血，「為你們」流的。然而，在我們最早且最好的抄本中，這幾句話都不見了（19 節的大部分和 20 節全部）。這很顯然是抄寫者加進來的，好讓路加對耶穌之死的觀點與馬可或馬太的觀點吻合。我會說，這是相當重要的，除非你認為路加對這這件事情的觀點一點都不重要。

2. 包括前面提到的，有些抄本的差異對於認識早期基督徒中流傳的各種關於耶穌的傳統十分重要。耶穌究竟有沒有碰到一個犯了姦淫的婦人，並且對控告這婦人的人說「你們中間誰是沒有罪的，就可以先拿石頭打他」，而後又在那些控告者離開後對那婦人說「我也不定你的罪。去吧，從此不要再犯罪了」？這取決於你讀的〈約翰福音〉是哪一份抄本。在復活之後，耶穌有告訴他的門徒說凡信他的人可以手拿蛇、喝致死的毒也不被傷害嗎？這取決於你讀的〈馬可福音〉是哪一個抄本。

3. 有些差異對於理解拷貝經文的抄寫者所處的社群正發生什麼事至關重要。比如說，有些抄寫者省略了耶穌被釘十字架時所做的禱告：「父啊！赦免他們；因為他們所做的，他們不曉得。」（〈路加福音〉23 章 34 節）早期基督徒解釋這一禱告是赦免猶太人，因為他們不知道自己所做的是什麼。不意外地，有些抄寫者把這一節省略掉，因為他們處在第二和第三世紀基督教的反猶太風潮下，許多基督徒相信猶太人完全知道他們做的是什麼，並且上帝絕無可能原諒他們。或者舉一個保羅的例子，很顯然保羅勸誡婦女要在教會中保持「安靜」並且「順服」她們的丈夫並不是原本〈哥林多前書〉14 章的內容（33-35 節），而是後來抄寫者有意加入的，為的

是讓婦女保持在她們現有的地位上。這到底重不重要？

d. 最後，我要說我確實不相信保守福音派關於《新約》抄本上的差異不是很重要的說法。如果它們不重要，為什麼達拉斯神學院（Dallas Theological Seminary，該神學院的主持人是極力批判我的人）和紐奧良浸信會神學院（New Orleans Baptist Theological Seminary）這樣的保守福音派神學院，要花幾百萬美金支持各種《新約》希臘文抄本的檢視計畫？如果抄本上的差異影響不大，又幹麼要花力氣去研究它們？如果它們一點都不重要，為什麼要窮盡一個人的生涯去檢視它們？如果它們這麼無關緊要，為什麼要貢獻幾百萬美金去進行調查？我好奇這些人出去為這些計畫募款時究竟會說什麼：「我們希望你們投資五十萬美金幫助我們研究《新約》抄本，因為我們不認為它們有什麼重要性」？

我想，很顯然地，抄本上的差異真的有影響。它們關係到如何解釋《新約》，關係到如何認識歷史上的耶穌，也關係到如何理解耶穌死後基督教教會的歷史。那些爭論說它們一點都不重要的人，要不是企圖為那些讀了史實後會感到不快的人提供一點安慰，就是在愚弄他們。

《聖經》正典的形成

認為《聖經》是上帝啟示的話語，帶來的問題遠比我們不總是知道那些話語來自何方的這個事實來得更大。還有同樣的問題是，我們要怎麼知道《聖經》中的不同經卷是不是上帝一開始就希望它們出現在《聖經》上的，我們要如何知道只有正確的經卷被納入正典中了？我們如何知道是否有上帝啟示的經卷被遺漏呢？[6]

我有些學生傾向認為《聖經》像是某種耶穌死後不久、於七月的某天從天上降臨而下的。然而，《新約》就是《新約》，一直都是且將來也一樣會是。你可以到全國任何一家店（或西方世界的任何一個地方）買一本《新約》，而它總一樣會是二十七卷書卷的集合，包含四本福音書，後面跟著〈使徒行傳〉、保羅書信，並以〈啟示錄〉結束。它一直以來似乎都是這樣。

然而，它不是一直以來都是這樣。相反地，關於哪些書可以被納入《聖經》的爭論，不但吵得很久也吵得很火爆。跟這個說法一樣讓人不敢相信的是，從來就不存在一個被世界上每間教會都接受的最終定案版本。歷史上來講，在某些世紀中總是會有一些教會（例如敘利亞、亞美尼亞、衣索比亞）所擁有的《聖

6　有些神學家區分某些經卷是上帝所啟示，而某些經卷只有部分內容是正典。對他們來說，正典上的經卷是被啟示的，而其他書卷或許也是。

經》，跟我們的《聖經》略有不同。即使是我們都熟悉的二十七卷正典，長久以來也都沒被教會的任何會議所確認，直到十六世紀反宗教改革的天主教天特會議才被批准，一同被認可的還有《舊約》的旁經，為的是回應逐漸擴散的新教，因為他們排斥這些經卷（旁經），認為它們不屬於正典。[7]奇怪的是，《聖經》正典並不是在幾個關鍵時間點被決定的，它就這樣出現，沒有任何人投票贊成過。

　　但它也不是偶然產生的。正典是透過一長串關於哪些書該被納入的爭論和衝突過程而產生的。這些爭辯並不是出自一般普遍的理由（為了知道哪些書是有權威的），而是為了應付早期基督教所遭遇的、真實存在的威脅性情境。在基督教剛開始的前幾個世紀裡，大量的基督教團體綻放出各式各樣的神學和教會論觀點，這些不同團體在某些基要論點上完全互相抵觸：有多少個上帝？耶穌是人還是神？物質世界本質上是善的還是惡的？救贖是臨到人的身體還是藉由逃離身體才能得到？耶穌的死對救贖有任何影響嗎？

　　《聖經》的正典發展過程所遇到的問題，正在於每個互相競爭的基督教團體都堅持自己是正確的，每個團體都想贏取信徒，每個團體手上都有一批神聖的經卷證明自己的觀點是正確的，而

7　「正典」（canon）一詞來自希臘文的 *kanon*，意思是直尺或測量的棍子。這一詞彙後來被用來表示任何被認可的文本集合。

且這些書大都宣稱自己是使徒所寫。那麼誰是對的呢？藉由這些爭論浮現出來的正典，代表的正是最後勝出的團體所喜愛的經卷。正典並不是一夕之間出現的，而是花了好幾個世紀才完成的。

早期基督教教會的劇烈差異

想把正典化的過程放到該有的脈絡下，我們需要知道早期基督教運動在前幾個世紀裡的劇烈差異。讀者也許會以為基督教從一開始就是一樣的東西：一個從耶穌而來的信仰，為保羅所解釋，一直延續到中世紀然後到現代。但事情沒那麼單純。在耶穌死後一百五十年間，我們發現了各式各樣不同的基督教團體宣稱他們代表耶穌和他的門徒們的觀點，然而他們之間卻有著完全不同的觀點，這些觀點之間的差異甚至遠大於《新約》中任何觀點間的差異。

這些團體有哪些人呢？

伊便尼教派

伊便尼教派（The Ebionte）是一個由歸信的猶太人所組成的基督教團體，他們堅持維持他們的猶太性，遵從希伯來《聖經》上所記載上帝給予摩西的律法，同時還相信耶穌是上帝所差遣、

為了世界的救贖而來的彌賽亞。我們不知道「伊便尼」這個名字是從哪裡來的。大部分學者認為它來自希伯來文中的 *ebyon*，意即「貧窮」。也許這些基督徒遵從耶穌關於為了福音的緣故放棄所有財產的命令，以自願貧窮作為一種宗教奉獻，如同〈使徒行傳〉中描述耶穌首批的追隨者那樣（〈使徒行傳〉2 章 44-45 節、4 章 32 節）。伊便尼教派幾乎當然地宣稱自己是這些首批追隨者的屬靈後裔，並且像他們一樣，伊便尼教派也認為相信耶穌不必然代表與猶太教截然分離，而是正確地詮釋這一由上帝在西乃山上啟示給摩西的宗教信仰。

過去有些學者認為伊便尼教派所堅持的信仰，也許和那些耶穌的第一批追隨者有幾分相似，例如耶穌的兄弟雅各、門徒彼得等人，這兩位都是耶穌死後耶路撒冷教會的領袖。特別是雅各，他在所有耶穌追隨者中最極力堅持猶太律法的持續有效性。他以及之後伊便尼教派的觀點，顯然認為耶穌是猶太人的彌賽亞，由猶太人的上帝派遣到猶太人中，為的是使猶太人的律法得以完全。因此任何人如果想要追隨耶穌，就要變成猶太人。如果一個外邦男性接受了這個信仰，他就要受割禮，就如同上帝親自在律法中所要求的，割禮一直以來都是一位男性成為以色列上帝的追隨者之必要條件（〈創世紀〉17 章 10-14 節）

最終，使徒保羅站了出來並主張相反的意見，他認為耶穌的上帝是所有人的上帝，外邦人不需要為了跟隨耶穌而變成猶太人。對保羅而言，遵行律法所要求的事並不能使人在上帝面前稱

義，而嘗試遵守律法對得救而言沒有任何意義。保羅最終贏了這場爭論，但好幾個世紀以來仍有些基督徒不同意他的意見，伊便尼教派便是其中之一。他們不認為保羅是偉大的使徒，相反地他在基要信仰上徹底搞錯了。

伊便尼教派是嚴謹的猶太一神論信徒。因此他們不認為耶穌本人具有神性。只有一位上帝，而耶穌是上帝指定成為彌賽亞的人。他不是藉由處女所生，他的父母是約瑟和馬利亞，他是一位非常正直的人，上帝接納他成為自己的兒子，並給他一個任務，要他死在十字架上代贖其他人的罪。

讀者可能會好奇，伊便尼教派的人為什麼不乾脆讀讀《新約》，就可以看到耶穌是處女所生、他自己就是上帝、他廢除了猶太人的律法，並且保羅對他的解釋都是正確的？原因自然是他們無法閱讀《新約》，因為那時還沒有《新約》。伊便尼教派除了希伯來《聖經》之外還有他們自己的聖書，而那些經書上所宣稱的正是他們的觀點，這其中包括一卷跟〈馬太福音〉非常相近的福音書（〈馬太福音〉是我們的福音書中最具猶太性的經卷），卻沒有〈馬太福音〉的前兩章，也就是描述處女生子的那部分。

馬吉安教派

在神學光譜上的另一個極端是馬吉安教派，也就是馬吉安的

追隨者。馬吉安是第二世紀小亞細亞一位有名的神學佈道家，在被驅逐出教會並回到小亞細亞之前，他花了幾年的時間待在羅馬。在小亞細亞時，他在許多城市中建立了教會。

不同於伊便尼教派，馬吉安認為保羅才是信仰上偉大的英雄，他是真正瞭解耶穌以及耶穌和猶太律法關係的使徒。如同我們所看到的，保羅在摩西給予的律法和耶穌的福音之間劃出一條明確的界線，前者不能帶來救贖而後者可以。馬吉安認為這一界線是絕對的：猶太人的律法和耶穌的福音沒有任何共通之處。律法是一回事（是屬於猶太人的），而福音是另一回事（是屬於基督徒的）。

馬吉安寫了一本稱為《反駁論證》（*Antitheses*，字面上意思就是「反對的論點」）的書，書上展示了《舊約》的上帝和耶穌的上帝之間絕對二分的關係。《舊約》的上帝是審判的上帝，祂是憤怒、復仇的，而耶穌的上帝則是救贖的上帝，是慈愛、憐憫的。這兩個上帝的差別到底有多大？馬吉安提出了邏輯上合理的結論：這是兩位不一樣的上帝。

《舊約》的上帝建立了這個世界，揀選以色列人成為祂的百姓，給予他們律法，並在他們違背律法時責罰他們，判處他們永恆的刑罰（包括猶太人之外的其他人）。而耶穌的上帝跟這創造的上帝、以色列或律法都沒有關係，他來到這個世界是為了救人脫離《舊約》上帝的憤怒。為此，祂使耶穌死在十字架上，讓《舊約》上帝的憤怒發洩到他身上。那些信仰耶穌的人因此可以

逃脫那位猶太人的復仇上帝的羈絆。

在這一詮釋中，耶穌不是也不可能是一般人，因為這會使得他成為物質性的，也就是這物質世界的一部分，變成那個創世上帝的創造物。根據馬吉安，耶穌只是看起來像個人，他事實上是神性的存在，純潔而單純。馬吉安的反對者稱呼這一觀點是「幻影說」（docetism），這一詞彙來自希臘文的 *dokeo*，也就是「看起來是」、「像是」的意思。耶穌以人類肉體的形象顯現出來，如同保羅說的（〈羅馬書〉8 章 3 節），他不是真的變成了肉身。

理所當然地，根據馬吉安的說法，耶穌的追隨者不應在任何形式上跟猶太人或猶太教有任何關聯。他們是耶穌的追隨者，也是保羅的追隨者——就是那位真正瞭解耶穌的使徒。

馬吉安有他自己一套神聖的經卷列表，並且顯然不是伊便尼教派手上的那個列表。他的正典包含了十封他所知道的保羅書信（我們的十三封保羅書信扣除三封教牧書信），以及某一形式的〈路加福音〉。這所有經卷在支持馬吉安的觀點上都是有問題的，因為它們全都引用了《舊約》（也就是「另一位」上帝的書），並且以為創造世界的是真正的上帝。馬吉安相信這所有經卷都被複製它們的抄寫者竄改過，因為他們不明白福音的真理。因此，馬吉安創造了屬於他自己版本的十一卷經卷（當然，他不會把《舊約》納入在自己的正典裡面），這是刪改過的版本，把任何抄寫者改過的部分都去除了，也就是那些將耶穌與創世的上帝互相關聯起來的部分。

各式各樣的諾斯底群體

關於被稱為諾斯底教派的基督徒究竟是一個群體、大致上類似的幾個群體，或是一群沒太多相似性的群體，學者們各有不同意見。我不會在這裡探討學者之間的所有爭論，只會簡單說明我認為存在著許多諾斯底的團體。他們之間有共通的基本神學觀點，所以把這些群體統稱為「諾斯底」確實是有意義的（當然，他們之間仍有不同的差異，否則就不會區分成不同的群體了）。[8]

這些群體被稱為諾斯底（來自希臘文中的 *gnosis*，「知識」的意思），是因為他們認為對救贖而言知識（而非信仰）才是必要的。然而是怎樣的知識呢？是關於這個世界如何產生和（更重要的是）你究竟是誰的知識。特別重要的是，你要知道你自己是誰、來自哪裡、如何到這裡、以及可以如何回去。

這些不同的諾斯底群體的預設是，他們當中的某些人並非來自這裡或說這個世界，因此不屬於這裡。這些人來自另一個世界，即天上的世界。他們被困在這邪惡的身體裡，因此要學習如何逃脫，所以需要神祕的知識（也就是 *gnosis*）

各個諾斯底教派都相信這個世界不是唯一的真正上帝所創

8　有些學者開始覺得「諾斯底主義」（Gnosticism）不再是個有意義、有用或準確的詞彙了。參考：Michael Williams, *Rethinking Gnosticism: An Argument for Dismantling a Dubious Category* (Princeton: Princeton University Press, 1996), 和 Karen King, *What is Gnosticism?* (Cambridge, MA: Harvard University Press, 2003)

造。相反地，天上的世界有許多神性的存在，都是從最終極的神性所衍生出來，我們這個世界是一個意外，是一位卑下、低階、無知的神明所創造。他的創造是某種宇宙性的災難，是神聖世界遭到浩劫的結果。這個世界的某些部分被創造出來是為了囚禁那些神性元素。他們當中有些人裡面有那神性的火花。因此要學習關於這世界和上面那個世界的真理，以及關於自己的真實身分，才能逃脫並回到天上的家。

那麼這一切和成為耶穌的追隨者又有什麼關係呢？在基督教的諾斯底系統中（除了基督教以外還有其他非基督教的諾斯底體系），耶穌是來自神聖國度的神性存在，他來是為了將救贖的神祕知識傳授給困陷在這世界的靈魂。這一知識包括關於神聖的世界如何產生、災難性的物質創造如何發生、以及神性元素如何被困住等等。沒有耶穌，我們將無從得知這個知識。他確實是我們靈魂的救主。

當然，耶穌自己不可能是那被困住的靈魂。有些諾斯底主義同意馬吉安，認為耶穌是一個神聖的存在，只是顯現為人的樣子罷了，他來到這世界是為了帶來神祕的教訓。不過，大部分諾斯底的追隨者想的不一樣，根據他們的說法，耶穌本身是一個人，只是在他公開傳道的期間暫時被某個神性的存在（也就是基督）[9]

9　譯注：在諾斯底體系裡，「耶穌」和「基督」經常是不同的存在。例如在這裡，耶穌是人，而基督則是另一個神性的存在。

寄居在裡面，這段期間是從他受洗（也就是基督以鴿子形狀進入他裡面的時刻）到死前為止。這也是為什麼耶穌在死前大喊「我的上帝、我的上帝，為什麼離棄我」的原因，因為那時候神性的基督離開了耶穌，讓他獨自死去。然而，他（基督）仍將耶穌從死裡復活，在這之後耶穌持續向他親近的門徒們宣揚他神祕的教訓，直到升天、回到天上的國度為止。

這聽起來也許不像你在主日學會學到的那種基督教，但這在早期教會中的許多地區十分受歡迎。救贖並不是來自對耶穌的死和復活的信心，而是瞭解他所揭示的神祕教導。既然這個教導是神祕的，那麼耶穌在公開場合的指示就不會是他真正的訊息，或者至少是經過仔細編造的。如此一來，就只有圈內人，也就是那些裡面有神聖火花的人，才能完全理解。耶穌真正的訊息來自他在私下場合對最親近的追隨者所做的解說，而許多諾斯底書籍都展示了這樣的神聖知識。

很幸運的是最近發現了許多這類書籍，特別是在一九四五年在埃及的拿格哈瑪地（Nag Hammadi）附近沙漠中發現的、一般被稱為〈諾斯底福音〉的諾斯底文獻。這些文獻上所記載的基督教圖像，跟大部分我們從小被教育或聽過的基督教非常不一樣。原因很明顯：諾斯底教派在由誰為後代決定什麼是「正確的」且「官方形式」的基督教競爭中輸掉了。

原始正統基督教

最終，只有一個基督教團體在這場爭取信徒的競爭中獲勝。他們的勝利也許是在第三世紀的某個時刻被確定的。當羅馬皇帝君士坦丁在第四世紀歸信基督教時，他信奉的是這個勝利的信仰形式。在大約君士坦丁之後五十年，當基督教變成帝國的官方宗教時，幾乎所有人接受的也是這一形式的基督教。當然，這當中還有許多差異，各種其他形式的觀點一直都存在著。

一旦贏得了這場戰鬥，這一形式的基督教不但宣告自己是正確的，還宣告只有它才是正確的。「正確的信仰」，正式一點來說就是「正統」（orthodox，在希臘文中 orthos 的意思是正確，doxa 的意思則是意見）。「正統」的基督教，也就是那個贏得這場競爭的教派，他們稱呼其他所有競爭觀點為「異端」（heresy），這一詞彙來自希臘文的「選擇」。異端信仰指的是那些選擇相信錯誤信仰的人，也就是不正統的信仰。

那麼，在他們的勝利被確定之前，我們該如何稱呼這一個持有最終獲勝觀點的基督教群體呢？我通常稱呼他們為「原始正統」（proto-orthodox），也就是這些最終成為正統觀點的人屬靈傳承上的祖先。

原始正統的基督教是第二、第三世紀我們最常聽到的基督教，因為通常他們的著作而非他們反對者的著作被保留到後代。這當中包括諸如殉道者游士丁（Justin Martyr）、愛任紐、德爾

都良、希波利徒（Hippolytus）、亞歷山卓的克里門（Clement of Alexandria）和俄利根（Origen）等作家，他們對研究早期基督教的學生而言十分耳熟能詳。這些作家塑造了後來正統信仰的形式。這很多時候是藉由與各方反對者爭辯來達成的，而這也導致了某種矛盾的認可。比如說，他們同意伊便尼教派關於耶穌全然是人的觀點，但當他們否認他是上帝時又予以譴責。他們同意馬吉安關於耶穌全然神性的觀點，但當他們否認耶穌是人時也予以譴責。這些原始正統基督徒要怎麼兩個都相信呢？他們承認耶穌兩者都是，同時是上帝也是人，這於是變成了正統觀點。

大多數正統教義是那些最終成為基督教信條的東西：有一個上帝，祂是一切的創造者，創造自然當然是好的，即使這些創造物因罪而有了瑕疵。耶穌是祂的兒子，他同時是人又是神，他不是兩個存在（如同諾斯底相信的）而是一個，他不是通過知識而是透過流出他的血而帶來救贖。

如同他們的所有反對者，原始正統基督教也有一些他們認為具有神聖權威的書籍，而這些經卷認可了他們獨特的觀點。這些書當中有一部分最終被納入正典。原始正統基督教的圈子中大多數的爭議在於哪些原始基督教的書籍可以被接受，然而所有的原始基督教都同意任何異端書籍都不可能是使徒寫出來的，因此也就不能被納入正典之中。

一些非正典的經卷

所有的基督教群體都擁有一些被認為是神聖經卷的書籍。這些書籍在某些時候被這個或那個群體所尊崇，但大部分書籍都沒流傳下來，有幾十本倖存下來並且在現代被重新發現。下面我們挑出一些文獻，它們在早期幾個世紀在教會中受到尊崇，後來卻沒有成為正典。

〈伊便尼福音〉

稱為伊便尼教派的基督教團體也許不止一個，至今流傳下來的福音書中，有三本顯然被不同的伊便尼群體使用過。其中一個是前面提到的刪節版的〈馬太福音〉。另一部被稱為〈伊便尼福音〉，這部福音書沒有全部完整地流傳下來，但我們透過第四世紀的異端獵人愛皮法尼烏斯的引用，可以知道這本書。愛皮法尼烏的轉述挺有趣的，顯然這一伊便尼教派相信耶穌是贖罪最完美的祭物，而這表示猶太人不再需要到聖殿中獻祭了。因此，他們是不再相信猶太祭祀儀式的猶太人，然而他們確實還遵守其他方面的律法。

在古代世界中，一個人能吃肉的唯一機會就是獻祭的時候，也就是儀式中當動物被祭司宰殺作為獻給諸神或上帝的祭品時。既然伊便尼教派不再相信獻祭，他們也就實際上成了素食主義

者。這種在食物上的選擇，反應在他們描述自己的福音書傳統上。比如說，當門徒問耶穌他們可以上哪裡去為他準備逾越節的筵席時，他在這一福音書中回答：「我一點都不想跟你們一起吃逾越節羔羊的肉。」更有趣的是，在這一福音書中施洗約翰的飲食習慣顯然也改變了。在正典的福音書的描述中，施洗約翰是靠蝗蟲和野蜜充飢的，但這福音書改掉了「蝗蟲」這個字（畢竟這也算是肉）。〈伊便尼福音〉提到約翰吃的是烤餅和野蜜。比起蝗蟲，這食物看起來好多了。

科普特的〈多馬福音〉

在現代所有非正典經文的考古中，沒有任何發現比在拿格哈瑪地諾斯底文獻中發現的〈多馬福音〉還重要的了。就如同同一時間發現的其他著作一樣，這本〈多馬福音〉是用科普特文（Coptic）寫成的，而科普特文是埃及的古老語言。[10] 它之所以重要，一方面是因為它不尋常的特色，同時也因為它相對地古老：這是我們發現最早的非正典福音書，很有可能寫於〈約翰福音〉成書之後幾十年間。

不同於《新約》中的福音書描述耶穌所言所行直到他死亡和

---

10 就跟其他拿各哈瑪地的文獻一樣，〈多馬福音〉首先是用希臘文寫成的，而我們今天所有的是後來的科普特文譯本。

復活為止的事蹟，〈多馬福音〉包含的只有耶穌說過的話而已。整本福音書包含了一百一十四句不相關的語錄，大部分都以「於是耶穌說……」當作開頭，有許多話語跟福音書中耶穌的教訓很類似。比如我們可以在裡面找到以稍微不同的方式講述的芥菜種比喻，以及關於瞎子引領瞎子的說法。然而有將近一半的語錄（這數字取決於你怎麼計算）跟正典中的紀錄完全不同。大部分這類的說法對於從小讀《聖經》上的耶穌故事長大的人來講很困惑。比如說，其中有一句說到：「死的不會活著，正活著的不會死去，在你吞噬那些已死去的日子後，你就使它成為活著的東西了。當你住在光中，你會怎麼做？你過去是一後來變成二，在你變成二的日子你要怎麼做？」（語錄 11）

要怎麼看待〈多馬福音〉上這些不尋常的語錄呢？在過去十或十五年間，學術上激烈地討論這一議題，有些學者認為這些話語只有放在早期某種形式的基督教諾斯底主義的思想世界中才有意義，而另一些人則爭論這一點都不是諾斯底的思想。我個人秉持前一觀點。這些話語並不推崇諾斯底的神話，但不表示它們不能在諾斯底的情境下獲得最好的理解，就如同很多馬克思主義的著作並不明確提到馬克思主義的信條一樣。而這一福音書中的許多地方都可以透過諾斯底主義的框架加以解釋。[11]

11　進一步討論參考我的書：*Lost Christianities: The Battles for Scripture and the Faiths We Never Knew* (New York: Oxford University Press, 2003), chapter 3

在〈多馬福音〉中，耶穌提到他的聽眾有來自天上的神性火花，而我們居住的世界是一灘苦難的汙水，他稱之為屍體。一個人的內在存在（也就是內在的光）悲慘地掉落到這個物質世界中，並在這裡被桎梏（跌落到「貧困」中），並在這一情況下忘記自己原本來自哪裡（成為「酒醉的」）。因此要透過學習這個世界以及天上來源的真理來重新喚醒那個內在，而耶穌就是帶來這一真理的人。一旦內在的存在學到這一真理，就要脫下這物質的身體（用被脫下的衣服象徵物質的身體），逃離這個世界回到神聖國度，也就是他所來自的地方。[12]

科普特文的〈多馬福音〉最驚人之處是它沒有提到耶穌的死和復活。救贖並不是透過相信耶穌而來到，而是透過瞭解他的祕密話語：「誰能發現這些話的解釋，誰就不會嘗到死亡。」（語錄 1）

〈德格拉行傳〉

根據原始正統教會的神學家和護教士德爾都良的說法，偽造這一文本的教會領袖在偽造的當下被抓到，並且被移除教會職務以示嚴懲。但這個不幸的結局對於他著作的成功沒有太大的影

---

12 比如，參考語錄 3, 11, 22, 28, 29, 37, 56。也可參考我的討論：*The New Testament: A Historical Introduction to the Early Christian Writings*, 4th ed. (New York: Oxford University Press, 2008), pp. 208–13

響。在第二世紀下半這本書首次曝光後，關於德格拉（Thecla）的故事持續地流傳著。好幾世紀以來，德格拉都是基督教世界裡家喻戶曉的人物，在有些地方，她跟聖母馬利亞一起被視為最受尊敬的聖人。

然而，偽造者並不是憑空捏造出德格拉這個人的，他顯然根據的是那時的口傳傳統，也就是關於使徒保羅和他最有名的女門徒德格拉的故事。〈德格拉行傳〉所寫的就是關於他們之間關係的歷史。

德格拉在書中被描述為富裕的上層階級年輕女性，她已經和城中一位領袖訂婚並準備結婚了。德格拉就住在基督徒聚集之處的隔壁。因此，當保羅來到這城中並在那裡佈道時，德格拉從樓上的窗戶就可以聽到他的講道。她好幾天在窗邊欣喜若狂地坐著，而保羅這次教導的是關於放棄性生活的福音：也就是人們必須保持獨身才能繼承上帝的國。

德格拉被這一訊息說服並因此改信了基督教，而這對她的未婚夫造成了不小的震撼，他本來期待能和德格拉過著快樂長久的婚姻生活。德格拉解除了婚約，成為保羅的門徒，接著發生好幾個奇怪且有趣的故事。在那些故事中，德格拉面臨死亡的威脅，僅僅靠著上帝超自然的介入才得以逃脫。也許最讓人印象深刻的，就是她因為擁抱基督教信仰而被投入野獸之中；而後，德格拉因為絕望地想在死前獲得洗禮（保羅延後了她的洗禮），奮不顧身地跳入一個裝有食人海豹的大水桶中，並以耶穌的名替自己

洗禮。上帝從天上降下了一道閃電殺死了海豹，她逃脫了，而後發生更多的冒險故事。

〈德格拉行傳〉的故事現今跟著某些關於保羅冒險犯難的傳道故事一起被搜集在稱為〈保羅行傳〉的書中。

〈哥林多三書〉

同樣地，在〈保羅行傳〉中還有兩封不屬於正典的書信，其中一封是在哥林多的門徒寫給使徒的信件，另一封則是保羅的回信。這一信件往來被稱為〈哥林多三書〉用以區別《新約》中的〈哥林多前書〉和〈哥林多後書〉。[13]

哥林多人的來信解釋了某件事的緣由：有兩位基督教教師，西門（Simone）和克里歐比烏斯（Cleobius）來到哥林多城，並教導大家上帝不是世界的創造者、猶太人的先知不是來自上帝、耶穌沒有肉身，而信仰者的肉身不會在死後復活（這些教訓看起來像是反應某種諾斯底式的觀點）。哥林多人面對這些教訓時不知道該怎麼辦。

保羅在回信中一條一條反駁異端的觀點，說明他們根據的不

13 譯注：中文聖經稱為〈哥林多前書〉和〈哥林多後書〉，但英文為 1 Corinthians 和 2 Corinthians，字面意思翻過來應該是〈哥林多一書〉和〈哥林多二書〉，因此第三卷英文稱為 3 Corinthians，中文翻譯根據英文的意思，直接翻譯為〈哥林多三書〉。

是福音的真理。他強調物質世界確實是唯一上帝所創造，上帝透過先知說話，並且在現今差派耶穌以肉體來到世界：「這樣他可以透過肉體釋放所有的肉體，並將我們從死裡復活成為肉體的存在。」

這是原始正統基督教反諾斯底觀點的產物。西方基督教對這封信不太熟悉，但在世界上的其他地方，這封信卻被廣泛地接受。在敘利亞的某些地方和亞美尼亞，這封信被納入《聖經》正典，儘管（就像學者們都知道的），這封信是在保羅死後至少一個世紀才被寫出來的。

〈巴拿巴書〉

根據保羅和〈使徒行傳〉，使徒親近的同伴中有一位名叫巴拿巴，但關於這個人，我們所知的有限。在保羅和巴拿巴死後大約七十年，一位不知名的作者寫了一封「信」（事實上更像一篇神學論文），這作品最終被認為是巴拿巴所寫，毫無疑問是想要藉此提升這封信在基督徒讀者中的知名度。一些原始正統的基督徒非常堅持這卷書屬於《聖經》正典，而這卷書也和其他《新約》著作一起出現在最早完整版的《新約》抄本中，也就是第四世紀中葉的西乃抄本（Codex Sinaiticus）。

現代的基督徒可能會對〈巴拿巴書〉最終沒有被包含到《聖經》裡而鬆一口氣。比起其他進入《新約》的書卷，這一封信的

反猶觀點更是毫無顧忌且明目張膽。事實上，書信的大部分都在討論猶太人的宗教和猶太人的《聖經》。

全書主題在於猶太人不是上帝的選民，他們在山下崇拜金牛犢，因此拒絕了上帝與摩西在西乃山上所立的約，結果上帝捨棄了他們。猶太人誤解了上帝賜給摩西的律法，他們完全不是與上帝立約的民族。並且因為他們以為上帝給摩西的律法要從純字面的角度來詮釋，因此也就錯誤解讀了這些律法。這些律法的條文事實上是象徵性，用以指導人該如何生活。比如說，禁止吃豬肉的規定其實不是真的禁止人吃豬肉，而是要人不要活得像豬一樣。此外，根據巴拿巴，這些律法還預見了耶穌的到來，耶穌的門徒們才是上帝真正的子民。

簡單說，巴拿巴認為《舊約》不是猶太人的《聖經》，而是基督教的《聖經》，而上帝與猶太人祖先所立的約不屬於猶太人，而是屬於耶穌的追隨者。

〈彼得啟示錄〉

另一本在原始正統基督教的圈圈中被認為具正典性的經卷是〈彼得啟示錄〉。這本書在今天所有留存下來的《新約》抄本上都找不到，但在一些教會的著作中都經常提及它屬於正典，或者說它有成為正典的潛力。不論這本書的正典屬性如何，這是一部有趣的著作，也是早期基督教流傳下來、第一部有人被帶去天堂

地獄導覽的故事。

　　大部分人都熟悉但丁《神曲》中的主題。然而，但丁並不是無中生有地創造出這一主題的。在他之前有許多先行者，從我們所知的書寫紀錄來看，〈彼得啟示錄〉是第一本。

　　書上的故事從耶穌在橄欖山上對門徒說的話開始，他與他們討論在一切結束的時刻會發生什麼事（〈馬可福音〉13章、〈馬太福音〉24-25章）。彼得問耶穌死後會發生什麼事後，耶穌開始解釋這一切。在這裡，不確定是不是耶穌講的過於逼真，以致彼得彷彿可以看到實際畫面，還是耶穌真的帶他去遊歷了一趟。不論如何，讀者都可以看到書卷中對享福之地（也就是天堂）和咒詛之地（也就是地獄）栩栩如生的描述。

　　這趟旅程中最有趣的方是對地獄的描寫。畢竟，對於祝福的超俗境界很難用文字描述，反正就是超級快樂，人們所能說的也只有這麼多。但另一方面，想要藉由描述惡人所受的各種酷刑來激發人的想像力，就相對簡單多了。這本書卷寫的就是這些幻想情節。

　　那些受到永恆刑罰的人，各自按照他們最常犯的罪遭受懲罰。習慣撒謊的人會被拉起舌頭吊在永恆之火上；編髮增加吸引力以誘惑男性並與他們犯罪的女性，會被拉起頭髮吊在火上；至於那些被勾引的男性則……會從身體的另一個部位吊起來。如同讀者所預知的，那些人大聲呼喊：「我們不知道自己會被判處永刑！」

　　相同的情節繼續下去。整個故事的重點非常清楚：任何人如果想要享受天堂的祝福並逃離地獄的痛苦，就要過著適當、道德和正直的生活，否則地獄的火就等著你。

科普特文的〈彼得啟示錄〉

　　另外還有一本顯然不是原始正統基督教的〈彼得啟示錄〉。這是一份諾斯底文獻，跟〈多馬福音〉一起在拿格哈瑪地被發現，書上提供了耶穌被釘十字架場景的第一手報導。對於那些熟悉《新約》中相關情節的人，本書的描述確實會讓人感到非常困惑。

　　在彼得接受了耶穌祕密的啟示後，他見到自己不能理解的異象。他站在山上與耶穌講話，但同時他又看到耶穌在山下被逮捕和被釘十字架。更特別的是，他還在十字架上方看到一個形象不但很快樂而且在笑。他問了站在身旁的那個耶穌自己看到的究竟是什麼，耶穌解釋士兵們釘在十字架上的那位是他的另一個軀殼，而十字架上方的那位是真實的自己，也就是屬靈的、不會受苦的存在。

　　這一奇怪景象與前面所提到諾斯底對基督的理解有非常緊密的關係，也就是作為人的耶穌只是神性基督的暫時居所。因此在這裡，基督在笑的原因正是因為釘他十字架的人不明白他們在做什麼。他們只是殺死了身體，就像毀壞陶土的器皿一樣，[14] 而那

個身軀只是神性存在居住之所，所以他們無法傷害真正的他，也就是基督。他沒有形體，超越一切疼痛和苦難之上，那些敵人對他的無知讓他覺得很好笑。

毫不意外，像這樣的一份文獻完全沒機會成為原始正統教派的正典，他所支持的基督觀點正是原始正統教派所極力指責為異端的觀點。

塑造正典過程中的諸多爭論

還有許多不同書卷被不同的基督教群體當成神聖的著作，有些屬於原始正統基督教，有些則不是：據說有耶穌的兄弟雅各（或者說隱含雅各的看法）的福音書、耶穌的門徒腓力、抹大拉的馬利亞、加略人猶大還有許多其他人的福音書；還有一些行傳類的書卷描述約翰、安德烈、彼得、多馬和其他人傳道的艱辛歷程；有些據說是保羅寫給老底嘉教會或是與羅馬哲學家西尼卡互相通信的書信、據說是彼得和雅各的書信、來自羅馬首任主教克里門的信；或是保羅、約翰、雅各以及羅馬城一位叫黑馬（Hermas）的基督徒的啟示和祕密異象。我在這裡無法一一談論，不過前面我已經討論過的那些著作可以給讀者一些起碼的概

---

14 譯注：因為《舊約》中說人是土做的，因此許多文獻會用陶器（也就是土製成的產品）來比喻人的身體。

念，知道他們寫的和讀的都是些什麼內容。

〈彼得福音〉的案例

在這些四處流傳、呈現非常不同的神學觀點的書卷中，原始
正統基督教要如何決定哪些該被納入他們的正典裡面呢？被稱
為教會史之父的第四世紀歷史學家優希比烏提到了一則頗具啟發
性的傳聞。他提到一個故事，關於一個第二世紀名叫塞拉皮昂
（Serapion）的主教，以及他發現一本據說是耶穌的右手（也就
是西門彼得）所寫的福音書。

塞拉皮昂是敘利亞大城安提阿的主教。由於教牧職責的關
係，他有時會往返於教區境內四周的城鎮和村莊。根據優希比烏
的記載，有次塞拉皮昂拜訪阿爾蘇茲（Rhossus）村莊的基督教
教會，在那裡他聽到基督徒之間對於一本彼得的福音書有所爭
議。他自己沒看過那本書，但他合理地認為如果彼得真的寫了一
本福音書，那麼一定是可接受的，於是他告訴信眾們可以去讀那
本書。

當塞拉皮昂回到安提阿，有些人前來告訴他那其實是一本異
端書籍，是幻影說的教派所使用的書，這些基督徒像馬吉安或其
他諾斯底一樣，否認耶穌是完全的人，只是看起來像是而已。塞
拉皮昂拿到了這本書的抄本以判斷其中的教訓。根據他的意見，
書中大部分都是正統觀點，但有些經文有些問題，可能可以被幻

影說拿來解釋使用。

　　他飛快地寫了一封信給教會，信中他詳細解釋了書上的問題，並結論說根據這些可疑的經文，這本書不可能是彼得寫的，因此禁止教會繼續使用它。

　　優西比烏講述這則故事並確實引用了塞拉皮昂的部分信件內容，但不幸地他沒引用塞拉皮昂從那本福音書上所引用、被他認為有可能成為異端的句子。這真是非常遺憾，因為近代發現了一份據說是彼得所寫的福音書的斷簡殘篇，而這看起來很像是塞拉皮昂所討論的那本福音書。但因為優西比烏沒保存塞拉皮昂對那本福音書的引用，我們便無法確定這兩者是不是同一本書。

　　這本福音書的現代發現始於一八六八至一八六九年的冬天，一隊法國考古學家在埃及的阿赫米姆（Akhmim）發掘古代墓葬時，發現一個墓葬，他們判斷墓主是一位修士。隨葬的還有一本書，這是一本小選集，全書共六十六頁，內容是抄自四個不同文本的部分文字。選集之一是屬於原始正統教會的〈彼得啟示錄〉希臘文抄本，但最讓人驚艷的是一份作者以第一人稱撰寫且自稱是西門彼得的福音書。

　　很可惜的是，這一文本只剩下一些斷簡殘編，它從彼拉多審判耶穌的一個句子中間開始，並在耶穌復活後向他門徒顯現的一個句子中間結束。在這兩個僅剩一半的句子中間則是一段耶穌審判、定罪、死亡和復活的故事。

　　這一福音書在許多方面都很像《新約》的故事。但就像福音

書之間總是有所不同一樣，這裡的故事也跟其他福音書不一樣。首先，這裡把猶太人領袖描寫得比正典福音書中的更負面。比如說，判定處死耶穌的是猶太人的王希律而不是羅馬統治者彼拉多。猶太人領袖在處死耶穌這件事上要負起全部的罪責。猶太人理解到他們現在處在上帝的審判之下，也就是他們的城市耶路撒冷會因為這樣而被毀滅（後來的基督徒將公元七十年耶路撒冷被毀解釋成上帝對彌賽亞死亡的懲罰）

也許這則故事最有趣的特點是他提出一則關於復活的故事。《新約》的四本福音書只提到耶穌被埋葬並在第三天被婦女發現墳墓是空的，而沒有提及耶穌如何走出墳墓。這本福音書則講述了這則故事，故事還非常精彩。在半夜的時候，兩位天使從天上下來，墳墓門口的石頭自動向旁邊滾開。天使進入墳墓而後頭頂著天、攙扶第三個人走了出來。這顯然是耶穌，他的頭比天還高。在他們後面，十字架從墳墓中浮現出來。有聲音發自天上問道福音是否已經傳給「那些睡了的人」（也就是已經死掉的人），十字架回答「是的！」

巨人般的耶穌和會走路、會說話的十字架，很難相信這樣的福音書竟然會失傳。而這就是塞拉皮昂所說的那本福音書嗎？大部分學者的結論是肯定的。這是一部以彼得為名的福音書，大部分的地方在神學上對原始正統教會而言都是可接受的，但有些段落可被解釋為幻影說。比如說，在復活的場景裡，耶穌的身體看起來一點都不像是真正的人類；同樣地，在前面一點的地方還說

當耶穌被釘十字架時「他保持靜默，彷彿一點都不覺得疼痛」。也許耶穌真的不覺得疼痛，但也許這是幻影說的故事。即使它**不是**幻影說，卻有可能被某些人用幻影說加以解釋，而這是塞拉皮昂想要強調的。我的直覺是這是塞拉皮昂在第二世紀末看到的那份文本的抄本片段。

最重要的是，我們在這裡提起這個故事的目的，在於看塞拉皮昂如何決定一本書是否可以在教會中使用，也就是它是否會被認定為一本有權威的聖書。對塞拉皮昂來說，這本書既然有幻影說的疑慮，那麼它就可能是異端的。既然它有可能是異端的，就不可能是彼得所寫，因為彼得絕不會提出什麼跟原始正統教會互相抵觸的神學觀點。既然這本書不會是彼得所寫，它就不能被當作是什麼神聖經典。對塞拉皮昂來說，一本書被認為是聖典，只能是它教導正統的教義並且是使徒所寫。

這是原始正統教會的領袖用來判斷哪本書可以成為《新約》正典最重要的兩條規則。

早期正典的嘗試：穆拉托利斷簡

判斷哪些書該成為正典並不是一夕之間就定案的。一直到第四世紀末，也就是大部分《新約》上的經卷寫成三百年後，才有紀錄顯示有人提到他認為《新約》應該包含我們今天所有的二十七卷，而且只有這二十七卷。

　　直到那時為止，這一爭議已持續好長一段時間。就我們所知，首先嘗試把構成基督教《聖經》的經卷確定下來的作者，大約與塞拉皮昂同一時期，而他是一位無名氏。這一清單的片段被稱為「穆拉托利斷簡」（Muratorian Canon），是以十八世紀在米蘭發現這一抄本的義大利學者穆拉托利（L. A. Muratori）命名的。

　　這一抄本殘片是一個很簡單的經卷清單，偶爾夾雜幾句作者對所列書卷的說明。這一清單是用慘不忍睹的拉丁文所寫，大部分學者相信這是譯者試圖把文件從希臘文翻譯過來的不幸結果。這一殘片本身可被定年在第八世紀，但一般認為這一清單來自第二世紀末，也許是在羅馬附近寫的。[15]這一清單最前面的部分已經不見。剩下的第一個句子只剩下幾個字，在描述完某本福音書之後，作者繼續提到〈路加福音〉是「第三本福音書」，接著說〈約翰福音〉是「第四本」，而後依此繼續下去。我們幾乎可以肯定既然〈路加福音〉和〈約翰福音〉被列為第三、第四本福音書，那麼這個清單應該起始於〈馬太福音〉和〈馬可福音〉。

　　這位不知名的作者總共舉出我們所熟悉的二十七本經卷中的二十二卷為正典（除了〈希伯來書〉〈雅各書〉〈彼得前書〉〈彼得後書〉和〈約翰三書〉以外），但他同時還納入了〈所羅

15　參考：Bruce M. Metzger, *The Canon of the New Testament: Its Origin, Development, and Significance* (Oxford: Clarendon Press, 1987), pp. 191–201

門智訓〉（Wisdom of Solomon）與原始正統教會的〈彼得啟示錄〉。他指出，那稱為〈黑馬牧人書〉的啟示文本是被允許在教會中閱讀的，但不該是教會神聖典籍的一部分。接著，他又拒絕了兩封據說是保羅寫給亞歷山卓教會和老底嘉教會的書信，指出是馬吉安的追隨者偽造的。而後他提到其他異端所偽造的其他作品，包括一些諾斯底文獻。

如果「穆拉托利斷簡」真的來自第二世紀，那麼它就很有價值，[16] 因為這表示至少有一位原始正統教會的作者對於哪些書該被納入《聖經》正典感到興趣，這表示人們十分在意從《聖經》中刪除任何偽造或異端著作，而這也表示某些最終成為正典的書卷已被部分群體所接受了，儘管這當中還包含了其他書卷。

但儘管如此，正典書目的爭議還要持續好幾個世紀。我們之所以知道，有部分是因為我們手上擁有的那些《新約》抄本。到了第六、第七世紀時，那些包含某些後來被認為屬於《新約》經卷的抄本中，通常不會納入其他不屬於正典的書籍。但在稍早，情況並非如此。第五世紀有名的亞歷山卓抄本（Codex Alexandrinus）中，《新約》經卷中包括了〈第一克里門書〉和〈第二克里門書〉，這兩卷書的作者克里門據說是彼得指定為

16　有少數學者爭論過這一問題，包括：Mark Hahnemann, *The Muratorian Fragment and the Development of the Canon* (Oxford: Clarendon Press, 1992)，作者將這一列表定年在第四世紀。

羅馬城主教的人。至於同樣是第五世紀的西乃抄本，則包含了後來的〈巴拿巴書〉和〈黑馬牧人書〉。再早一點，現存的第一份〈彼得前書〉〈彼得後書〉和〈猶大書〉抄本被發現搜集在 P72 抄本上（因為它是第七十二份歸檔的《新約》抄本）。除了這三卷，P72 抄本還包含其他書卷：一份據說是耶穌的兄弟雅各所寫的福音書〈馬利亞的誕生〉（通常稱為〈雅各福音〉，Proto-Gospel of James）、〈哥林多三書〉、以及教會教父梅利多（Melito）在逾越節所做的講道。

政治權力的消長與哪些書該被收錄或排除出正典又有什麼關係呢？想要對正典形成有更全面的認識，我們就要多知道一點原始正統基督教是如何逐漸在權力鬥爭中贏過其他早期教會的群體。這會直接帶我們進入正統與異端的關係之中。

早期教會中的正統與異端

打從一開始，當爭奪信徒的競爭開始時，就有不同的基督教團體宣稱自己代表的是耶穌和他的門徒所談論的「真正的真理」。我們最早的基督徒作家保羅就常提到那些宣傳「其他福音」的基督教宣教士，而對他來說那就是假的福音（〈加拉太書〉1 章 6-9 節）。很自然地，保羅的對手也會認為自己是對的，而保羅才是搞錯的那方。他們相信自己的福音是耶穌和他最初門徒們的福音，他們無疑地也會透過書寫來證明自己。然而，

這些著作後來都失傳了，只有反對他們觀點的保羅書信保存了下來。

這些不同基督教團體從保羅時代到第二、第三基督教世紀為止，他們的關係是怎樣呢？這段期間基督教史中不同基督教團體之間的關係，我們最主要的理解都是透過第四世紀正統教會教父優西比烏的觀點而來，他的十卷著作《教會史》中包含了教會從初始階段一直發展到君士坦丁大帝時期的大量資訊。

優西比烏對於正統和異端的觀點

既然優西比烏的《教會史》是我們對於第二、第三基督教世紀期間大部分事件的唯一資訊來源，那麼優西比烏的觀點塑造了幾世紀以來基督教學者對於正統與異端之間的關係的理解方式也就不足為奇了。作為一位最後勝出的基督教群體成員，優西比烏堅信他和其他相同信仰的第四世紀基督教領袖所相信的不僅是正確的（正統的），同時還跟耶穌和他的使徒們當年宣傳的觀點是一樣的。

不可否認地，**偶爾會有些意見不同的反對者出現**，也就是那些一心想要阻止耶穌原始訊息的執拗異端。對優西比烏而言，任何人若是宣傳這些不一樣的觀點（伊便尼教派、馬吉安教派和各式各樣的諾斯底觀點），都是被邪惡的魔鬼所驅使，並且在正統教派推進的強大潮流中代表的僅是邊緣性的運動。對優西比烏來

說，相信只有一位上帝、相信祂是一切的創造者、相信物質的世界創造時是好的、相信耶穌是上帝的兒子、相信他同時是人也是神，這樣的信仰過去是而且一直都是正統的，這是教會原本的信仰，而且一直都是主流觀點。

異端教派因此被看作是正統教派的分支，他們之所以出現是因為魔鬼想要在教會中實現邪惡的目的並阻擋真理。異端一直都是次等的（跟在正統之後），是衍生出來的（也就是修改正統觀點後才產生的），並且是變種的。然而上帝最終還是勝利了，真理壓倒這些異端運動，在君士坦丁大帝時期之前不久，正統基督教變成一股強大的勢力。

沃爾特·鮑爾的重磅炸彈

優西比烏的觀點是直到二十世紀之前幾乎每位教會學者都接受的觀點。而這一切隨著近代一本描寫早期基督教最重要的書籍的出版而改觀，這本書就是沃爾特·鮑爾（Walter Bauer）的《早期基督教中的正統與異端》（*Orthodoxy and Heresy in Earliest Christianity*，出版於一九三四年，最早在德國出版）。鮑爾在許多關鍵點上質疑優西比烏的紀錄，並且重新定義了早期教會中爭奪神學霸權的事件。

鮑爾從地理上通盤檢視了早期基督教世界中那些關於基督教最早的證據，比如埃及、敘利亞、小亞細亞和羅馬。[17]他發現如

果仔細閱讀這些原始文獻,總是會說出一個和優西比烏非常不一樣的故事。在早期基督教流傳的許多地方,各種後來被標榜為異端的基督教信仰形式其實是該地原始的基督教,而在某些地方那些所謂的異端教會,數量還遠超過那些支持正統信仰形式的教會。在某些地方,主宰該地的是馬吉安教會,在某些的地方則是一個或幾個諾斯底系統的教會占壓倒性的多數。

進一步來說,有些基督教群體對後來被認為是異端和被認為是正統的那些內容並不抱持截然絕對的區分。優西比烏時代那種神學上的清楚界線並不是這一信仰最原始的形式,而是後來當戰線逐漸拉長後才被創造出來的。有些後來被認為是異端的人,在他們生活的那個時代則是而且被認為是完全正統的。

鮑爾看到的是,第二和第三世紀基督教的構成中,並不是一個廣大、主流且被認為正統的運動以及一些邊緣化的異端群體。從最早開始,就在許多不同地方有著各式各樣的團體、秉持著五花八門的觀點。當然,所有這些團體都相信自己是對的,並且他們的信仰是正統的。

但在這個爭奪信徒的鬥爭中,只有一個群體最終獲得勝利,這是一個在羅馬城表現得特別顯眼的群體。羅馬的基督徒強調他們對其他教會的影響,作為羅馬城中的教會,也是整個帝國的中

---

17 沃爾特·鮑爾選擇不在他的分析中討論《新約》中的經卷,因為當中有許多無法判定地點。

心，這個社群比起其他基督教團體不但更大、更有錢、組織也更
完善。

羅馬的這個群體比其他群體獲得更多信徒，最終撲滅了所有
對手，宣稱自己才是正統，辯稱自己的觀點真的是耶穌和他的使
徒的觀點，並且他們才是主流觀點，而後（作為終結所有痛苦的
最後一擊）改寫了這段鬥爭史。最終的結果是，一個充滿羅馬教
會風格的基督教浮現出來。它是羅馬的基督教，也就是羅馬**大公**
（catholic，也就是普遍的意思）教會。[18]

優西比烏站在這一切進程的最後，正是他所改寫的歷史讓後
世所有歷史學家認為他的教派自始至終一直是主流思想。但事實
不是這樣。

沃爾特·鮑爾之後的影響

毋庸置疑地，沃爾特·鮑爾的書帶來了一場真正的風暴，而
那些爭議直到現在都還沒停止吹襲過。許多學者，特別是那些自
認為是優西比烏所擁抱的正統基督教後代的學者們，完全拒絕了
鮑爾的觀點。然而其他學者被說服了，並且持續被說服。[19]

---

18 譯注：這是雙關語，「羅馬大公教會」（Roman Catholic Church）寫成大寫，
  就是一般所稱的天主教，但如果寫成小寫，可以單純指稱「羅馬風格的普世教
  會」。

19 參閱我的討論：*The Orthodox Corruption of Scripture: The Effect of Early Christological*

在今日歷史批判的學者中間，主流意見似乎是這樣，在許許多多細節上鮑爾的分析都是錯的，或至少他太言過其實。他有時會提出有問題的論點，或在某些時候帶著不恰當的狂熱拷問那些現存材料，並且羅馬城可能也不像他所以為的在基督教發展過程中處在中心的位置。

然而，沃爾特·鮑爾對基督教早期幾個世紀的描繪基本上是正確的。早期基督教存在著大量群體，他們都宣稱自己是正確的，他們手上都有經典可以證明自己的論點是對的，而這些書卷都號稱是使徒所寫，因此代表的是耶穌和他的門徒所持的觀點。而最後勝出的那個群體所持觀點事實上不是耶穌和他的使徒們所持有的觀點。比如說，沒有一位使徒宣稱耶穌是「全然的神又全然的人」，或者如同第四世紀的尼西亞信經所宣稱的那樣，說他是「被生卻不是被造的，與父本質為一」。那勝利的群體稱呼自己為正統，但它卻不是原始的基督教，而是經過許多艱苦惡戰才獲得勝利的。

這樣的觀點已被鮑爾之後幾乎所有的考古發現所證實。不可否認地，大部分發現都來自於埃及，然而這只是氣候的偶然因素造成的：埃及乾燥的沙漠使得文件可以被永久保存下來。這些考古發現來自埃及的不同地區，並且根據我們對帝國中長途旅行和

Controversies on the Text of the New Testament (New York: Oxford University Press, 1993), chapter 1

書籍交換的認知，幾乎沒確切的證據說明這些被發現的文件就起源於埃及。

讓人驚訝的是，幾乎每次一有文件被發現，都是「異端」的文獻，而不是「原始正統」的文獻。[20] 這些文件包含一九四五年在拿各哈瑪地發現屬於非正統派的著作、一九九〇年代在柏林博物館被找到的一本稱為《救贖主福音》的書（在埃及發現），以及最近發現的諾斯底著作〈猶大福音〉（一九七〇年代發現，並於二〇〇六年首次出版）。[21] 為什麼那些屬於原始正統教派、但不在正典裡的著作都沒被發現呢？難道異端是當時唯一會寫東西的群體嗎？還是說，異端其實遠比優西比烏所知、所揭露的分布得更廣、更重要呢？

很顯然地，這些另類的基督教觀點在某些時代、某些地方才是占優勢的觀點。大部分都是在埃及，但也許在很多其他地方也是如此。最終，這些觀點都被斬除了。為什麼會這樣？那些原始

---

20 在過去一個世紀，發現了一些《新約》經卷的抄本，但我們無法判定它們是否是原始正統教會的抄本。比如諾斯底教派大量使用〈約翰福音〉，因此我們無法知道一份在埃及發現的早期〈約翰福音〉抄本碎片是原始正統教會，還是諾斯底教派所使用的。

21 關於這些文本的翻譯與討論，參閱：James Robinson, *The Nag Hammadi Library in English*, 4th ed. (Leiden: E. J. Brill, 1996)、Charles Hedrick and Paul Mirecki, *The Gospel of the Savior: A New Ancient Gospel* (Santa Rosa, CA: Polebridge Press, 1999) 和 Rodolphe Kasser, Marvin Meyer, and Gregor Wurst, *The Gospel of Judas*, 2nd ed. (Washington, DC: National Geographic Society, 2008)

正統教派在這當中使用了什麼武器，獲得信徒並取代了他們的對手，最終使得他們的教義成為正統教義呢？

各種爭論的武器

讀者如果閱讀過古代討論異端和正統的文獻，就會清楚發現原始正統基督教在與他們認為異常的基督教觀點戰鬥時，使用了三種主要武器：教士、信經、正典。

教士

不同於其他基督教群體，原始正統基督教堅持在教會中要有嚴謹的階層制度，在這階層制度中一位領袖（也就是主教）會被賦予權威以管理會眾。主教手下有一群領袖：長老（presbyters）—— 他們顯然是最直接參與信眾屬靈需求的人；以及執事（deacons，字面意思是「管理者」）—— 他們在信眾的物質需求上介入得更多，例如賑濟或其他事務。早在第二世紀時像安提阿的伊格納丟（Ignatius of Antioch）這樣的原始基督教作者，就曾大聲疾呼教會成員應該「像對待主那樣對待主教」（伊格納丟，〈達以弗所人書〉6 章 1 節）

任何人擁有那麼大的權力，都能按照他想要的改變教會中的事務。至於其他基督教團體，比如說許多諾斯底教派，對於教會

權力的集中化則沒那麼大的興趣。諾斯底教派信徒相信在真正的教會中每個信徒在裡面都有神性的火花，可以獲得那些帶來救贖的神祕知識，因此許多諾斯底教派都是平等主義者。而原始正統教派不是，他們按照教牧書信中已然開始成型的方向繼續前進，堅持教會中要明確指派能做決定的領導人。一旦讓正確的人成為領導者，整個事情都會不一樣。原始正統教會盡可能地在所有地方都讓主教們在神學上跟緊腳步，並且堅持主教們應該要能控制教會中的思想。比如說前面所提到的，塞拉皮昂對阿爾蘇茲教會展現自己的權力就是案例之一。

信經

原始正統基督教開始堅持真理只有一個，也就是他們所肯定的那個真理。然而他們的某些觀點開始變得互相矛盾，比如說他們堅持耶穌是完全的神（為了對抗伊便尼教派），也是完全的人（為了對抗馬吉安教派），同時只有一個位格而不是兩個（對了對抗諾斯底教派）。他們堅持只有一位上帝，但耶穌自己也是上帝。他們堅持上帝創造了這個世界，即使罪惡腐化了這個世界。

我會在下一章花比較多的篇幅來講解幾個重要神學觀點的發展過程。但這裡我想要強調的是，隨著時間演進，原始正統教派發展出一整系列的信念，並強調這些是教會中每個成員都該接受的標準。我們在第二世紀晚期到第三世紀早期教會教父如愛任紐

或德爾都良等人的著作中,都發現了這一發展的早期線索。他們宣稱從使徒以來有所謂的「信仰準則」(rule of faith),所有的基督徒都該接受並承傳下來。這一準則包含作為正統性骨幹的幾個重要概念,並以此反對其他觀點,這些觀點就是:只有一位上帝、祂是世界的創造者、基督是人但同時也是神。

這些觀點最終發展成為信條(也就是關於信仰的陳述句),被第四世紀正統基督教成員寫了下來,這當中包含後來大家熟知的使徒信經和尼西亞信經,一直到今天的教會中都還在唸誦它們。

有了一組所有人都要接受的信仰信條再加上主教的強力推動,原始正統教會開始企圖斬除那些被他們認為錯誤的信仰。然而他們的神學決策究竟是建立在什麼東西之上?他們宣稱(至少是宣稱)自己的觀點是建立在上帝所啟示的文本上,也就是那些正典的經卷。

正典

就某些方面來說,不論是基督教的哪一個教派,都始於一部經典。耶穌是一位猶太教師,他教導自己的猶太門徒對猶太經典特別的理解方式。猶太人的《聖經》就是基督教《聖經》的原始形式。我們不太清楚在耶穌時代後來成為《舊約》的那些經卷有哪些已被接受成為經典了,但幾乎能確定的是這當中包含了摩西

的律法（也就是前五卷）、先知書以及一部分其他的著作，比如〈詩篇〉等等。當基督教開始形成自己的《聖經》時，猶太人也處在正典的形成階段。

但耶穌死後不久，基督徒就開始尋求猶太經典之外其他等同的權威了。耶穌的話語本身對他的追隨者而言就具有某種經典權威的作用。而像保羅等作家，也認為自己的著作對他的會眾而言具有某種權威性，雖然他不認為自己在寫的是《聖經》。最終產生了兩種權威：福音書（包含耶穌語錄和其他更多的細節）以及使徒們的書信。

原始正統教會一開始所要面對的問題便是有太多書卷都宣稱是使徒所寫。他們要怎麼判斷哪些是使徒所寫、因此具有權威性呢？沒有哪位早期教會的人真的定下一套需要遵守的標準，但透過閱讀諸如優西比烏之於塞拉皮昂的故事，或是穆拉托利斷簡的紀錄，我們可以知道有四個標準顯然特別重要。

- **古老性**：到了第二、第三世紀，對於許多原始正統教會的人而言這是很清楚的，即使一份最近寫下的著作很重要、有用而且值得信賴，但也不能被當成經典。經典書籍必須是古老的，可追溯到基督教教會早期數十年時期的著作。

- **大公性**：只有那些在原始正統教會中廣泛使用的著作才會被接受為經典。那些在個別地方出現的書卷也許很有價

值，但不能被當作正典的一部分。

• **使徒性**：這是最為重要的標準。一本書要被當成經典，就要是使徒所寫，或是使徒的同伴所寫。這是為什麼那些福音書被賦予不同的作者：這些經書的作者如果不詳或者作者可能是任何一位老一輩的人，就不會被接受。這些書卷必須源自於使徒。在許多情況下，很難做出這樣的判斷。塞拉皮昂認為〈彼得福音〉不是使徒所寫，儘管這本書自己這樣宣稱。但塞拉皮昂並不是像今天的歷史批判學者一樣透過歷史性的分析而得到這樣的結論。他決策的根據很簡單，也就是根據他先前所知的觀念：這本書不夠正統，因此不可能是使徒彼得所寫。

• **正統性**：塞拉皮昂使用神學作為標準的方式，在典型的決策過程中十分具指標性。一本書是否是能被當成《聖經》的其中一卷，最重要的標準就是看它是否闡述一個原始正統教會看來在神學上可接受的觀點。由此看來，那些不正統的書卷就不可能是使徒寫下的，而不是使徒寫下的書就不會是經典。

在漫長且曠日費時的正典爭議中，對原始正統教會而言，斬除那些顯然不是正統的書卷並不是太難的事。比如說，所有諾

斯底的福音書都是如此。即使那些福音書據說是多馬、腓力、抹大拉的馬利亞或其他人所寫，這些宣稱也不能倖免。證據是先驗的：這些書的內容是異端的，而使徒決不會寫出異端的書。

同樣地，還有許多書籍站在這邊緣上，這些書籍看起來非常正統而且宣稱是使徒所寫，但卻不是正典書目中的熱門選項，這其中包括〈彼得啟示錄〉、〈巴拿巴書〉和〈第一克里門書〉等等。

古代基督教第一次有人列出二十七卷經書並宣稱正典就是這二十七卷書，是在公元三六七年。作者是亞他那修（Athanasius），他是位有名的亞歷山卓主教（在埃及）。再早先幾年，亞他那修曾在尼西亞大公會議（Council of Nicaea）扮演過重要角色，這一場會議是羅馬皇帝君士坦丁召開的第一場教會會議，為的是解決教會中重要的神學問題。在亞他那修成為重要的亞歷山卓教會主教之後，他每年都會寫一封信給轄下的會眾，告訴他們當年復活節慶典的時間是什麼時候（那時代不像現代這樣一開始就把每年的時間定好了）。在他第三十九封「節期書信」（Festal Letter）中，就如同他之前會做的那樣，給予讀者許多教牧上的指導，其中包含一張可以在教會中朗誦的書卷清單——他列出了我們《新約》中所有的經卷。

這裡有兩點值得注意。首先，亞他那修的這份清單並沒有終結關於正典書目的所有討論。在接下來幾個世紀，不同教會仍然持續接受稍有不同的書目。亞美尼亞教會繼續接受〈哥林多三

書〉為正典。即使在亞他那修的亞歷山卓教會中，仍有些基督徒領袖秉持著不一樣的觀點，[22] 但對其他大部分的教會而言，到了第五世紀之後，亞他那修的正典大致上已變成正統教會的正典。中世紀抄寫《聖經》的抄寫者們抄寫這些書籍、並且只抄寫這些書籍。儘管一千多年來從沒有一次世界性的教會會議認可亞他那修的這份清單，但這一廣泛使用的現象成為一種既定事實的認可，一直來到發明印刷術的時代。當十五世紀發明活字印刷，《聖經》可被大量印製之後，正典就成為定局。從此以後，關於哪些書卷可以成為正典並以什麼順序排列，就不再有任何異議了。今天，不論你在英語世界的哪個地方買本《新約》，裡面都是一樣的經卷，並以相同的方式排列。

第二點就比較明顯了，這爭議花了至少三百年，甚至早於正典問題的終結。最後的決議並不是從上而下被貫徹下來，也不是用正式的方法成立的。正典的形成是一個緩慢且有時非常痛苦的過程，大量的歧見、不同的觀點都不斷被提出、表達、爭執、接受或壓制。不論基督教神學家或其他信仰者是否仍然認為這一正典化的過程背後存在著神聖的激勵與指引，很清楚的是這是一個人為的過程，由大量歷史和文化的事實所推動。

---

22 舉例來說，亞他那修時代亞歷山卓城的基督教教理學校的領袖，一位稱為瞎眼的狄迪莫斯（Didimus the Blind）的學者就認同一份比亞他那修的更多、更具包容性的正典清單。

結論

有些時候當我在講授關於基督教正典形成過程的課程時，我會被問道《新約》中是否有任何一本書是我想要從正典中移除的，或是有任何一本是我想要加進去的。這是一個想起來很有趣的問題，但我的第一個回應一定是：不論學者說什麼，正典是不會改變的。《新約》現在有二十七卷，而它將來都會是二十七卷，永不改變。

當有人堅持我要回答，我會承認有幾本書我覺得省略掉不會怎麼樣。第一也許是〈提摩太前書〉這卷後來的人以保羅之名偽造的作品，作者激烈地反對女性在教會中的活動，他要女人保持沉默，並且「不許她管轄男人」。他還堅持如果女人想要得到救贖，就要「透過生產」得救。[23] 太棒了，婦女要安靜、要服從，還要生小孩，這觀點非但不能解放婦女，而且長期以來對世界造成災害。如果它被移除，我一點都不會覺得遺憾。

那麼我會想放什麼進去呢？如果有個巨人耶穌跟一個會走路、會講話的十字架應該會很有趣，不過〈彼得福音〉有太多其他的包袱，比如說恐怖激進的反猶主義。也許我會想要包含一部

23　譯注：中文和合本《聖經》翻譯為「在生產上得救」（〈提摩太前書〉2 章 15 節），像是在生產過程中獲得保護，NRSV 翻譯成 "She will be saved through childbearing"、現代中文譯本翻成「就會因生兒育女兒得救」比較符合作者的意思。

耶穌幼童時代的福音，在當中耶穌從五歲開始就展現他行神蹟的能力，只是結果通常比調皮搗蛋還嚴重一點。但即使如此，也許還是會讓人反感。時至今日，正典就是正典，已經很少有空間讓我們想像可以對它修改什麼了。還不如思考如何鼓勵人詮釋《聖經》時不要導致性別歧視、種族主義、偏執和各式各樣的壓迫。

當我開始讀經時我還是個年輕人，我對知識有更多的熱情（很多熱情，但沒有知識），我很自然地假設這本書是上帝賜下的。我早年的《聖經》老師也鼓吹這樣的觀點，並且用機智巧妙的方式解釋上帝如何啟示了這一經典，好像這是我人生的某種藍圖，告訴我哪些是可信的、該有什麼行為舉止，並且告訴我們在不久的將來，當這個世界突然崩壞停止而耶穌出現在天堂的雲端時，應該期待什麼樣的結果。

很顯然地，我不再用這個方式看待《聖經》了。取而代之地，我把《聖經》當成一部人為的書籍而不是神聖啟示的書籍。無疑地，當中有很多地方能夠發人深省，但我不再認為那背後有一隻上帝的手。我們沒有任何這些作者寫下的原始文件，只有那些被人手改得面目全非的抄本。而我們認為是聖典的那些經卷，其實是在它們被寫下後好幾世紀才成為正典的。在我看來，這不是什麼神聖作為的結果，而是非常人為的結果，是教會領袖們（所有的都是「人」）盡他們所能去決定什麼是正確的。

大部分虔誠的基督徒和基督教神學用不同方式看待這一進程，堅持認為這一曠日費時的過程背後有上帝的手持續地作為。

作為一個歷史學家，我沒有真正的辦法可以徹底檢視這一說法。我可以說的是，不論這個過程是如何地神聖（或如何地不神聖），這顯然都是一個人為過程，背後有許多人為的決策，而這些人都是根據許多事實來做決策的。他們希望教會能在面對外來的對手時團結一致。他們想要教會中的每個人都認同重要的基督教教義。他們不希望自己人中間有麻煩製造者。他們希望能獲得保證的是，他們所擁有的是從耶穌交給門徒一直傳遞到後人的正統教導。他們想知道自己是對的。

他們對確定性的渴望與某些史實不幸地關聯在一起。其他人也一樣想知道自己是正確的，而那些人的信仰和他們所信的剛好互相衝突。誰是真的，誰又是正確的？正典的形成過程某些程度上來說就是這一問題的決策過程。最終的決策並不是一勞永逸的結論，幾個世紀以後仍不斷有基督徒堅持認為這本或那本書應該在經典中占有一席之地。然而最終，隨著第四世紀的開始，這樣的討論縮小到原始正統教會的圈子中，再過不久，其他選項就都不存在了。一連串歷史、文化、政治和社會上的事件影響並指引著這樣的爭論，在這爭論開始之後好幾個世紀，一部正典經書終於產生出來了。這是我們今天所擁有的那部正典，並且，只要教會繼續存續下去，它就還會是教會的正典。

第七章

誰發明了基督教

在我居住的美國南方，基督教總是跟《聖經》有關。大部分基督徒來自宣講《聖經》、教導《聖經》和（宣稱自己）固守《聖經》的教會。在世界的這個角落，如果你不相信《聖經》，你就不可能是基督徒，這幾乎是常識了。

但對大多數其他地方的基督徒而言（事實上，是對教會史上絕大多數的基督徒而言），這所謂的常識根本毫無道理可言。對大部分的基督徒而言，基督教是關於相信基督並透過他敬拜上帝的信仰，而不是相信《聖經》。當我這樣告訴這裡的教徒，我總是會碰到堅決不信的人，他們懷疑怎麼會有那麼多基督徒錯得這麼離譜？但這是真的。只要看看現在世界各地的教會還在誦讀的基督教信經就好，也就是使徒信經和尼西亞信經，這當中沒有任何一句提到《聖經》。在傳統的基督教中，《聖經》從不是信仰

的對象。

　　在美國南方，這是真的，很多人對《聖經》的尊崇遠大於閱讀它。幾年前，當我開始問大學部學生他們對《聖經》的觀點，這件事情就越來越清楚了。我每年都得到相同的回應。上課第一天，我會在超過三百位學生面前詢問：「你們當中有多少人同意《聖經》是上帝啟示的話語這說法呢？」嘩啦，幾乎演講廳裡的每個人都舉起手。於是我接著問：「你們當中有多少人曾經讀過一本或一本以上的《哈利波特》呢？」嘩啦，全部人。接著我再問：「那在場有多少人讀過整本《聖經》呢？」只剩下零星幾個散落在會場中。

　　我總是笑著對他們說：「好吧，看看，我沒說我認為上帝寫了《聖經》，是你們告訴我你們認為上帝寫了《聖經》。我可以理解為什麼你們會想讀 J. K. 羅琳寫的書，但如果上帝真的寫了一本書，你們不會想讀讀祂說了什麼嗎？」對我來說，這只是宇宙奧祕之一：為什麼那麼多人尊崇《聖經》，認為那是上帝給祂子民的啟示，卻還對它知之甚少？

　　在這整本書中，我都在談論歷史批判法指出的《聖經》問題：細節上的矛盾、主要觀點的不同、宣稱自己是使徒的作者事實上不是、重建耶穌生平時遇到的歷史問題等等。這些問題不是我捏造出來的，也不是我自己一人發現的。這些是學者談論了兩百年的問題，是大學和神學院的教授已經知道並且教導許久的問題（久到跟我們的年紀一樣），這也是大部分牧師在神學院學過

的內容。這些問題是任何對嚴肅的《聖經》研究稍有涉獵的人都很熟悉的問題，可是街頭上的一般人或講台下的聽眾卻從來沒有聽過。

　　我整體的論點衍生自我的研究和專業領域，得出結論是：《聖經》是部充滿人為痕跡的書籍。雖然過去二十年來，我大部分專業上的研究都奉獻在另一個不同但相關的領域上，也就是《新約》寫下後第二、第三基督教世紀中基督教的發展。

　　因此在這最後一章，我想要更進一步，不僅是談論《新約》（雖然《新約》仍屬探討中的一部分），還想要在更普遍的範圍中探討基督宗教的形成過程。我的論點是：不僅《聖經》是人為的著作，就連發展和持續到我們今天為止的基督教本身也是人為的宗教。

　　基督徒所謂他們的宗教信仰是上帝所啟示的，其實也是一種神學觀點，這觀點歷史學家無從評斷，因為歷史學家無法接觸到上帝，只能接觸到發生在世上、發生在我們眼前（或是發生在某人眼前）的事物。我個人不再相信這樣的觀點（雖然我過去曾經相信），但如同你可以在最後一章看到的，我在這裡討論的歷史發現，並不必然導致我個人得出不可知論的結論。但這些歷史上的發現應該要能引導人看到基督教宗教發展過程中的人為因素。

　　我們在前一章看到，《聖經》正典是人為創造出來的產物，是基督教針對在哪些書該被收入《新約》中這問題的鬥爭，是在哪些是合適的信仰形式（正統）而哪些不是（異端）這種曠日

費時並常常會吵得面紅耳赤的問題上掙扎後的結果。在使基督教成為今天這模樣的路上，基督徒還發明了什麼呢？在本章中我要探討基督宗教中某些關鍵面向，並說明它們是如何在歷史上出現的，這所有一切都是在基督宗教形成的過程中極重要的特徵。

受苦的彌賽亞

受苦的彌賽亞絕對是基督宗教信仰的核心。「彌賽亞」一詞只是希臘文「基督」的希伯來文同義詞而已。我必須跟學生這麼說，因為有些學生真的以為「基督」是耶穌的姓氏（耶穌·基督，是約瑟·基督和馬利亞·基督的小孩）。因為用基督來稱呼耶穌確實變得非常普通，因而漸漸地變成他的「名字」，然而「耶穌基督」的原始意思就只是「作為彌賽亞的耶穌」而已。

基督徒對彌賽亞的看法

稱呼耶穌為彌賽亞，對很多基督徒而言是如此正常且明確的事情，他們無法瞭解為什麼猶太人不接受他是彌賽亞。基督教的傳統相信，猶太《聖經》的先知總是而且一再地預言彌賽亞的來臨、他來會做什麼、會是什麼樣子以及會經歷些什麼，而耶穌滿足了這所有預言。先知預言他會由處女所生（對他們來說耶穌確實如此）、他會在伯利恆出生（耶穌的確是）、他會是一位偉

大的醫生（耶穌的確是）、他會騎著驢子進耶路撒冷（耶穌的確做過）、他會被自己人拒絕（耶穌的確是）、他會遭受恐怖的處決而死（耶穌的確有過），並且他會在死後復活（耶穌的確如此）。

對許多基督徒來說，既然這些《舊約》先知的預言都應驗在耶穌身上，那麼顯然他就是彌賽亞。許多基督徒搞不懂，猶太人怎麼就不願意相信這個宣稱呢？為什麼他們會對這些證據視而不見？為什麼他們不相信，只是固執己見而已嗎？他們的腦袋太過僵化嗎？他們不會讀經嗎？他們是笨蛋嗎？

猶太人對彌賽亞的期待

為什麼絕大多數的猶太人都拒絕接受耶穌就是預言中的那一位呢（也就是由上帝差派而來的救主，為其他人受苦因此帶來救贖，並從死裡復活）？

答案事實上很簡單，在猶太傳統中、在耶穌出現之前，沒有任何人期待會迎接到一位受苦的彌賽亞。

但是《聖經》不是一直提到受苦的彌賽亞嗎？事實上，並非如此。打從一開始，基督徒就不斷引用《舊約》經文作為未來受苦的彌賽亞之明確預言，這些經文比如〈以賽亞書〉53 章和〈詩篇〉22 篇，都提到某位承受恐怖痛苦的人，有些時候明確是為了其他人的罪而受苦。基督徒宣稱這些是明確說明彌賽亞會如何

的經文。然而，那些不相信耶穌的猶太人總會有非常不一樣的回應，也就是在這些章節中都沒有提到彌賽亞。你可以自己檢查看看，讀讀〈以賽亞書〉53 章和〈詩篇〉22 篇（我會在本章後面引用一些相關經文），「彌賽亞」這一詞從沒有在裡面出現過。在猶太傳統中，這些經文提及的並不是彌賽亞而是其他人（或是很多人）

就我們所知，在基督教之前，沒有任何猶太人期待過一位替眾人的罪受苦和死亡並從死裡復活的彌賽亞。那麼，彌賽亞應該是什麼樣子？我們根據耶穌同時代的猶太文獻知道，對於彌賽亞人們有各式各樣的期待，但沒有任何一種是像耶穌這樣的。

「彌賽亞」一詞字面上的意思是「受膏者」，它在《舊約》中被用在許多不同的人身上（比如祭司和國王），人們在儀式中以油膏抹他們的頭，象徵上帝對他們的眷愛，也表示上帝將他們揀選出來執行任務（〈撒母耳記上〉10 章 1 節、〈利未記〉4 章 3,5 節）。傳統猶太人對彌賽亞的概念得自於古代以色列對國王的概念。

根據古代以色列傳統，上帝向大衛王應許，以色列的王座上永遠都會有他的後代（〈撒母耳記下〉7 章 14-16 節）。[1] 然而，歷史的變化為這一承諾帶來了不確定性。大衛王朝統治了

1　譯注：作者的章節標記為〈撒母耳記上〉7 章 14-16 節，但上帝應許大衛王後代的相關經文應該是在〈撒母耳記下〉7 章才對。

四百多年的猶大王國在公元前五八六年被巴比倫摧毀了，自此再也沒有大衛王朝的國王坐在王座上。既然上帝已經承諾永遠都會有這樣的國王存在，這樣的承諾要怎麼跟歷史事實互相調和呢？

有些猶太人認為，當上帝結束對那些不服從祂的子民的懲罰後，便會實現祂的承諾，重新膏立一個國王來統治以色列。這人會是彌賽亞，一位新被膏立的人，一位像大衛那樣的戰士國王，他要推翻以色列人的敵人，並再次建立以色列國成為地上的霸權。這一盼望隨著時間過去而消退，波斯繼承了巴比倫，而後是希臘、埃及、敘利亞，然後是羅馬，所有國家都統治以色列的土地，而沒有任何大衛的子孫坐上王座，這樣一直到了耶穌的時代。

到了耶穌的時代，許多猶太人也許像今天的猶太人那樣，不太思考彌賽亞的事了。但那些仍期待彌賽亞的猶太人還是相信上帝會實現祂的承諾，這一承諾就像希伯來《聖經》的〈詩篇〉2篇1-9節提到的：

外邦為什麼爭鬧？萬民為什麼謀算虛妄的事？世上的君王一齊起來，臣宰一同商議，要敵擋耶和華並祂的受膏者（就是「彌賽亞」），說：我們要掙開他們的捆綁，脫去他們的繩索。那坐在天上的必發笑；主必嗤笑他們。那時，祂要在怒中責備他們，在烈怒中驚嚇他們，說：我已經立我的君在錫安─我的聖山上了。受膏者說：我要傳聖

旨。耶和華曾對我說：你是我的兒子，我今日生你。你求我，我就將列國賜你為基業，將地極賜你為田產。你必用鐵杖打破他們；你必將他們如同窯匠的瓦器摔碎。

這一期待很顯然是大衛王世系中會有一位偉大而強力的君王，他要成為上帝之子，就如同大衛王的後代那樣（〈撒母耳記下〉7 章 14 節）。同時期的猶太著作中確實證明了這種對政治性彌賽亞的期待在耶穌時代普遍盛行。對這一彌賽亞的期待，其中有段特別清楚的敘述來自《聖經》之外一本被稱為〈所羅門詩歌〉（Psalms of Solomon）的書，該書大約於耶穌出生前幾十年寫成。可以注意這位彌賽亞究竟是什麼樣子：

上主，看哪，求你為他們興起大衛之子作他們的王，在你所知道的時間統治你的僕人以色列，噢，上帝。為他束腰、給他力量摧毀不義的統治者，從耶路撒冷中趕出外邦人，他們踐踏那城並摧毀它；他要按照智慧和公義從應許之地趕出罪人；他擊碎罪人的驕傲，如同擊碎陶器的瓶子；他用鐵棒搗碎他們的一切；用他口中所出的話摧毀不法的列國……他必招聚聖民，引領他們進入公義……他要讓外邦國度在他的軛下服侍他，還要在全地最富盛名的地方榮耀主。他要潔淨耶路撒冷，使它成聖，甚至比他原先的還要神聖……他要成為公義的君王統治他們，接受上帝

的教導。在他作王統治的日子，他們中間沒有不義的人，他們全都成為聖潔的，他們的王就是上主彌賽亞（〈所羅門詩歌〉17 章 21-32 節）[2]

彌賽亞是一位強而有力的戰士國王，這是耶穌時代許多猶太人的期待。

但還有些猶太人對於以色列未來的救主應該怎樣有不一樣的期待，特別是天啟末世的傳統（同時也是耶穌和他的追隨者所處的傳統）。他們有時會認為未來的救主不會只是地上的君王，而會是一個審判全世界的全宇宙的審判者，由上帝差派而來，要展現力量並推翻邪惡的勢力。這一神性的形象在不同文本中有不同稱呼，包括「人子」（根據〈但以理書〉7 章 13-14 節）。可參考下面這兩段猶太人的文本，文本的書寫時間大約是基督教剛開始的時候：

> 之後有大喜樂臨到他們 [上帝的民]。他們祝福、讚美和稱頌，因為人子的名已經啟示給他們了。他坐在他榮耀的寶座上，所有審判的權柄都要賜給人子，他要讓罪人從地

2　譯注：本篇參考黃根春編輯的譯本，作者的引文跟黃根春的譯本稍有差異，參考黃根春編輯，《基督教典外文獻-《舊約》篇第六冊》（香港：基督教藝文出版社，2004），252-254 頁。

上消失、滅亡。那些引誘世界偏離正路的將要被鎖上鎖鏈，要在他們聚集導致滅亡的地方被囚禁，他們一切的作為都要從地上消失。從此以後，地上不再有會朽壞的事物，因為人子已經顯現並坐在他榮耀的寶座上，一切邪惡都要死去從他的面前消失。（〈以諾一書〉69章）[3]

我觀看，看哪，大風從海中捲起了一個像人的活物，我觀看，看哪，那人駕著天上的雲飛行。當他轉臉過來時，他所看見的一切都開始顫抖震動……其後，我繼續觀看，看哪，有多不勝數的群眾從天上四方聚集，要與那從海裡上來的人爭戰……當他看著猛然衝向他的群眾，他沒有舉起手也沒有拾起矛或任何戰爭的武器，我只見他從嘴裡噴出火河，從雙唇發出火焰似的氣息……落在猛然衝向他的群眾身上。他們預備作戰卻全被燒死，轉眼間，那數之不盡的群眾全都消失了，只剩下灰爐和煙火的氣味（〈以斯拉四書〉13章1-11節）[4]

3　譯注：本篇作者的翻譯跟 James H. Charlesworth 的譯本有不少差異，本文翻譯由譯者根據黃根春的譯本和作者的英文翻譯修改而成。參考黃根春編輯，《基督教典外文獻——《舊約》篇第一冊》（香港：基督教文藝出版社，2002），49頁。

4　譯注：本章根據黃根春編輯的譯本修改，參考黃根春編輯，《基督教典外文獻-《舊約》篇第五冊》（香港：基督教藝文出版社，2004），443-444頁。

一位偉大而強大的戰士國王，甚至是更強大的大地審判者，這是某些猶太人對彌賽亞的期待。當然，其他的猶太人對於未來的救主會是怎樣，也有不同的看法。[5] 然而，這所有猶太人對彌賽亞的期待的共通點是：這位未來彌賽亞的形象是風光而強大的，他要在一場武力展示中摧毀上帝的敵人並統治上帝的子民，還要用著火的杖抽打世上的諸國。

那耶穌又是誰呢？一位來自加利利內地、基本上默默無名的流浪佈道家，不但站在律法的反邊，還因為政治叛變的罪名被釘十字架。耶穌沒有推翻羅馬，而是羅馬把他像隻蟲子一樣釘上十字架。稱呼耶穌為彌賽亞，對許多猶太人而言不只是好笑的笑話而已，那幾乎是（或者，真的是）對上帝的侮辱。**耶穌**這種人是彌賽亞？那個被釘十字架的佈道家？**那個**是上帝的彌賽亞？是是是，你說的都是！

每當我試圖向我的學生解釋這樣一種宣稱對猶太人來說是如何荒謬時，我都會用一個比喻：許多猶太人對耶穌是彌賽亞這一說法的直覺反應，就好像如果我非常認真地堅持在韋科（Waco）被 FBI 擊斃的大衛教派領袖大衛·考雷什（David Koresh）是全

5　有些人期待的是一位能傳達上帝律法的正確解釋的祭司，在「死海古卷」社群的猶太人中有一種期待，他們認為會有兩位彌賽亞，一位是祭司，而另一位可能是個像大衛那樣的國王。參考：John Collins, *The Scepter and the Star: The Messiahs of the Dead Sea Scrolls and Other Ancient Literature* (New York: Doubleday, 1995).

宇宙的主宰時，你會有什麼反應？[6]大衛·考雷什？是的，他是世界的救主，是一切的主宰！好好好，你神經病？（我每學期用這比喻時都會遇到一點麻煩，總有一兩個學生會在教學評量上說「我簡直不敢相信巴特·葉爾曼竟然認為大衛·考雷什是全世界的主宰！」）

基督教主張的依據

如果說在猶太人沒有任何對彌賽亞會為了罪而受苦和死亡的期待，那麼為什麼基督徒會相信一位受苦的彌賽亞呢？以下是這一說法在歷史上成形的原因。

在耶穌死前，有些他的追隨者顯然相信他就是彌賽亞，這一確信在福音書中到處都看得到。然而，如果他們說「耶穌是彌賽亞」，指的是猶太人傳統的那個意思，也就是說他將是一位國王，要再一次在以色列中建立王座並統治他的子民（有一點要注意的是，耶穌自己顯然是以另一種天啟末世信仰的方式來理解這個詞彙的）。那麼，這樣一個對耶穌可以成為彌賽亞的希望，最後被歷史事件給徹底否決了：耶穌並沒有建立一支軍隊把羅馬人

6　譯注：大衛教派（Branch Davidian）是創立於美國的基督教新興教派，一九九三年其中一部分跟從大衛·考雷什的教派成員在韋科和美國執法人員發生衝突，造成雙方慘重的傷亡。

趕出應許之地、也從未將以色列建立為一主權獨立的國度。相反地，他被釘上十字架，而這等於對他的追隨者而言，他們對他的信仰以不復存在任何基礎了。

但是，他們（或至少一部分的人）開始相信上帝已將耶穌從死裡復活起來。這一信念重新確認了他們早先對耶穌的概念：耶穌真的是上帝揀選的那位，他是上帝之子！他是上帝偏愛的那位，是上帝膏立的，是我們的救主。他**就是**彌賽亞。

這一信仰的重建迫使早期基督徒對彌賽亞的意義有了新的認識。他們的邏輯無可挑剔：耶穌是彌賽亞，耶穌受苦並且死去了，因此彌賽亞必須受苦和死去。

但是，要怎麼處理沒有任何猶太先知提到彌賽亞會受苦和死去這件事呢？最早期的基督徒開始在《聖經》中尋找任何暗示他們新信仰的經文，而他們找到了，不是在描述彌賽亞的那些經節當中，而是在描述上帝的義人受苦的其他段落裡面。最後基督徒總結並宣稱說，這些經文說的是彌賽亞，即使當中沒提到彌賽亞，而且在此之前沒有任何人認為這裡說的就是彌賽亞。對於基督徒來說，〈以賽亞書〉53 章 1-6 節是對彌賽亞清楚顯白的預言：

> 他被藐視，被人厭棄；多受痛苦，常經憂患。他被藐視，好像被人掩面不看的一樣；我們也不尊重他。他誠然擔當我們的憂患，背負我們的痛苦；我們卻以為他受責罰，被

神擊打苦待了。哪知他為我們的過犯受害,為我們的罪孽壓傷。因他受的刑罰,我們得平安;因他受的鞭傷,我們得醫治。我們都如羊走迷;各人偏行己路;耶和華使我們眾人的罪孽都歸在他身上。

先知預言了耶穌的受苦和死亡。事實上,最早的基督徒也相信,有些經文確實描述了彌賽亞被釘十字架的情節。比如〈詩篇〉22 篇 1-18 節:

我的神,我的神!為什麼離棄我?為什麼遠離不救我?不聽我唉哼的言語?……但我是蟲,不是人,被眾人羞辱,被百姓藐視。凡看見我的都嗤笑我;他們撇嘴搖頭……我如水被倒出來;我的骨頭都脫了節;我心在我裡面如蠟鎔化。我的精力枯乾,如同瓦片;我的舌頭貼在我牙床上。你將我安置在死地的塵土中。犬類圍著我,惡黨環繞我;他們扎了我的手,我的腳。我的骨頭,我都能數過;他們瞪著眼看我。他們分我的外衣,為我的裡衣拈鬮。

這一段經文原本和彌賽亞沒有任何關係,猶太人也沒有將其解釋為彌賽亞。但一旦耶穌的追隨者相信他是彌賽亞,他們就自然地將這段經文看作是彌賽亞會經歷的事情。關於耶穌是否是彌賽亞的爭執也會就此開始,猶太人堅持這些經文說的並不是彌賽

亞（他們的論點有道理，因為這當中確實都沒提到彌賽亞），而基督徒則堅持它們是，戰火於焉展開。

　　然而，那些聲稱耶穌應驗了的其他預言又怎麼樣呢？比如他的母親是處女，或是他要生在伯利恆，或是他要騎著驢子進耶路撒冷，或是其他經文？有一點很重要、必須要記得的是，那些後來被寫進福音書裡關於耶穌做了什麼、經歷了什麼的故事，是在事實發生後許多年才被寫下的，它們根據的是已經流傳了好幾十年關於耶穌的口頭傳說。那些講述耶穌故事的人並非對猶太人的《聖經》一無所知，他們當中有些人非常熟悉《聖經》，因此會按照《聖經》上的預言來講述耶穌的故事。因此講述耶穌故事的那些人，相信在耶穌身上一切的預言都被應驗了，他們經常心懷這些《聖經》預言講述關於他的故事：他的出生、他的傳道、他榮耀地進入耶路撒冷、他的受難以及他的復活。

　　比如說，〈馬太福音〉和〈路加福音〉都聲稱耶穌誕生在伯利恆，但他們描述下的耶穌出生方式卻不一樣，描述的劇情也互相矛盾。為什麼他們兩位都想要耶穌誕生在伯利恆呢？因為《舊約》預言說有一位救主將生在伯利恆（〈彌迦書〉5 章 2 節）。然而，大家不是都知道耶穌來自拿撒勒嗎？馬太和路加都同意：是的，耶穌真的在拿撒勒長大，但他是在伯利恆出生的，而以下就是為什麼會這樣的故事。問題是，他們的故事彼此互相矛盾。這表示什麼？基督徒是根據他們對耶穌的信仰來講述關於耶穌的故事，他們要確認在每一點上耶穌的人生都應驗了《聖經》上的

預言，因為他畢竟是那位受苦的彌賽亞。

事實上，「耶穌就是受苦的彌賽亞」這一概念是早期基督教的發明。因此毫無意外地，當使徒保羅在基督教發明出這一概念好幾十年後寫信時，會說這是猶太人最大的「絆腳石」（〈哥林多前書〉1章23節）。儘管這對許多基督徒而言是成為根基的信仰，對許多猶太人而言卻是荒謬的說法。

而保羅認為這一宣稱合理，正是因為它看起來那麼地愚蠢（〈哥林多前書〉1章18-25節）。上帝的道路不是人的道路。上帝已透過一位被釘上十字架的彌賽亞拯救了世界，這是沒有任何人曾經或能夠預見的。對保羅而言，這是上帝為世界帶來的救贖最核心的要義和關鍵（〈哥林多前書〉15章3-5節、〈羅馬書〉1-3章）。透過彌賽亞的死，上帝使救贖對所有人成為可能，不論是猶太人還是外邦人。而保羅還把這一點推到更極致，他認為**只有**透過彌賽亞的死，人們才能在上帝面前稱義，而不是透過任何猶太人的律法。

然而，彌賽亞必須被釘十字架這點不是保羅自己想像出來的。這一觀點是在更早的時候，當耶穌最原始的追隨者相信上帝使他從死裡復活時就被發明出來的。當保羅歸信成為耶穌的追隨者之後，他也繼承了這一觀念。而正是這一觀念最終使得基督教從猶太教中分裂出來成為一個獨立的宗教，這一宗教信仰與猶太教正好相反，是對耶穌本人的信仰。

基督教作為獨特且反猶的宗教信仰

早期基督教的歷史學家得要面對最為驚人且最有趣的問題，就是這一徹頭徹尾猶太形式的耶穌宗教，是如何這麼快速就轉變成為一個外邦人的宗教？基督教是怎麼在不到一個世紀以內就從一個猶太教的教派，轉變而成為一個幾乎完全反猶的宗教呢？

耶穌的宗教和他早期的追隨者

我們已經看到，在耶穌的訊息或他的傳道中沒有任何一樣是超出猶太教範圍的。他是一位猶太人，有猶太人的父母，並在猶太文化中長大成人。他成為一位猶太律法的教師，在他四周招聚一群猶太人追隨者，並教導他們他所認為敬拜猶太教上帝真正的本質究竟是什麼。

耶穌是一位天啟末世的猶太先知，他預見猶太人的上帝很快就要介入歷史之中、推翻邪惡勢力，並在地上建立祂善良的王國。耶穌告訴那些猶太人群眾，想要進入這一國度，就要實踐上帝在猶太律法中規定的內容。特別是要遵守律法中兩條最大的誡命：盡心盡性盡意愛上帝（引用自〈申命記〉6 章 4-6 節），並愛鄰舍如同愛自己（〈利末記〉19 章 18 節）。耶穌強調「這兩條誡命是律法和先知一切道理的總綱」（〈馬太福音〉22 章 40節）。

當我們重建耶穌真正說過的話和做過的事，會發現它們都堅實地立基於猶太天啟末世信仰的框架之內。是耶穌後來的追隨者才認為它是在建立一個新宗教，而他顯然沒有任何這方面的意圖。耶穌認為他的宗教就是猶太人的宗教，是對猶太宗教正確的解釋（當然，這「正確」是為了反對其他猶太教詮釋者，如法利賽人或撒督該人）。

一些後來的追隨者保留了他宣稱中的那些猶太教特徵。當基督教往其他方向發展時，這些追隨者卻被貼上異端的標籤。這真的是早期基督教傳統中的一大諷刺，這一宗教的最原始型態到頭來卻被驅逐和譴責。

耶穌的追隨者中被稱為伊便尼教派的那些人便強調，耶穌從沒有企圖廢除律法，他是猶太人的上帝所差派的猶太彌賽亞，為的是成全猶太人的律法。既然他全心全意擁抱猶太律法，他的追隨者就該成為一個猶太人並遵守猶太律法。如果律法說猶太人中的男人都要接受割禮，那麼他們就一定要接受割禮；如果律法說上帝的子民要接受食物的清潔律（kosher），他們就只能吃潔淨的食物；如果律法要他們遵守安息日，他們就一定要遵守安息日。伊便尼教派宣稱這是耶穌的兄弟雅各、耶路撒冷教會的領袖提倡的立場。學者們認為這一宣稱可能是對的。

類似觀點似乎也存在於〈馬太福音〉中。無疑地，如同伊便尼教派所堅持的那樣，這一福音也宣稱耶穌的死亡和復活是救贖的關鍵。然而，這一福音書還提到耶穌教導他的追隨者，如果他

們想要進入神國，就要遵守律法。事實上，他們不但要遵守律法還要遵守得比猶太人領袖更好（〈馬太福音〉5 章 17-20 節）。耶穌在這本福音書中被描寫成一位律法教師，他將律法中真正的意義帶給了追隨者。他從沒有鼓勵他們違犯任何律法，而是鼓勵他們像他那樣遵守律法。

耶穌後來的追隨者的反猶教導

關於如何才算是真正追隨耶穌，這一觀點注定要在早期教會對於信仰核心的爭論過程中受到修正。使徒保羅的觀點和伊便尼教派完全不一樣（他們也把保羅當成主要敵人），和馬太或耶穌本人也不一樣。保羅大聲疾呼並宣稱，律法對於在上帝面前稱義這件事上完全無效，因此任何進入教會的外邦人都不用遵守猶太人的律法。保羅認為，一位外邦人如果接受了割禮，他不只是做一件沒有意義的事，他還徹底否認了上帝的恩典，這一恩典是透過耶穌之死而將救贖當作禮物賜予給人的，而不是透過律法或割禮的約。這樣的人確實處在失去救贖的邊緣（〈加拉太書〉5 章 4 節）

保羅和馬太對於遵守律法的意見是一致的嗎？顯然不是！保羅和耶穌宣傳的是同一種宗教嗎？這是一個關鍵的歷史問題，而且很難否定他的答案。耶穌教導他的追隨者遵守上帝規定的律法以進入神國，而保羅教導的卻是遵守律法與進入神國沒有任何關

係。對保羅而言，只有耶穌的死和復活才與神國相關。歷史上的耶穌教導律法，而保羅卻教導耶穌。或者如同某些學者所說的，對於保羅而言，**耶穌的**宗教已變成**關於耶穌**的宗教了（雖然，如同我指出的，保羅並不是自己發明這一關於耶穌的觀點，他的觀點也是繼承下來的）。

後來的基督徒把保羅的立場推得更遠，因此我們可以看到馬吉安強調保羅對律法和福音的區別是絕對的。律法和福音沒有任何關係，它是猶太人的上帝給予猶太人的，並且只為他們（以及所有其他人）帶來詛咒。而福音來自耶穌的上帝，透過耶穌的死，它成了救贖的道路，拯救人脫離《舊約》暴怒的上帝。對馬吉安而言，字面意義上存在著兩個上帝，而律法的上帝和耶穌的上帝沒有任何關聯。《舊約》屬於那位猶太人的憤怒上帝，就單純只是一本猶太人的書而已，跟基督教正典沒有任何關係，因此應該被徹底揚棄。

和馬吉安同時代的其他基督教思想家則持相反觀點，但諷刺的是這反而帶來更激烈的反猶形式。關鍵範例便是後來的〈巴拿巴書〉（參考第六章）。對巴拿巴而言，《舊約》是一本基督教書籍，而不是猶太教的。猶太人一直以來都誤解了它的教導。他們從摩西時代開始，就是一群心底堅硬、無知、任性而悖逆的子民。對巴拿巴而言，猶太人打從上帝與他們立下特別約定的當下就違反了它。當摩西第一次摔碎了十誡的法板時，猶太人與上帝的約就結束了。上帝從未與他們恢復這約。與祂立這「新約」的

是耶穌的追隨者。

在〈巴拿巴書〉4章6-7節中，巴拿巴這樣告訴他的基督徒讀者的：

> 現在，注意，不要像某些人那樣堆砌自己的罪惡，說這約同時是他們的［猶太人］也是我們［基督徒］的。它是我們的，而他們永遠失去它了……就在摩西剛領受它的時候。

巴拿巴結論道，猶太人永遠都誤解了律法，以為該按照字面意義詮釋它，包含那些什麼可以吃、什麼不能吃的律法。這些律法從來都不是為了字面意義而存在，而是在屬靈上解釋人們該如何生活。猶太人的宗教因此是建築在對猶太律法錯誤認識上的宗教。

巴拿巴有出色的能力，能在《舊約》篇章中尋找關於基督或基督教訊息的經文。比如說，他認為作為立約的象徵而給予猶太人祖先亞伯拉罕的割禮，一直以來都被猶太人誤解為是切除男嬰的包皮。但割禮從不是這個意思。相反地，它的意思是人應當相信耶穌的十字架。巴拿巴怎麼證明這點呢？他注意到在《舊約》中亞伯拉罕領著自己三百一十八位奴僕去打仗時，為了戰爭的勝利，他先為他們施行割禮（〈創世紀〉14章14節、17章23節）。巴拿巴問道，讓三百一十八位奴僕受割禮這件事到底重要

在哪？在於它是一個象徵性的數字。

　　讀者可以回憶一下古代語言使用字母代表數字的情況：第一個希臘文字母 alpha 代表一，beta 代表二，gamma 代表三（巴拿巴的詮釋是根據七十士譯本，也就是希伯來《聖經》的希臘文譯本）。而數字三一八，則是由希臘字母 tau, iota 和 eta 組合而成。巴拿巴指出，字母 tau（看起來像今天的英文字母 t）是十字架的形狀，而 iota 和 eta 則是耶穌名字的前兩個字母。換句話說，跟割禮和包皮沒有任何關係，而是關於耶穌基督。

　　一旦一位基督徒作家開始強調猶太人從未理解他們的宗教、而《舊約》是基督教而非猶太人的書這樣的觀點時，接下來會發生什麼事？這很顯然是一個剝奪所有猶太教存在合理性的企圖，而這正是巴拿巴的目的。他的著作就其核心完全是反猶太人的。

　　隨著時間過去，基督教中的反猶氣氛越來越嚴重，基督教作家開始指責猶太人犯下的各種邪惡罪行，而不只是錯誤解釋他們自己的經書而已。有些基督教作者認為公元七十年羅馬摧毀耶路撒冷（猶太教中心）是上帝對於猶太人殺死他們自己的彌賽亞的懲罰。最終，檯面上的基督教作家把這一邏輯再向前推進了一步，當基督徒開始將耶穌本人當成上帝來看時，有些人開始認為既然猶太人必需為耶穌的死負責，那麼他們事實上就是犯了弒神的罪了。

　　這一弒神的指控，首先出現在第二世紀晚期撒狄（Sardis）主教梅利多（Melito）的著作中，出現在一篇二十世紀中期發現

的某場復活節慶典講章裡面。在梅利多的教會中，復活節的慶祝時間是猶太人的逾越節，因此這一講道又被稱為逾越節講道。在當中梅利多以強烈措辭和使人恐懼的言詞回憶猶太人殺了耶穌（也就是殺了他們的上帝）的罪過：

> 這人被謀殺了，而他在哪裡被謀殺呢？耶路撒冷的中心！為什麼？因為他醫治了他們當中瘸腿的，潔淨了他們當中長大麻瘋的，以光指引他們當中的瞎子，並將他們的死人復活。他因為這些原因而受苦。（72章）

> 噢，以色列，為什麼你會做出這麼奇怪而不正義的事？你羞辱了那使你尊貴的，你鄙視了那使你得到尊崇的，你拒絕了那公開承認你的，你殺了那使你得以活命的，為什麼你要這樣做？噢，以色列！（73章）

> 對他來說受苦是必要的，但不是藉由你們；受到羞辱是必要的，但不是藉由你們；被審判是必要的，但不是藉由你們；被釘十字架是必要的，但不是藉由你們，不是藉由你們的右手，噢，以色列！（75-76章）

> 因此，你要傾聽、要顫慄，因為大地也為他而顫慄。那位將大地掛到空中的自己也被掛起來了；那位替諸天定位的

自己也被釘起来了；那位使一切牢牢固定的自己也被牢牢固定在樹上了。上主受到了羞辱，上帝被謀殺了，以色列的君王被以色列的手所摧毀了（95-96章）

對基督教中反猶主義興起的解釋

為什麼事情會演變成這樣？為什麼充滿猶太激情的耶穌宗教會變成耶穌追隨者激烈反猶的宗教呢？

讀者也許可以根據本章提供的資訊搜尋基督教反猶主義推演的邏輯。一旦基督徒堅持耶穌是彌賽亞，而且這一彌賽亞要為其他人的罪受苦，彌賽亞的死就代表上帝使人得以在祂面前稱義、律法在救贖的事上沒有任何功用，猶太人只能選擇相信耶穌就是彌賽亞、要不就是被上帝捨棄，這一裂痕很自然地產生了。相信耶穌的人是上帝眼中的義人，而其他人，包含虔誠的猶太人在內，都要面對上帝的憤怒。我們在保羅書信中看到這樣的觀念，然而他不是發明這一觀念的人，這一觀念遠在保羅登上舞台之前就已被提出來了。這就難怪當保羅還不是一位基督徒猶太人時，會認為耶穌的追隨者有多麼冒犯。

這一觀點的邏輯或多或少驅使部分基督徒進一步推論下去：當猶太人拒絕了上帝的彌賽亞，他們就已經拒絕了上帝。而結果必然是上帝也拒絕了他們。

基督教的思想家可以宣稱，在猶太人自己的《聖經》中就已

提到猶太人被上帝捨棄。《舊約》的先知一再警告古代以色列人，既然他們違犯了上帝的旨意和律法，上帝就要轉過來審判他們。例如阿摩斯、何西阿和以賽亞等先知，都提到因為以色列人選擇了什麼樣的生活方式，因此上帝捨棄他們。早期耶穌的追隨者抓住這一觀點，並把它當成通用的原則。而猶太人鐵石心腸和冥頑不靈的最高潮，就在於他們拒絕了自己的彌賽亞。對上帝而言，這是最後一次的機會。猶太人不再是上帝的選民，他們已被耶穌的追隨者所取代。

並不是因為上帝背棄了自己的諾言或違反了自己的承諾，這一切都是猶太人的錯。我們在《新約》中已經可以發現這種反猶情緒之萌芽。保羅花了不少篇幅處理猶太人拒絕耶穌的問題，然而他仍認為所有的猶太人最終都會發現自己的錯誤，相信耶穌並因而得救（〈羅馬書〉9-11章，特別是11章1-26節）。但其他作者就沒這麼肯定了。〈約翰福音〉繪聲繪影地指責「猶太人」是如何地拒絕和殺了耶穌（19-20章），在一個令人驚駭的段落中，他實實在在地指出猶太人不是上帝的子民，而是魔鬼的兒女（〈約翰福音〉8章42-44節）。如果撒但是你的父親，那你顯然很難被拯救。

從第二世紀中期開始，這一風潮變得更極端。基督教作家如殉道者游士丁和德爾督良等，都直接且有意地寫作反駁猶太人和他們宗教的著作。他們宣稱猶太人誤解了他們自己的宗教和律法，他們無法認出先知提到耶穌的地方，他們拒絕了自己的上帝

所差遣的彌賽亞，因此也就親自拒絕了上帝。根據游士丁，割禮的記號從不是讓猶太人分別開來成為上帝的子民，而是要顯示出誰才是真正的逼迫者。[7]這樣一種反對猶著作一直持續到第二世紀結束之後，成為好幾世紀以來基督教讀者持續閱讀的內容。

某些讀者可能會很訝異地發現這一種反猶主義在基督教來臨前的羅馬、希臘或其他地方並不存在，這是一項基督教的發明。無疑地，有些羅馬或希臘的作家可能會因為猶太人怪異的習俗而誹謗他們，例如傷害自家男孩的性器官、拒吃豬肉，或是太懶惰而在一個禮拜的某一天不願工作（安息日）。但事實上，羅馬和希臘的作者誹謗**所有**不是希臘或羅馬的人，猶太人並不是特例。[8]一直到基督教出現，猶太教不再只被看成是會做一些怪異滑稽的行為而已，還是個固執與腐化的宗教。猶太人不再僅止於奇怪，他們還是冥頑不靈且邪惡的。作為一個民族，他們拒絕了上帝，而作為回報，上帝也拒絕了他們。

這些觀點在保羅、巴拿巴、殉道者游士丁、德爾督良或甚至塞拉皮昂的時代，可能看起來沒有任何傷害性。畢竟在這些期間基督教只是一個龐大帝國中的一個微小宗教。猶太人人數遠遠超

7　參考游士丁的著作：*Dialogue with Trypho*, translated by Thomas Falls, 2nd ed. (Washington, DC: Catholic University of America Press, 2003)

8　關於希臘人和羅馬人對猶太人態度的權威研究，參考：Menahem Stern, *Greek and Latin Authors on Jews and Judaism*, 3 vols. (Jerusalem: Israel Academy of Sciences and Humanities, 1974–85).

過基督徒好幾倍，而且基督徒沒有任何社會上或政治上的權力。在那些日子，修辭上攻擊猶太人並不必然導致在物理上對猶太人造成傷害。

而這一切，都在基督教成長茁壯並隨著這一千零一位羅馬皇帝君士坦丁的改宗而改變了。當君士坦丁在第四世紀初改宗信仰基督教時，基督徒人口已超過了猶太人，占羅馬帝國人口的十分之一。和猶太人不同的是，猶太人從未在帝國中因為一個民族的身分而受到迫害，而基督徒一直都是受到逼迫的少數群體。[9] 這一切隨著君士坦丁的改宗而改變，成為基督徒不但受到歡迎而且成為一種時尚，成群結隊的歸信者接踵而至。到了第四世紀末，有超過半數的帝國人口都宣稱自己是基督徒了，羅馬皇帝狄奧多西（Theodosius）因此宣布基督教成為帝國官方的宗教。

這一轉變成為猶太和基督教關係的轉捩點。[10] 早期教會對猶太人的反感只存在於言語層次，現在很快地開始轉化為行動層次。羅馬官方（現在是基督徒了）認真地看待前人的言論，從字面意思上將猶太人視為真理的敵人，認為他們應該要為拒絕耶穌

9　羅馬人要為公元六十六至七十三年和一三二至一三三年猶太人在巴勒斯坦叛變負責，但這兩場叛變不該被當成猶太人因為身為猶太人而遭受迫害（第一場叛變導致聖殿被毀，第二場叛變導致猶太人被驅逐出巴勒斯坦）。政治叛亂有政治軍事上的責任，而帝國中其他地方的猶太人沒有因此受到波及。

10　參考：James Carroll, *Constantine's Sword: The Church and the Jews* (Boston: Houghton Mifflin, 2001).

而受到懲罰。第四世紀帝國的官方政策並沒有要求迫害猶太人，但那些掌權的人，例如羅馬行省的帝國長官，經常對這些行為視若無睹，甚至私底下迫害猶太人。猶太教堂遭到焚毀，財物被充公，猶太人被公開嘲笑，有些時候甚至成為暴民的攻擊對象。

因此，這成為早期基督教傳統中最大的一個矛盾——耶穌和他的追隨者所深深信仰、屬於猶太的宗教，在後代搖身一變成為激烈反猶的宗教。這導致中世紀恐怖的迫害，至於反猶騷亂和種族滅絕毒害整個世界的企圖則一直延燒到近代為止。[11]今日稱為反閃族主義的，具體來說，就是基督教對非基督徒猶太人回應的歷史。這可以說是早期教會最叫人倒胃的一個發明。

耶穌的神性

當我還在大學時，我就已經相信耶穌是上帝了，我相信這過

---

11 我並不是說基督徒要為猶太大屠殺負責，我說的是，如果不是基督教，猶太人的歷史會變得完全不一樣。這種對猶太人的仇恨從整個西歐歷史而來，並最後在基督教的範圍內產生了大屠殺。關於猶太人與基督徒早期的關係，有大量的參考書，這領域的三本經典如下：Marcel Simon, *Verus Israel: A Study of the Relations Between Christians and Jews in the Roman Empire, 135–425*, 2nd ed. (New York: Oxford University Press, 1986); Rosemary Ruether, F*aith and Fratricide: The Theological Roots of Anti-Semitism* (New York: Seabury Press, 1974); 和 John Gager, *The Origins of Anti-Semitism: Attitudes Toward Judaism in Pagan and Christian Antiquity* (New York: Oxford University Press, 1983)

去是並一直會是基督教傳統最核心也最基本的宗旨。但當我在研究所時開始認真研究《聖經》後，我開始發現這不是耶穌最早的追隨者原本所相信的東西，也不是耶穌本人所相信的。

耶穌是何時變成上帝之子的？

我們已經看過《新約》中的福音書有三本沒有稱呼耶穌為上帝，他們都寫於耶穌生存和死後許多年。還有部分的《新約》著作寫得更早。學者們長期以來就認為〈使徒行傳〉中使徒說過的某些句子可能反應了基督徒早年的觀點，這些觀點遠在路加寫下之前好幾年就已經非常流行。換句話說，這個演講內容在路加寫下〈路加福音〉和〈使徒行傳〉之前，就以口傳傳統的形式流傳好幾十年。在這些〈使徒行傳〉的演講中，都沒提到耶穌是上帝這件事。並且讓人驚訝的是，在某些演講中，隱含著一種非常原始的信仰，也就是認為正是在復活的時刻，上帝才賦予耶穌特別的地位。對那些說故事的基督徒而言，遠在路加寫下這些演說內容之前，耶穌是位有血有肉的人，他在上帝將他從死裡復活之後才被提升到一個特別的位置上。

比如說，參考〈使徒行傳〉2章彼得在五旬節的演說，他說：「神藉著拿撒勒人耶穌在你們中間施行異能、奇事、神蹟，將他證明出來，這是你們自己知道的。」在這裡，耶穌是一位神蹟的實行者，是一個人，被上帝的能力所充滿，但不是上帝本

身。根據彼得在這一段所說，耶路撒冷的猶太人拒絕了耶穌，將他釘十字架，但上帝將他從死裡復活，因而來到關鍵的句子，整個演講的高潮：

> 故此，以色列全家當確實地知道，你們釘在十字架上的這位耶穌，神已經立他為主，為基督了（〈使徒行傳〉2 章 36 節）

只有在他死後，在他復活的時刻上帝才使耶穌成為主、成為基督。保羅在〈使徒行傳〉13 章中的另一個演說中提到耶路撒冷的猶太人拒絕了耶穌，並且「求彼拉多殺他」，然而上帝「叫他從死裡復活」。保羅繼續在〈使徒行傳〉13 章 32-33 節宣傳這一「福音」：

> 就是那應許祖宗的話，神已經向我們這作兒女的應驗，叫耶穌復活了。正如〈詩篇〉2 篇上記著說：你是我的兒子，我今日生你。

而耶穌是在什麼時間點上「被生」成為上帝的兒子呢？在他復活的時刻：「我今日生你」。

這看來是最古老形式的基督教信仰，耶穌是一個人，他被上帝的能力充滿，為的是做出強而有力的事情來，他被猶太人的領

袖拒絕並殺害了，然而上帝將他從死裡復活，並給予他崇高的地位以證明他是無辜的。

這一信仰應該比某些耶穌的追隨者認定他必然是上帝之子的時間還早一點，那些人認為耶穌不是復活後才成為上帝之子的，而是在整個佈道的過程中都是，不是復活使耶穌成為上帝之子，而是洗禮。因此，在最早的福音書〈馬可福音〉中，在耶穌受施洗約翰洗禮從水中上來後，馬上就看到天開了，聖靈像鴿子一樣降到他身上，他聽到從天而來的聲音：「你是我的愛子，我喜悅你。」（〈馬可福音〉1章11節，〈馬可福音〉中沒有誕生的敘事）

對古代猶太人而言，成為「上帝之子」並不代表這人就是神（參考本書第三章），在《舊約》中，「上帝之子」可用來描述許多不同的人。以色列國王確實是個人，但他也被稱為上帝之子（〈撒母耳記下〉7章14節），而以色列這個民族也曾被稱為上帝之子（〈何西阿書〉11章1節）。成為上帝之子通常指的是作為上帝在世上的代理人。上帝之子和上帝之間有著特殊關係，他是上帝選召以執行祂旨意的人。在〈馬可福音〉中，耶穌成為上帝之子，因為他是上帝指派成為彌賽亞的人，他要死在十字架上成為人祭以帶來贖罪。但在這部福音書中沒有任何一個字提到耶穌確實是上帝。

因此，儘管最早的基督徒認為耶穌是在復活後才成為上帝之子的（同時還是彌賽亞和主），正如〈使徒行傳〉的演講中所提

到的那樣，其他基督徒則認為耶穌在受洗時就已經是上帝之子了。

　　然而，這一概念的演進並沒有就此停住，在〈馬可福音〉寫下後幾年，〈路加福音〉出現了。現在，耶穌不再是復活後或受洗後才開始成為上帝之子，他的一生都是上帝之子。因此與〈馬可福音〉不同的是，在〈路加福音〉中有耶穌為處女所生的故事。如同我們在前幾章所看到的，路加明白耶穌在受孕的那時刻開始就成為上帝之子了（字面意義上的受孕，也就是上帝透過聖靈使馬利亞懷孕），馬利亞在天使加百列報佳音時知道了這事：

　　聖靈要臨到你身上，至高者的能力要蔭庇你，因此所要生的，必稱為聖，稱為神的兒子（〈路加福音〉1 章 35 節）

　　這裡的「因此」在句子中非常重要（讀者應該要問，這裡的「因此」是在指什麼？），正是因為馬利亞透過上帝的聖靈懷孕，因此耶穌才被稱為上帝之子。對路加而言，這是基督出現的時刻。他是上帝之子，因為上帝從字面意義看就是他的父親。結果是，他不只是在公開傳道後復活才成為上帝之子，他的一生都是上帝之子。

　　我們最後要提到的福音書是〈約翰福音〉，他把上帝之子的性質推得更遠，推向了永恆的過去。〈約翰福音〉是我們的福音書中唯一一本提到耶穌神性的福音書。對〈約翰福音〉而言，耶穌成為上帝之子並不是因為上帝將他從死裡復活，或是在受洗時

收養了他，或是使他母親懷孕，所以被稱為上帝之子。耶穌稱為上帝之子是因為打從一開始，遠在這個世界被造已先，他就與上帝一同存在了，在他成為人來到這世界之前，他是上帝的道（也就是道成為肉身）。

因此在〈約翰福音〉一開始，我們就看到一段崇高的描述（〈約翰福音〉1 章 1-14 節）：

> 太初有道，道與神同在，道就是神。這道太初與神同在。萬物是藉著他造的；凡被造的，沒有一樣不是藉著他造的……道成了肉身，住在我們中間，充充滿滿的有恩典有真理。我們也見過他的榮光，正是父獨生子的榮光。

這是後來成為標準基督教教義的觀點，基督是那預先存在的上帝之道變成肉身後的模樣。他一開始與上帝同在，並且同時他就是上帝，透過他，全世界被創造出來。然而，這不是耶穌追隨者一開始秉持的看法。耶穌的神性這一觀點是後來基督教的發明，在正典的福音書中，讀者只能在〈約翰福音〉中看到這樣的觀點。

約翰社群中對基督神性的看法

是什麼原因讓基督徒發展出這樣的觀點呢？〈約翰福音〉所

反應的並不只是不知名的福音書作者自己一人的觀點，而是福音
書作者從口傳傳統中繼承下來的觀點，就如同其他福音書作者將
他們所聽到的傳統寫下來那樣，這些傳統在被寫下來之前在基督
徒圈子中就已流傳好幾十年了。約翰的傳統無疑是獨特的，我們
在其他福音書中都沒看到對基督這樣崇高的觀點。那麼，這一傳
統是怎麼來的呢？

　　學者們長久以來就對這問題絞盡腦汁，在過去二十五到
三十年間，〈約翰福音〉的詮釋者逐漸形成某種共識。這一共
識是兩位《新約》釋經學巨擘在二十世紀末發展起來的觀念，
其中一位是新教徒，一位是天主教徒，都在紐約協和聖經學院
（Union Theological Seminary）教書，他們分別是 J. 路易·馬汀
（J. Louis Martyn）和雷蒙·布朗（Raymon Brown）。他們都認
為〈約翰福音〉中崇高的基督論來自約翰教派對基督的觀點的改
變，這一改變在約翰寫下福音書之前就已經發生了。而這個改變
是整個團體受其社會經驗之影響而造成的。[12]

　　這一觀點背後的理論是認為，每一個團體（不論是一個家
庭、一個彼此熟絡的小鎮、兄弟會、姊妹會、公民組織或是一間
教會）都有自己的眾多傳統，他們講述關於自己的傳統，並因此

12　參考：J. Louis Martyn, *History and Theology in the Fourth Gospel* (New York: Harper
& Row, 1968), 和Raymond Brown, *The Community of the Beloved Disciple* (New York:
Paulist Press, 1979).

繼續塑造自己成為一個團體。團體中會有共享的故事。而他們講述故事的方式，跟他們作為一個群體發生的事件有關。

舉一個簡單的例子，假設你弟弟是家族中的麻煩製造者，他調皮搗蛋而且總是帶來麻煩。二十年後當你提到他孩提時的故事時，這些故事總是會受到後來發生事件的影響。假設湯米長大成為一位成功的銀行投資者，是家族中的驕傲和喜樂，當你提到他年輕時臭小子模樣的故事時，你的臉上總是帶著微笑：「啊，湯米，那小子，總是愛惹麻煩，你還記得他那時怎樣怎樣嗎？」但假設事情的結果不一樣，湯米長大後變成拿斧頭行凶的殺人犯了呢？同樣的故事你的講法就不一樣了，你的眼中會充滿眼淚：「湯米、湯米，我們從沒辦法控制那小子，他總是帶來麻煩，你還記得他那時怎樣怎樣嗎？」

人們講述團體中各種傳統的方式總是反應當下發生的事件。假設你有某個團體的某些傳統，這些傳統以某種方式來講述，然而除此之外你沒有任何關於發生在這個團體身上的歷史事件，那該怎麼辦呢？理論上你可以按照他們講述故事的方式回推，去揣測究竟是發生什麼事導致他們用這種方式講述故事。而這就是路易·馬汀和雷蒙·布朗對〈約翰福音〉的傳統所做的事。他們重建約翰社群的歷史，並以此解釋為什麼他們會以那樣的方式講述耶穌的故事。

讓人驚訝的是，在〈約翰福音〉中有些關於耶穌的故事（比如一開始前言的段落，也就是 1 章 1-18 節），對於耶穌的神性

有非常崇高的看法（這就是所謂的高基督論），而其他故事則以非常人性的方式講述基督，這些故事沒有一點神性的意味，而是把耶穌當成一個被上帝揀選以執行祂在地上旨意的人（也就是低基督論，可以參考 1 章 35-52 節）。為什麼在〈約翰福音〉中會同時有這兩種觀點呢？讀者也許會認為這是因為〈約翰福音〉認為耶穌同時是神又是人；然而同樣驚人的是，在這當中有些句子用一種方式描述耶穌，而其他句子則用另一種方式。馬汀和布朗認為那些用人的角度描述耶穌的句子（低基督論）是嵌入福音書中的古老傳統，而那些以崇高方式描述耶穌的句子（高基督論）則是後來發展起來的。這是因為，他們的社群經驗讓約翰的教會開始思考，認為耶穌不是屬於世界，而是屬於上帝的世界。

這裡沒有足夠篇幅讓我們進入所有的細節，但我可以說，馬汀和布朗向我們展示了這些經驗是什麼樣的經驗。約翰的社群很顯然一開始是個猶太教堂中的猶太教派，他們接受耶穌作為猶太人的彌賽亞，但這一信仰最終使他們被迫離開猶太教堂，並建立一個屬於自己的社群。而他們必須向自己解釋：為什麼我們被拒絕了？為什麼我們的家人或朋友看不到真理？為什麼他們不能理解耶穌？

根據他們對於新團體如何形成的認知，馬汀和布朗認為這一新團體開始相信只有他們才擁有真理，而這是其他人無法明瞭的。為什麼？因為這一真理來自天上，而那些團體之外的人只會用地上的方式思考事情。耶穌就是這真理，他本人來自天上，

既然那些立場錯誤的人是屬地的，他們便無法認出來自上面的那位。只有約翰的社群擁有真理，其他人都錯了，只有約翰的社群站在光中，其他人都生活在黑暗之中。只有約翰的社群能認出來自天上的那一位，其他人只能看到發生在下面這裡的事。

這一社群開始以更崇高的方式來思考耶穌，並藉以解釋他們為什麼會被猶太會堂拒絕。他們也認定如果人想要在上帝面前稱義，就要接受從上帝而來的這一位，要有新的誕生，一個「從天而生」。至於那些社群外的人，他們已經死了，不會再有生命。他們不是上帝的兒女，而是魔鬼的兒女。

隨著這團體發展他們的觀點，耶穌變得越來越崇高。最終，到了福音書被寫下的時刻，作者在書中包含了團體中流傳的各種傳統，包括那些認為耶穌全然是人的原始觀點，以及那些後來出現認為他是神的觀點。就這樣，發展出耶穌是上帝的看法。

通往終點的其他路徑

關於耶穌的神性這一觀點，約翰社群採取的路徑和其他團體達到相同觀點的路徑並不一樣。在這裡，我只能非常簡短地說明在其他團體中可能會如何發生。

如同我們看到的，早期就已經存在各種稱呼耶穌為上帝之子的傳統。這一稱呼在不同團體中有不同意義。有些相信耶穌的猶太人認為這一稱呼就像大衛王或其他屬於上帝的偉人那樣，代

表耶穌和上帝非常親近，上帝透過他工作，並且他是上帝旨意在地上的代理人。但這一稱號對於相信耶穌的異教徒又代表什麼意思？在異教神話中，有許多人都被認為是上帝的兒子。這些人被當作半人半神，因為他們的雙親中有一方是人而另一方是神。這些基督教團體因此會將耶穌和那些異教傳統拿來比較。其中一例便是希臘神話中半人半神的赫拉克力（Heracles，或者是羅馬人的赫丘利，Hercules，可以和〈路加福音〉版本的耶穌誕生故事比較），這些半神半人的角色經常被認為具有展現偉大奇蹟的能力（可以跟福音書中耶穌傳道的過程互相比較），最終在他們生命結束時，他們還會回到天上與眾神一同居住（可跟耶穌升天的故事比較）。任何人如果在基督教信仰時以這種方式理解何謂上帝之子，很容易就會認為耶穌是個半神的存在，而不是傳統猶太教式的「上帝之子」那種完全凡人的形象。

另一種看待耶穌神性的路徑並不是來自耶穌作為上帝之子的概念，而是來自耶穌作為「人子」的身分。耶穌自己預言過人子的來臨，根據他對〈但以理書〉7 章 13-14 節的理解，這一人子是宇宙的審判者，要在他甦醒（復活）的時刻前來審判世界。當耶穌的追隨者相信耶穌已從死裡復活後，他們認為耶穌本人就是那位將從天上下來、坐在審判台上審判世界的宇宙審判者。這正是保羅在〈帖撒羅尼迦前書〉4-5 章所提的觀點，保羅是寫信給外邦人而非猶太人，因此他沒有使用「人子」這一詞彙，但他用這種方式理解耶穌：作為未來會從天而來的審判者。如果人子是

某一種形式的神性存在，那耶穌就是人子，這將使得他成為與上帝一同存在的神性人物。

讀者也可以思考第三種方式。在耶穌的一生中，他的追隨者稱呼他為他們的主人，並稱呼他為主，就如同奴僕稱呼他們的主人、員工稱呼他們的老闆那樣。然而，在他的追隨者相信他從死裡復活後，「主」一詞有了不一樣的意義內涵。上帝已經給予耶穌一個更崇高的地位，他成了一位統治者，不是世界上的統治者，而是天上的統治者。他已經被立為「主」了。很快地，基督徒開始相信他是一切的主，他從天上統治一切。但有誰可以從天上統治一切卻不是神性的存在呢？此外，早期的基督徒還知道上帝本身在《舊約》中也被稱為主，因而他們認為耶穌已被提升到一神性的狀態了。一旦人們認為耶穌是神，他們就會很合理地認為他出現在地上之前就必然已經存在了。

這一觀點在最早的作者保羅的作品中就可看到，他說耶穌在來到世界之前便與上帝同在，而且還與上帝有同等地位，然而耶穌卻選擇來到世上為其他人忍受死亡的痛苦，在這之後上帝再次將他提升、帶到天上，「又賜給他那超乎萬名之上的名，叫一切在天上的、地上的，和地底下的，因耶穌的名無不屈膝」。在《舊約》中只有面對上帝時，一切的存在才會屈膝（〈以賽亞書〉45 章 23 節），而在這裡對耶穌也是如此（〈腓立比書〉2章 6-11 節）。

認為耶穌是神的觀點並不是同一時間或用同一種方法在每一

個基督教社群中發展出來的。好幾個世紀以來，仍有些團體（例如伊便尼教派）一直不接受這樣的觀點。在某些團體中，這一觀點出現的時間顯然非常早（特別是在保羅的團體中），在一些團體中，則沒有任何證據證明它們存在（例如馬太或馬可的教會），在一些團體中，則需要好幾十年（例如約翰的教會）。但到了第二、第三世紀，隨著不同團體之間不斷地交換觀點，這變成一個非常普遍的教義。耶穌不僅是一位在復活後才被上帝提升起來、猶太教眼中的上帝之子，他自己就是上帝。這是早期基督教的神學發明中最為歷久彌新的一個了。

三位一體的教義

對那些想拒絕異教徒關於有許多神祇的概念、並嚴格遵守猶太教一神論傳統的早期基督教神學家而言，相信耶穌的神性帶來了一個很顯然的問題。如同猶太《聖經》上說的：

耶和華——以色列的君，以色列的救贖主——萬軍之耶和華如此說：我是首先的，我是末後的；除我以外再沒有真神（〈以賽亞書〉44章6節）

但那些相信耶穌神性的基督徒該怎麼想呢？如果耶穌是上帝，而上帝也是上帝，難道有兩個上帝嗎？

有幾位上帝？一些回應

如同早期基督教中所有的神學問題那樣，關於這個問題一開始總有各種答案。伊便尼教派猶太基督徒對這一觀點是堅定不移的：既然只能有一位上帝，那麼基督就不是上帝，因為如果基督也是上帝，便有兩位上帝。對伊便尼教派而言，耶穌是**彌賽亞**（在猶太人圈子中，**彌賽亞從來不會**被認為是上帝），是上帝選擇的人，他要為罪而死、在世上成全上帝的旨意。因此他在上帝面前是特別的，並因此被上帝認養成為上帝之子。然而他終究是徹頭徹尾的人，而不是神。

馬吉安教派選擇了另一個極端觀點：正因為耶穌就是上帝，所以耶穌不能是人，就如同人不能是石頭一樣。神性和人性是兩個完全不同、無法被混淆的事物。但馬吉安教派的人顯然也不認為耶穌和父神上帝是兩個不一樣的神。相反地，這兩位不一樣的上帝分別是猶太人的上帝，也就是《舊約》中憤怒的上帝，和耶穌的上帝，也就是愛的上帝與仁慈的上帝。由於引用馬吉安著作的教父從沒有提到，我們很難知道耶穌和後面這位上帝之間的關係是什麼。但在某些段落中也許可以看出來，他們認為耶穌就是來到地上的上帝本身。

不同的諾斯底團體對於宣稱基督是神這件事則完全沒有任何困難，對他們而言，被稱為神的存在很多，而基督只是其中之一而已。那位宣稱只有自己才是上帝並且「再沒有別的上帝」

（〈以賽亞書〉45 章 18 節）的上帝反而不是真正的上帝，而是創造較低階、下等世界的神明。在這位充滿嫉妒、無知的神之上是更高的神性國度，所有的神都居住在那裡。

所有趨近這一問題的不同方法最終都被當作異端給拒絕了。那我們對於這個問題到底要怎麼處理才好呢？如果想要像原始正統教會所堅持的那樣保持一神信仰，同時又如同原始正統教會那般堅持耶穌的神性，又如何讓這兩個觀點不互相衝突而抵銷呢？

兩種「異正統」的解決方案

在早期基督教史的學術研究中，正統（所謂「正確的信仰」）這一詞彙有些時候會被拿來當成非正統（heterodox，意思是「不同的信仰」）的反面。在用語上，非正統跟異端是一樣的。當然，如前所提，所有人都認為自己才是正統（每個人都認為自己是正確的），那些認為自己的信仰錯誤的人自然會改變信仰、去相信正確的信仰。或者，如同某些人打趣說的，所謂正統就是我的道路，而非正統是你的道路。

隨著早期基督教的發展，有各式各樣的企圖想要解釋如果只有一個上帝，那麼耶穌如何是上帝的問題。大部分這類的企圖雖然在某些時候、某些地區被接受，但最後都被排除掉了。對一些原始正統教會的思想者而言，這些觀點是完美可接受的，但對其他人而言卻是異端。因此我發明了一個詞彙，稱這些觀點為「異

正統」（hetero-orthodox）方案。其中兩個最為人知的，分別是「聖父受難說」（Patripassianism，這名字其實是反對者對他們的稱呼）和「亞流主義」（Arianism）。

聖父受難說

從希波利圖、德爾督良等第二、第三世紀教會教父的著作中，我們知道當時基督教思想家和教會領袖當中最盛行的觀點是自發性地且激進地強調上帝的獨一性。這一觀點認為只有一位上帝，而耶穌是上帝在地上的化身。換句話說，作為父的上帝和作為子的上帝不是兩個分開的存在，作為子的上帝就是作為父的上帝，是後者的化身。

這一觀點在神學史上有不同的名字。有時它們被稱為「形態論」（modalism），因為它教導說同一位上帝有著不同的存在型態。比如說，對我父親而言我是兒子，對我的兒子而言我是一位父親，對我的太太而言我則是丈夫。我不是三個人，而是一個人，只是因為關係不同而定義不一樣。上帝是所有事物的創造者，而祂變成了人，因此不是兩位上帝而是一位上帝。

有時這一觀點又被稱為「撒伯流主義」（Sabellianism），這一名字源自撒伯流（Sabellius），一位惡名昭彰但在歷史上不太重要的人，他最後因為秉持這樣的觀點而被教會驅逐。有時這一觀點又被稱為「聖父受難說」，這一名稱來自異端獵人德爾督

良的說法，用以統括整個概念。這名稱的字面意思就是「父親受苦」。[13] 德爾督良嘲笑這一觀點，因為它認為死在十字架上的是作為父的上帝本身，只是採取子的型態而已。

德爾督良告訴我們，在他的時代（也就是第二世紀快結束時），這一觀點受到兩位羅馬主教（也就是兩位早期教皇）及大部分的羅馬教會所推崇。為了回應這觀點，德爾督良和其他像他這樣的人開始建構以下概念：作為父的上帝和作為子的上帝是屬於不同的位格（person）。祂們同時是上帝，但同時又毫無疑問的只有一位上帝。這怎麼可能？最終，這都是奧祕。但這一觀點在德爾督良後，隨著進一步的細化和調整，最終成為正統的教導。基督是上帝，作為父的上帝也是上帝，這兩位是同一個上帝。

此外，既然耶穌在〈約翰福音〉14章16節中提到聖靈要在他回到天上後來到世上成為「保惠師」，聖靈因此也被稱為上帝。聖靈同樣和作為父的上帝、作為子的上帝不同，因而有了「三而一」（triune）的上帝，三個位格，但只有一位上帝。

這聽起來也許讓人很困惑，但德爾督良卻堅持這樣的觀點。在他攻擊聖父受難說時，他特別強調作為父的上帝、作為子的上帝和作為聖靈的上帝是如何不同。他說：

13　譯注：patripassianism 這一字的 patri- 是父親的意思，而 passian 是受苦的意思，因此字面意思就是「父親受苦」。

父是一，子是一，而聖靈也是一……他們彼此不同……父
和子不同，因為他們在存在的形式上不同（德爾督良，
《反普拉克西亞斯》，9）

他繼續提出讓許多今天的人也覺得無可挑剔的說法：

父親必定要有兒子，這才能成為父親，子也是一樣，要成
為子就要有個父親。然而「有」是一回事，「成為」又是
另一回事。比如說，想要成為丈夫就必須有個妻子，我絕
不可能自己變成自己的妻子。（德爾督良，《反普拉克西
亞斯》，9）

而後他用他那著名的嘲諷語氣把手套拋向了聖父受難說：

如果你想要我相信祂同時是父親又是兒子，那就找出經文
給我看，哪裡有寫著說「主告訴他自己『我是我自己的兒
子，今天我生下了我自己』」？（德爾督良，《反普拉克
西亞斯》，11）

雖然德爾督良想要強調這神性（godhead）的三個位格是不
同的，但祂們在本質上卻沒有差別。祂們都是上帝。因此他提到
「三位一體的合一」並認為祂們的不同是「基於位格，而非本

質，是以區別（distinction）的方式而非分裂（division）的方式……我認為在諸位格的相通和不可分中有著唯一相同的本質」（德爾督良，《反普拉克西亞斯》，12）

　　儘管隨著時間過去，這些細微上的差異變得越來越專門。然而，在回應他那時代的型態論時，德爾督良就已開始提出三位一體的概念，也就是一位上帝在三個不同的位格上的顯現。

亞流主義

　　在德爾督良的某些字句中可以發現，儘管他認為父是上帝、子是上帝，而且只有一位上帝，但在這當中仍不免會有某種階層的存在。儘管祂們有相同的本質，父仍比子大，否則祂就不會被稱為父了。

　　一個世紀以來，神學家持續爭辯聖父和聖子的關係。這是亞流（Arius）在第四世紀早期所引發爭論的問題核心，他是埃及亞歷山大城著名的基督教教師，而亞歷山大城是當時神學思想的領導中心。到了亞流時代，原始正統基督教已幾乎完全成功掃除了早期基督教的異端（或者說是徹底邊緣化了那些教派），諸如伊便尼教派、馬吉安教派或各式各樣的諾斯底教派。在基督教教會中幾乎每個人都大致同意耶穌本身就是神，並且只有一位上帝。但這到底是怎麼成立的？如何能兩者都是上帝呢？

　　亞流有個非常簡單的解法，他宣稱這一論點有大量《新約》

的證據和早期基督教思想家的支持：基督是神性的存在，但他在能力和本質上都比聖父上帝稍遜一籌。因此，原本只有一位上帝，但在永恆的過去，上帝生下了第二個神性的存在，也就是祂的兒子基督，透過這位基督上帝創造了世界，同時也是這位基督變成為人。

在這一觀點中，永恆的過去有一段時間基督並不存在。他是在某個時間點才開始出現的。並且，即使他是神性的存在，他和父神上帝仍不等同，因為他是子，是比父神上帝小的，因此不是所謂「同一本質」，他們在本質上是某些程度上「相似」的。[14]

這一觀點在當時極受歡迎，但仍然有些基督教神學家反對。最出名的反對者是亞歷山卓教會的執事亞他那修，我們在第六章談到《新約》正典時曾提到他。亞他那修和其他意見一致的人認為基督和父神上帝擁有完全相同的本質，祂們完全平等，並且沒有任何一個時刻是基督不存在的。

這對現代人而言像是在雞蛋裡挑骨頭一樣，但在當時卻引發了一場亞流教派跟那些反對他的人之間的激烈爭論。大部分的基督教教會都因為耶穌和聖父之間是否有相同本質（「相同本質」在希臘文中叫做 *homoousias*）或只是「相似本質」（也就是

---

14 關於亞流爭議的討問，可參考：Richard Rubenstein, *When Jesus Became God: The Epic Fight over Christ's Divinity in the Last Days of Rome* (New York: Harcourt Brace, 1999)

homoiousias）的問題而分為兩派。如同後來的歷史學家指出的，這看起來像是個關於字母 i 的爭論。然而該字母在當時舉足輕重，教會因此而分裂。

這一切之所以重要，其中一個原因是羅馬皇帝君士坦丁歸信了基督教，並且希望透過這個新宗教來統一他那四分五裂的國度。一個分裂的宗教不能帶來統一，因此這個宗教首先要統一起來。所以皇帝召集帝國中最重要的基督教主教在尼西亞舉辦一場會議，辯論這一議題，好做出決策，作為所有基督徒的規範。這就是公元三二五年有名的尼西亞大公會議。

最後會議的表決支持亞他那修的立場。與有些傳聞相反的是，這個決議的表決不是幾近平分秋色，而是毫無懸念的結果。但即使如此，那天之後這一爭論仍然繼續進行，並且在第四世紀的某些時刻裡，亞流教派似乎就要取得全面勝利。最終，成為正統的仍是屬於亞他那修的立場。在上帝的神性（Godhead）中有三個位格，祂們彼此互相區別，卻又同樣都是上帝。三者都是永恆的存在，並且擁有相同的本質。這，就是三位一體的教義。

這一發展跟《新約》中任何找得到的證據都不一樣，《新約》中沒有任何明確表示這種觀點的陳述。甚至像〈約翰福音〉這樣一種把耶穌當成神的文本，也沒有一處討論到三個位格存在於一個本質中。如同讀者猜得到的，後來《新約》的抄寫者覺得缺乏證據的問題很惱人，所以他們至少在一個地方插入一段明確

引用三位一體的經文（〈約翰一書〉5 章 7-8 節）。[15] 三位一體
是後來基督教的發明，儘管亞他那修和其他人認為它是根據《聖
經》經文而來，然而事實上這教義沒有真的出現在《新約》的任
何一卷經卷中。

三百年內，耶穌從一位猶太人天啟末世運動的先知變成上帝
本身，成為三位一體成員的其中一位。早期基督教真是好樣的！

天堂與地獄

在今天基督教世界的某些角落，特別是那些我曾與之相關的
部分，整個宗教信仰都與死後世界有關。在非常個人的層次上，
人們總是急迫地想要體驗天堂的喜樂和避免地獄的火燄。我今天
碰到的大部分基督徒都相信當你死後你的靈魂若不是上天堂就是
去到另一個地方。

我一直都搞不清楚這個觀點，因為它充滿了各種不協調。一
方面，死後的靈魂聽起來像是某種靈魂出竅的存在（畢竟你的身
體還留在墳墓裡），另一方面，人們認為死後還會有物質身體上
的快感和痛苦，而且你還能認出自己的祖父母。這顯然需要一個
身體。

從耶穌開始，最早的基督徒並不相信任何的天堂或地獄，彷彿

15　參考我在《製造耶穌》的討論，參考原書 80 - 82 頁。

那是你死後靈魂會去的地方。而這，同樣也是後來基督教的發明。

早期天啟末世思想中的死後世界

學者廣泛地宣稱耶穌和他的追隨者是猶太天啟末世運動的信徒。這一天啟末世觀點，在耶穌出現前一個世紀開始發展，作為解決神義論問題的一個方法（theodicy，這個字的意思是「神的正義」，當時人並不使用這個詞，這個詞是十七世紀日耳曼哲學家萊布尼茲發明的）。神義論問題所要解決的，是看到世界上各種痛苦和苦難後，人們如何還能把上帝當成正義的？看到人們經驗了那麼多的苦難，叫人如何能相信這世界是由善良和慈愛的上帝所掌管的？

古老猶太教的天啟末世運動並沒有用現代哲學詞彙解釋這一問題，但那些採用這觀點的人所關心的問題則非常類似。在更早幾個世紀前，就已經有某些以色列思想家認為上帝的選民經歷苦難（不管是作為一個整體還是作為個人）是因為他們犯了罪得罪上帝，而上帝為此懲罰他們。這一觀點有時被稱為先知觀點，因為這一觀點在《舊約》的先知書中到處都看得到。[16]

但是，萬一有人做了先知所鼓勵人們去做的、回到上帝的道

---

16 參考我的著作《上帝的問題：為何《聖經》無法解釋我們最重要的疑難——人為何會受苦》，第二章。

路上、停止那些違反上帝旨意的行為並開始按照上帝所要求的去生活,結果還是繼續受苦呢?先知的觀點可以解釋那些受苦的惡人:他們自作自受。然而卻不能解釋義人受苦的問題。為什麼那些惡人豐衣足食而義人卻受苦呢?

在古代以色列,對於這一問題有各種不同的解釋,包含在有名的〈約伯記〉中可以找到的解釋(或是各種解釋)。[17]天啟末世的世界觀採用了不一樣的方式來解決這問題。對天啟末世的信仰者而言,苦難只是整個事件中暫時的狀態而已。因為某些神祕的原因,上帝暫時放棄了對這世界的控制,把它交給了宇宙中的邪惡勢力,這邪惡勢力因此在世上肆虐。但很快地,在不久的將來,上帝就會介入歷史,並矯正所有錯誤的事情。祂會推翻邪惡的勢力,拆毀他們所支持的邪惡王國,並在這世上帶來新的國度,一個和平、正義的國度。這世上那些邪惡的統治者和所有支持他們的都會被摧毀,而貧窮和受壓迫的則要成為至高無上的統治者。

這一觀點首先在《舊約》的〈但以理書〉中出現,〈但以理書〉是希伯來《聖經》中最後被寫下的經卷,寫作時間大約是公元前二世紀中葉。這一觀點出現在〈但以理書〉後幾個世紀寫成的許多猶太著作中,包括死海古卷。而這觀點也出現在耶穌所說的話裡。

---

17 同上,參考第六章。

　　這個觀點中同樣還包含一種認知，就是在這世代結束時，在上帝最終介入的時刻，死人將要復活。相信死後復活和古代神義論的關懷有直接的關係。那些支持上帝的人在被折磨和謀殺後會發生什麼事呢？在這一切事情中上帝在哪裡？難道那些支持邪惡勢力並因此變得有錢有權的人，死後就可以安然逃脫這一切了嗎，正義在哪裡？

　　對相信天啟末世信的人而言，正義必然存在，不是在這一生或這個世代，而是在復活、在即將來到的那個世代中。上帝必然會讓所有人從死裡復活，是肉體上的復活，並給他們永恆的獎賞或永恆的懲罰。沒有人可以逃脫。邪惡沒有任何機會，只有上帝可以笑到最後，而死亡不是故事的終結。

　　這是早期猶太天啟末世信仰所教導，也是耶穌的教導。上帝的國度很快就會隨著人子的來到而出現。人們需要為此做準備，修正他們的道路並與上帝站在同一邊，即使這表示他們要在這個世代受苦。然而新的世代就要來到了，上帝和祂的道要統治一切，上帝的王國要來到這裡、這世界。這世界的一切最終都會被矯正，而每個人都會肉身復活，看到並經驗到這一切。

　　這同時也是使徒保羅的教訓，就我們所知，所有最早的基督徒都是如此。保羅和耶穌的差異在於，保羅相信當耶穌本人隨著榮耀回歸時會帶來那王國（〈帖撒羅尼迦前書〉4-5 章）。此外，對保羅而言，世代終結時的復活某些程度上已經開始了。這是為什麼耶穌的復活對保羅而言是那麼重要。既然復活會在世代

的終結時開始發生，而耶穌已經復活了，那就表示我們正生活在這個世代的終結。這就是保羅所謂生活在末世的意思。

但那些在世代終結前死去的人怎麼辦呢？保羅顯然相信那些在耶穌再臨前先行死去的人有某種暫時的存在，可以暫時跟基督在一起。這是為什麼他告訴腓立比教會「因我活著就是基督，我死了就有益處」（〈腓立比書〉1 章 21 節）。他顯然相信那些在耶穌裡的信徒會在天上被賜予某種暫時性的身體，但這只是純粹暫時性的安排。當基督帶著榮耀歸來，「那在基督裡死了的人必先復活」，而後所有還活著的人（包括保羅本人）要在榮耀中轉化，使他的身體成為不朽（〈帖撒羅尼迦前書〉4 章 13-18 節；〈哥林多前書〉15 章 50-57 節），他們要永遠活在這個世界上。

因此，對耶穌、保羅和早期的基督徒來說，所謂的永生是以肉身的身體活著，不是在天上，而是在下面，在我們現在所在的地方。保羅在〈哥林多前書〉中極力闡述這個觀點。耶穌的肉身從死中復活這一事實，正代表未來復活的景象：那些已死去的身體會在物理上復活起來，並且轉化成不死的身體。保羅嘲笑哥林多教會中的那些反對者，他們以為自己已經經歷過屬靈上的復活，所以現在可以在靈性上完全享受得救帶來的益處。復活是在物理的身體上的，既然是在身體上，就顯然還沒發生。這世界仍處於邪惡勢力的轄制之下，只有到最後這一切才會被解決，耶穌的追隨者會被證明為無罪、被轉變、並獲得永恆的獎賞。

這同樣也是約翰的〈啟示錄〉中的觀點。在終末的時刻所有侵襲這顆星球的災難都結束後（作者一章接著一章栩栩如生、血淋淋地描繪這些災難），「一個新天新地」要接著出現。那些死去的人都會在將來復活，會有天上的耶路撒冷降臨下來成為上帝之城，取代舊的、腐敗的、被摧毀的那個耶路撒冷。這城市將要有黃金街道和碧玉城門，聖徒們要在那裡（就在這世上）居住直到永遠（〈啟示錄〉21章）。

天啟末世異象的轉變

如果這一期待中的末世沒有來臨，那會怎麼樣呢？若耶穌所期待的那個會在「這世代」發生的終末景象沒有來臨，那會怎麼樣呢？保羅認為他在基督第二次降臨時仍會活著的期待在他死時被徹底否決，那會怎樣呢？當死人復活的時間被無限地延後，變成對這一廣泛流傳「很快就會來臨」的信仰的一種嘲笑，那會怎樣呢？

其中肯定會發生的事情，那就是有些人會開始嘲笑這個信仰。這是《新約》中最後寫成的〈彼得後書〉討論的問題，該書作者強調，當上帝說這很快就要發生時，祂所說的是按照上帝自己的時間，而不是人的時間。因此，讀者要永遠記住「主看一日如千年，千年如一日」（〈彼得後書〉3章8節）。根據這一邏輯，如果終末要在下週二來到，那搞不好是從現在算起四千年後

的那週二。

當終末沒有臨到，而想要對耶穌和他門徒的原始異象保持信仰的人就要嚴肅地與這事實角力，也就是這一異象的其中一個基本要素顯然是錯的。當然，信仰虔誠的人不會說耶穌是錯的，比較可能的是，他們會說自己誤解了。因此就開始了一長串重要的再解釋過程，在這過程中原本的訊息被轉化成較不刺激、較不明確、較不容易否認的觀點。特別是關於未來身體會復活的那些教導，也就是關於義人會在這世上受到獎賞而惡人會受到懲罰的教訓，也被轉化成關於天堂和地獄的訊息。在那裡，最終的審判不是在世界末日來臨，而是在生命結束的時刻來臨，你的靈魂不是去這就是去那。

我在第五章中提到，耶穌的訊息（如同其他天啟末世的觀點）可被理解為一種存在於這個世界、這個世代和即將來臨的世代（同樣也是在這個世界）的水平二元論。我稱之為水平的二元論，是因為它可以被看成水平時間軸上的二分法。在這世代結束時（這很快就會來到）將會有審判，而後我們會跨過那條分隔線進入新的世代。

然而，當末日一直沒有來臨，基督教的思想家開始重新建構這一時間線的概念，某種程度上倒轉它的「軸心」，因此現在「末日」指的不再是一個水平的二元論，而是一個垂直的二元論。現在，重點不在於兩個世代（一個是這個世代、一個是即將來臨的世代），而是兩個領域（這世界和上面的世界）。人們不

再討論肉體復活的概念甚至不再相信它了。現在關鍵變成這個受苦的世界和天上那個解脫的世界。

這樣的二元性自身發展出天堂和地獄的教義。為什麼是上面和下面呢？因為這樣的二元主義還保留在同一地方，只是變成了空間而非時間上的二元性。在上方是上帝居住的地方，那是如果你跟上帝站在同一邊並且相信基督，你死後靈魂會去的地方；而下面是上帝肯定不會待的地方，在那裡只有邪惡，只有惡魔和牠邪惡的小惡魔們。如果你不跟上帝站在同一邊，並且拒絕了基督，那就是你會去的地方。

在早期基督教的著作中，找不到這樣永恆存在且缺乏軀體的靈魂觀，只有在後來出現的著作中才有。比如說，它出現在〈彼得啟示錄〉中（參考第六章的討論）。在這文本中，彼得被帶領遊歷了祝福之地和受咒詛之地。有些靈魂在上面的世界快活，而有些則在下面的世界受折磨。這一文本構想的永生，不是復活之後居住在這個世界的身體之存在，而是精神性的存在。你的靈魂在你死後注定要去兩個地方的其中一個。這將會是永恆靈性的存在，有永恆的獎賞或懲罰，而這取決於你在世上怎樣過活以及你是否接受上帝的救贖。

簡短來說，隨著時間過去，天啟末世對於身體復活的觀念轉化成為靈魂不朽的教義。之後所呈現的便是天堂和地獄的信仰，這一信仰不存在於耶穌和保羅的教訓中，而是後來的基督徒發明出來的，他們最終瞭解到上帝的國度永遠不會來到這個世界，因

此這一教義變成了基督教的標準教訓，世界將會無窮無盡地繼續下去。

結論

我們所知道的傳統基督教，並不是在耶穌傳道結束後就完完整整、長好長滿地從天上掉下來的信仰。基督教信仰也不是簡單直接地從耶穌的教訓中出現的。就很多方面來說，基督教的成形反映的是一連串與耶穌的教訓分離的過程。批判的歷史學家很早就觀察到，基督教是一個**關於**耶穌的宗教，而不是**屬於**耶穌的宗教。

所有我在本章中討論到的傳統基督教面向，都可被看成是早期教會的發明。有些學者在檢視這些發展過程時，看到的是從耶穌的教訓以來一種強而有力的連續性，基督教的神學家也許可以偵測到上帝的手在這一切發展的背後動工。其他學者則對其不連續性印象更深刻，他們驚訝於這些「正統」基督教觀點的出現，更多是出於後來大幅影響基督教發展的歷史和文化因素，並因此成為教義，而不是出於耶穌和他早期追隨者的教訓的結論。這些後來的觀點最終成了廣泛流傳的觀點，甚至在後來基督教的世代中成為所謂的「常識」（不論這過程背後到底有沒有上帝的參與）。

不論人們強調的是早期基督教發展過程的連續性還是不連續

性，很清楚的是，耶穌後來的追隨者發展出來的信仰和觀點跟耶穌本人的信仰是不一樣的。這些發明成就了後來我們以為的基督教，但保羅並不是唯一要為這些神學發明負責的人。在那些把屬於耶穌的宗教轉變為關於耶穌的宗教的人中，他甚至不是責任最大的那個。許許多多的基督徒都參與在這轉變中，絕大多數的人都在古老的迷霧中消失了，那些無名的基督教思想家和傳道人為了自己的時代需要重新解釋耶穌的傳統，他們的重新解釋被歷史和文化的力量引導著，我們這些生活在後代的人，只能偶爾加以揣測和思考而已。

我們所認識的這個基督教不是一夕之間冒出來的，而是通過很長的一段時間才出現的，是在各種競爭的觀點、教義、看法、正典和規則上通過一連串鬥爭、爭論和衝突而產生。最終出現的基督宗教所展現出來的是一項人為的發明，就其歷史和文化上的重要性而言，稱之為西方文明中最重要的發明一點都不為過。[18]

---

18 稱呼基督教為一項「發明」並不表示它就是真的或是假的。愛因斯坦的相對論也是一項發明（先前從沒有人想到過），但一項理論是否正確跟第一個想到他的人無關，跟指引他得到這一結論的社會、文化或知性過程也沒關係。

—— 第八章 ——

信仰還有可能嗎？

在大學部《新約》課程的最後一堂課，我給學生出了一項作業。整個學期以來我們都透過歷史批判的方法解讀《新約》，探討關鍵神學問題上的各種不同面向、探討歷史的問題、探討內在的不協調、探討許多經卷作者都不是他們所宣稱的那人，以及其他各種議題。我的學生大多來自保守的基督教社群，對這些材料有各種不同的反應，然而整個學期以來，我都只要他們把注意力放在透過歷史研究基督教的面向，而不是那些虔誠導向的方式——那些他們從小就被養成的方式。

在最後一堂課，我希望他們反省一直以來學到的東西，以及他們對這些內容有什麼樣的感想。我要他們寫下兩頁的報告，從一個假設的角度探討一個刻意挑釁的問題，我的簡介如下：

你正在跟某人討論宗教信仰，然而就像通常會發生的那樣，對方越來越激動，他說：「你看，《新約》充滿了矛盾，我們無法知道耶穌這個人確實做了什麼事；而使徒保羅把耶穌關於神國將要來到的簡單教訓，轉變為關於原罪、審判和救贖的複雜神學系統；大部分的《新約》作者確實相信末日會在他們有生之年來到；整本書充滿了厭女情結、反閃族主義、恐同言論，而且還曾被拿來合理化過去好幾個世代各種恐怖的壓迫行為，聽聽那些電視福音佈道家怎麼說的就好！這真是一本危險的書！」
你要怎麼回應呢？

　　我們這學期最後一堂課便根據學生寫下的答覆來討論。如同你可以想像的，他們的回應真的是各式各樣、五花八門。極少部分的學生會說這女士所說的全都是錯的，堅稱《聖經》中沒有任何矛盾，而保羅與耶穌所傳的完全是一樣的東西，其他依此類推。會這樣宣稱的學生並不多（雖然大部分的學生可能會在學期一開始時這樣認為），他們已經看過了各種證據，也知道《新約》有著各種歷史問題。

　　其他學生會採取截然相反的態度，他們認為這女士所說的完全正確，《聖經》完全是屬於它那時代的作品，它所造成的傷害比它帶來的好處還多，它導致人們因為自己個人的信念和意識形態而做出讓人厭惡的事情。

也有些學生會同意這女士所說的大部分事情，但他們會辯解《聖經》對他們來說仍是一部啟示性的書籍，裡面包含一個人該如何生活的重要指導原則。大部分學生不認為《聖經》完全無誤，或者說，可以某種程度上從第一世紀的時代背景中把它抽離、放到我們的脈絡下，彷彿我們跟不同的作者分享共同的世界觀和價值觀。他們也承認，《聖經》上不同的地方對於重要主題有著不同的（甚至互相矛盾的）意見。他們的觀點是讀者必須根據這些不同的《聖經》訊息，判斷哪些對於讀者當下的情境特別貼切，以一個生活在二十一世紀的美國讀者來思考，而非生活在第一世紀的巴勒斯坦猶太人。

學生們經常驚訝地發現，我對最後這一立場完全能夠同情理解。我的課堂目標並不是為了攻擊《聖經》或摧毀學生的信仰，我的其中一個目標是要他們去思考那些他們當中許多人非常關切、並對他們來說極為重要的問題。

歷史批判與信仰

同樣地，這本書也是如此。某些讀者可能覺得詫異，因為我不覺得前面幾章的材料是在攻擊基督教信仰，或是以一個不可知論者的身分企圖要讓信仰（即使是基督教信仰）變得無意義而荒謬。我不這麼認為，我也沒有這樣的企圖。

相反地，我一直試圖讓嚴謹的《聖經》學術研究和早期基督

教研究能對那些對《新約》也許有興趣、但因為某些原因對學者一直以來都知道的事情一無所知的人變得更可親近、更容易理解一點。

我還有一個附加目的，就是指出這裡所呈現的各種資訊對學者或他們的學生而言都不是新鮮的，他們當中許多人都曾進入北美或西歐頂尖的神學院和神學系所中就讀。所有這些學校系所都會教導如何透過歷史批判法研究《新約》。沒錯，不同的學者或老師可能會在某些論點上跟我不同，比如說路加的某個論點是否跟馬可互相抵觸、〈約翰福音〉是否在某些時間點上是歷史事實，或保羅是不是〈帖撒羅尼迦後書〉的作者等問題。但我在這裡描繪的基本問題是眾所周知的，它們廣泛地被教導、被《新約》學者和他們的學生廣泛地接受，這些學生中也包括那些從神學院畢業、牧養教會的人。為什麼這些人很少教導他們的會眾這些訊息呢？為什麼他們反而堅持要從虔敬的角度看待《聖經》而非歷史批判法呢？他們不僅在講台上這樣講（一般人會期待講台上所講的就是那些虔信的角度），為什麼在成人的宗教教育課堂上也是如此呢？這是我一開始寫這本書時最主要的問題之一。

當然，有些牧師會嘗試著把關於《聖經》歷史批判的知識介紹給教會的會眾，而這也常常帶來複雜的結果。有些教區的信徒急切地想學習所有學者所說關於《聖經》的一切，而有些人則完全不想聽到這些，也許是因為它們太複雜，或者更有可能的，是對他們的信仰威脅太大。

　　然而，我的直覺是大部分的牧師從他們的會眾中得到一個印象，就是與其他會眾更急迫關切的事項比起來，檢視《聖經》的歷史批判素材並不是最重要的。或者，也許牧師純粹不知道該從哪裡開始講起。也許這是因為他們在神學院中受到的訓練方式使然，在那裡他們在《聖經》研究課程上學習《聖經》，在神學課程上讀神學，在教牧學課堂上學習教牧職責，沒有任何一堂課告訴他們這些領域該如何親密地互相關聯在一起。特別是這些將來的牧師在神學院中從沒有學過某一堂課告訴他們該如何將學到的歷史批判路徑，與另一堂課學到的神學有所關聯。[1]這真是可惜，因為歷史批判能帶來許多有益的成果，而這些成果應該被好好地擁抱和發揚才對。

　　或者，也許牧師會擔心一旦台下的聽眾學會了學者關於《聖經》說過的話，會導致一場信仰危機或甚至喪失信仰。我個人的觀點是，歷史批判的取徑不必然會導致不可知論或無神論。它事實上可以帶來更為知性和發人深省的信仰（比起忽略《聖經》的歷史批判過去多年來發現的問題的取徑而言，顯然是更是如此）。

　　這一觀點也許會讓某些知道我從福音派基督教轉變為不可知論的讀者感到訝異。沒錯，歷史批判某些程度上震撼了我對《聖經》的福音派觀點，但並沒有導致我變成不可知論者。造成這樣

1　參考最近出版的著作：Dale Martin, *Pedagogy of the Bible: An Analysis and Proposal* (Louisville: Westminster John Knox Press, 2008)

結果的其實是其他事情，這事發生在我放棄了對《聖經》的福音派理解好幾年後，我無法理解為什麼一個善良慈愛的上帝會掌控這樣的世界，讓大部分的人甚至包含信徒去忍受悲慘的生活。

我對於《聖經》是上帝絕對無誤話語的觀點是在更早幾年前改變的，而且改變的原因完全不一樣。一旦我完全理解到這個事實，也就是我們沒有上帝最原始啟示的《聖經》文本（因為我們已沒有原始抄本，而且在某些地方甚至不知道原文寫的是什麼），這就開啟了《聖經》是人為著作的可能性大門。[2]這也允許我從歷史批判的角度來研究《聖經》。這麼做於是帶來了我們在這本書上看到的那些結論：

• 我開始發現《新約》中到處都是矛盾衝突，有些矛盾如果你帶著虔誠的想像力努力一點的話似乎可以克服，但其他的，就我看來，不論你再怎麼虔敬，也是沒辦法加以解釋的（比如說，在〈馬可福音〉和〈約翰福音〉中，耶穌死於不同天）。

• 我進一步發現，這些不一致的地方關聯到的不只是這裡或那裡的小細節。有些時候，不同作者對於一些重要議題有著全然不同的理解：耶穌在被釘十字架的路上是充滿困惑

2　多年來我還保留了這樣一種可能，就是**也許**真有一本書是上帝啟示的。

和沮喪嗎（〈馬可福音〉），還是心情平靜並且掌控一切呢（〈路加福音〉）？耶穌的死帶來罪的救贖（〈馬可福音〉和保羅），還是沒有（〈路加福音〉）？耶穌施行神蹟來證明自己（〈約翰福音〉），還是拒絕這樣做（〈馬太福音〉）？耶穌的追隨者如果要進入神國是要遵守律法（〈馬太福音〉），還是絕對不用（保羅）？

• 再者，我也開始瞭解到《新約》中的許多經卷並不是人們所宣稱的那個作者所寫下的（例如〈馬太福音〉和〈約翰福音〉），或者不是作者所宣稱的那個作者所寫的（〈彼得後書〉〈提摩太前書〉）。大部分這些著作顯然是使徒本人死後才寫下的，二十七卷中只有八卷幾乎可以肯定是人們傳統上認定的那位作者寫下的。

• 福音書中大部分提供的不是關於耶穌的無聊瑣碎資訊，而是那些在被書寫下來前就已口頭流傳了數十年的故事。這使得我們很難知道耶穌究竟說過什麼、做過什麼和經驗過什麼。學者想出不同方法來解決這些問題，然而，事實是福音書中描述的耶穌（例如〈約翰福音〉中那個由神性存在變成為人的耶穌）所反映的是後來人對耶穌是誰的理解，而不是他真的是誰的歷史紀錄。

- 除此之外，早期基督教中還存在大量的福音書、書信、行傳和啟示文學。有許多都宣稱是使徒所寫。表面上來看，這一宣稱的可信度不會比那些最終進入《新約》的經卷更多或更少。這就產生了以下問題：是誰做決定把哪一卷書納入正典裡面呢？他們做決定的基礎在哪裡？有沒有可能那些不是使徒所寫的經卷反而被那些所知不多的教會領袖接納為正典呢？有沒有可能那些該被收錄的反而被拒絕了呢？

- 基督教正典並不是早期教會唯一的發明。許多神學上的觀點不是在耶穌有生之年產生的，甚至也不是透過他最早的使徒產生的，而是隨著教會成長並被成為一個新的宗教、不再是猶太教的一個教派後才產生出來的。這包含了某些最重要的基督教教義，例如受苦的彌賽亞、基督的神性、三位一體以及天堂與地獄的存在。

因此，就在我把《聖經》當成一本純粹人為的書籍時，我也開始把基督教當成一個純粹人為的宗教。[3] 它並不是從天上降下的，而是在下面、在地上，在耶穌的追隨者之中、在他死後好幾十年甚至好幾百年後被創造出來的。然而不論是哪一樣，都沒有讓我變成不可知論者。

3　參考前一則注解。

歷史與神話

　　讀者也許會認為，一個人一旦瞭解到基督教是人為的創造，就會想要退出基督教信仰、離開教會，並開始在禮拜日早上做些不一樣的事。但對我而言，事情並不是這樣發展的，對很多像我一樣的其他學者而言也不是，他們像我一樣一開始非常地福音派，而後才瞭解到以歷史批判法觀點看待《新約》的說服力，但仍以各種不同的方式維持信仰。我有些深交的朋友在神學院或神學系所教書，他們仍然繼續訓練著基督教的教牧人員，而他們或多或少基本上都同意我在本章中提到的那些內容。他們之中有許多人使用我的《新約》課本做為導讀課的教科書，那本書講解了許多在本書中討論過的觀點。

　　對我而言，當我瞭解到基督教是人為的創造後，我感覺到有種必要去重新審視我之前以為它所宣稱的東西。而我開始想到這些東西一直以來都引起我極大的共鳴，包括我如何看待世界，以及想像我在這世界中的地位。我認為，基督教的訊息，包括那些關於上帝、基督，以及基督以宗教「神話」的形式（或者是一整群神話，也就是一整組故事、觀點和看法，它們既沒被證明也不能被證明，同時也無法被否定）所帶來的救贖等訊息，都可以而且應該要能提醒、指引我的生活與思考。

　　我持續地相信一個字面意義上的上帝，雖然我越來越不懂祂（或者是她或它）關於自己確實說了什麼。同時我也持續相信耶

穌這個人確實存在過。然而我開始相信，圍繞著上帝和耶穌所建立起來的宗教，它的基礎是各種神話，而不是歷史事實。耶穌的死本身不是神話，然而認為他的死會帶來救贖這一概念卻是神話。這沒辦法透過歷史去證明或否證，然而這是一個有力的故事，這個故事可以而且應該有效治理我看待世界和度過我的人生的方式。耶穌的死對我來說是一種犧牲的愛。根據這個神話，耶穌不但自願死去，並且是為了其他人而死。這是高尚並且使人得以高尚的情操。我相信這個自我犧牲的典範使得基督值得受人敬拜，同時我也相信他是值得我效法的典範。並不是因為我可以證明他的自我犧牲是歷史事實，而是因為這個故事能引起我的共鳴。

耶穌的復活不是一個可以被證明或被否認的歷史事件，因為歷史學者工具的本質無法證明奇蹟是否發生過。這是一則關於上帝與世界直截了當的神話敘述。這世界不只是如此，在此世之外還生命會繼續，而人類所做的恐怖行為，諸如將無辜者釘上十字架，不會是故事的結束。邪惡者不會笑到最後，上帝才是。而死亡不是終結。上帝戰勝了一切，包含死亡本身。

對我來說，救贖越來越不是一個我死後會去天堂還是地獄的問題。我瞭解到，這個概念在某些程度上來說也是一種神話。沒有這麼一個永遠折磨人的地方，在那裡上帝（或者是實現上帝旨意的惡魔）會折磨可憐的靈魂三十兆年（而且這還只是開始而已），只因為他在世三十年間犯下的罪。如果上帝真是這樣，那祂究竟是怎樣一個不死的永恆納粹啊？天堂所代表的，是為上帝

所稱義，並且是保證最終我們死後可以在某種意義上與祂重聚。因此我們可以對死亡無所畏懼。而地獄也不是字面意義上那種折磨人的地方，而是人與上帝的異化，這異化使人遠離真正的平靜。

上帝本身對我來說也是一種神話。我當然認為祂存在，然而祂的存在無法被證明也無法被否認。祂是世界上良善、威嚴和奇跡的力量。祂是超越一切的存在，遠遠超過我們所能想像的，當我們望著晚上的星空，看著數十億的星辰和銀河，祂遠遠地高過這一切，是這世界美好與良善的力量。

如果要描述我當時的神學，這可能要花上一本書。我的論點在於我認為歷史批判法對《新約》的研究並沒有摧毀我的信仰：它反而加深了我的信念，並使我可以更深刻精巧地思考和談論上帝、祂的世界、祂的基督與祂的救贖。是的，這樣一種思考世界的方式也是人為的，但哪一種思考**不是**人為的？我們都是人啊！我們當然都會像人那樣思考。沒有人可以用其他方法思考，甚至那些宣稱他們以上帝所顯示的方式思考的人（這些人有的正在看這本書）也一樣是用人的方式思考。他們那樣的概念終究也是一種人類的意見，人們之所以有這樣的意見，是因為前人在這意見被發明後把這意見傳遞了下來。

離開信仰

因此，我之所以離開基督教不是因為這些本來就存在的問

題，不是因為我認為《聖經》是人為的，或基督教是人為的宗教。所有這些都是真的，然而瓦解我對基督教的信仰的卻不是這些。我之所以離開信仰是因為一個完全無關的理由：關於世界受苦的問題。

在我生命中的某段時間，我開始發現這些神話對我不再有意義，不再讓我共鳴，也不再指示我看待世界的方式。我來到一個地方，在那裡，關於人類在世上受苦這個殘酷又有力的現實，讓我再也看不出基督教的核心信仰對我而言如何可以是「真」的（即使是以神話的方式看待它們）。這是另一本書的主題。[4] 在這裡，我只要這樣說就夠了：因為我思考上這個特殊的轉變（而不是因為我對《聖經》歷史批判的觀點），讓我離開了教會。我大部分的朋友都沒有這樣的問題，這所有人在談到對《聖經》和基督教信仰的歷史性理解時，意見幾乎都和我是一樣的。然而對他們而言，這個神話仍然持續運作並與他們發生共鳴。這些朋友在信仰中發現了某種慰藉與力量。他們感謝多個世紀以來基督教的思想家和神學家留下的豐富遺產。他們熱衷於基督教詩歌、儀式和敬拜聚會。他們相信真理遠比你從歷史上所能說出來的更深刻，不論所說的是《聖經》還是基督宗教在一開始四個世紀中的發展，都是如此。

即使是正在打書稿的現在，我還跟兩位親密好友在海灘度

4　參閱 *God's Problem* 一書。

假，他們是我深愛的人，願意為我做任何事，而我也會為他們這樣做。而且，事實上他們兩位都比我聰明，書讀得比我多，思考也比我更明智（不可能每個人在聰明才智上都是超級巨星）。他們對於我在本書中所描述的歷史資訊一點疑問都沒有（事實上也不會）。而且他們對於自稱基督徒一點也不覺得羞愧。問他們是否相信上帝，他們會回答是的。基督是上帝嗎？是的！他是主嗎？是的！信仰和聰明才智與否一點關係都沒有。

歷史批判的神學價值

這是我堅信的觀點。對《聖經》的歷史性理解不必然會導致我現在接受的不可知論。這也許讓很多人感到訝異，不知道那為什麼我還要提起這麼明顯的事實。但我覺得我有必要說，因為還有許多其他人，特別是那些福音派的基督徒，對他們而言這可能還是新的消息。

同時，我還要強調，那些仍留在信仰裡的人不該忽略從歷史進路研究《新約》的神學重要性。事實上，對於歷史批判，學者、教師和他們的學生應該去探索更豐富的神學意義，而不是彷彿這些歷史批判與信仰毫無關係。讓我提供兩個例子，一個很明顯，另一個沒那麼顯著。

比較明顯的例子是個否定的例子：如果歷史批判的發現是正確的，那麼顯然某些神學上的訴求就該被判定為不適合而且方向

錯誤。我想，我們不可能宣稱《聖經》是上帝所啟示、在各個方面都是一致的整體而沒有任何錯誤。這是不可能的！在《聖經》中有太多的分歧、差異和矛盾了，對於同一件事情有太多不同的解讀法，這一多樣性經常彼此互相矛盾。《聖經》不是個整體，而是個多元的集合體。上帝沒有寫下《聖經》，是人寫下了《聖經》。許多作者是被啟示的，是因為我們認為他們寫下的作品可以啟發其他人思考更偉大、更重要的事情，並做出更偉大、更重要的事情，而不是因為上帝以某種方式指導他們寫下他們的作品。

　　比較不顯著的例子則是前一例子的反面，也就是正面的說法。在《聖經》中有許多種觀點，每一觀點都是在特定的歷史和文化情境下寫成的，它們完全受其所處情境所形塑。沒有人可以把任一觀點從它的原始情境中去除，而把它放到其他脈絡中（比如二十一世紀的美國），然後期待它能完全無誤地傳達啟示的訊息。既然《聖經》中關於同一主題的訊息通常為數眾多，讀者便可判斷它們的適切性，並尋找何者可能適合當下的生活情境。某些訊息就是比其他訊息來得適合於某些情境，而讀者不該害怕宣揚那些適合的訊息。[5]

5　我並不是宣稱《聖經》上任一書卷的訊息都是自明的，只要簡單地閱讀就能明白它的意思（也就是透過字面意思就可明白）。文本本身不會告訴我們它的意思。它們必須被解讀，而且它們總是被活著、呼吸著的人解讀，那些人有愛、有恨也有偏見和先入為主的意見，他們有自己的世界觀，有恐懼，有盼望，有

　　我希望所有人都能同意耶穌關於小孩的教導（「讓小孩子到我這裡來」）[6]比起〈詩篇〉137篇（「拿你的嬰孩摔在磐石上的那人便為有福」）是更有用的教訓。同樣地，有些《聖經》上關於女性的教訓遠比其他的好。比如使徒保羅對於女性的態度是他們可以而且應該成為基督徒社群的領袖，事實上，在他的教會團契中，就有不少女性成為教會的組織者、執事或甚至使徒（〈羅馬書〉16章）。這一態度就遠比後來抄寫者在〈哥林多前書〉中插入的那段來得好，那段經文宣稱女性在教會中應該保持安靜（〈哥林多前書〉14章35-36節），也比冒用保羅的名字偽造的〈提摩太前書〉來得好，在那裡女性該保持安靜、順服還要生小孩（〈提摩太前書〉2章11-15節）

　　在討論《聖經》中的哪個部分對現代情境有什麼教訓時，重要的是要記得這樣的歷史觀點，即《聖經》上的作者都生活在與我們不同的世界裡，並且反映了他們所處的那世界的人的預設和信仰。舉一個特別的例子：他們的世界沒有我們所謂的同性戀。換句話說，同性戀並不存在於那個世界裡。怎麼說？並不是因

　　一切讓我們得以為人的事物。所有這些都影響人們如何解讀文本，而這解釋了為什麼聰明人對於同一文本會有那麼極端不同的解讀。但即使如此，如果根據我們前面提到相同的操作方式解讀某些文本，的確可以比起其他文本，讓得到和今天人類處境更相關、更貼切的結果。

6　譯注：出自〈馬太福音〉19章14節、〈馬可福音〉10章14節、〈路加福音〉18章16節。

為男人不會跟男人發生性關係（他們會），或女人不跟女人發生性關係（她們會），而是因為在那個世界裡沒有所謂性傾向的概念，或者說，在西方思想家於十九、二十世紀發展出性傾向這樣的概念之前，沒有任何一個世界有這樣的概念。因此，保羅詆毀同性關係背後的那個預設立場，與現代世界的人們所擁有的、關於他們作為性的存在的那個預設立場是非常不一樣的。你無法拿著保羅關於同性關係的教導，將它們從保羅關於性和性別的預設中抽離，然後移植到一個完全不同的預設立場下。

你在《聖經》看到的所有事物亦然。那些東西是在另一個世界中寫成的，有著不同的情境。關於「耶穌就要回來了」的概念，是建構在我們之上、雲層上方的天空有上帝的居所這樣的概念，而耶穌是到上面去與上帝同在。他帶著肉身上去，也要帶著肉身下來。今天，不會有任何人認為雲層上方是上帝和耶穌的居所。雲層上方是大氣層，大氣層外面是太空，在太空中有數十億顆星星，而那還只是我們的銀河系而已。如果耶穌會回來的概念背後是帶著一個「向上」的假設，那麼要如何在我們世界的宇宙觀中作解釋呢？在我們的世界中，除非把某個時刻你恰好站立的位置考量進去，否則宇宙是沒有上下之分的。要讓耶穌再臨的概念變得有意義，讀者顯然要把它轉化成某種現代的術語才行。或者，用另一個方法來說，讀者必須要「再神話化」耶穌再臨的神話才行，否則你不僅要被迫接受耶穌回來的概念，還要被迫接受其背後所立基的整個宇宙觀。

因此，所有《聖經》上的教訓，不論是關於女性、同性戀、婚外性關係、死刑、戰爭、財富、疾病……等等，總之，所有事情都是如此。

有些人會認為這樣讀經真是個危險的態度，這是挑選你想接受的、然後把其他的丟掉。我認為，所有人事實上都已經在《聖經》中挑選自己想接受的東西了。[7]最嚴重的情況其實就出現在那些宣稱不能挑選的人中間。我有個年輕的朋友，他的福音派父母因為他想要刺青而非常惱怒，因為《聖經》指責刺青的人。在同一本書中（也就是〈利未記〉），經上還指責穿著用兩種纖維編織的衣服和吃豬肉的行為，然後說不遵從父母的小孩要用石頭打死。為什麼要堅持《聖經》上關於刺青的教導，卻不同樣堅持關於穿衣、殺豬和用石頭打死人的教訓？

就我看來，人們應該要用自己的聰明才智判斷《聖經》上說的什麼是正確的、什麼不是。這是我們生活該有的一般方式。我們要能判斷自己所聽、所看到的每件事，不論它是出於受啟示的《聖經》，或是莎士比亞、杜斯妥也夫斯基、喬治艾略特（George Eliot）[8]、甘地、圖圖大主教（Desmond Tutu）[9]，還是達賴喇嘛啟迪人心的著作。

7　即使它們通過重重困難的解讀後仍免不了這樣的偏頗。參考前一則注釋。

8　譯注：十九世紀英國小說家。

9　譯注：南非聖公會主教，諾貝爾和平獎得主，以致力於廢除南非種族隔離政策而聞名。

為什麼還要研讀《聖經》？

在知道我是一位研究《新約》的不可知論者後，我最常被問到的問題是，既然我不再相信它，為什麼我還要繼續研究和教導《新約》呢？

這一問題對我來說從來就沒有什麼道理。《聖經》是西方文明中最重要的一本書，它也是迄今為止最多人購買、最被詳盡研究、最受尊崇，而且最被徹底誤解的一本書，為什麼我會不想要研究它呢？

我有些朋友教導中世紀英文，他們不相信喬叟（Chaucer），[10] 但他們認為喬叟非常重要，因此他們用一生的時間研讀、教導和書寫喬叟。同樣地，我那些教導古典文學的朋友也是如此看待荷馬、索福克里斯、尤里彼底斯（Euripides）、[11] 柏拉圖、亞里斯多德、西尼加、李維（Livy）、[12] 馬提亞和普勞圖斯（Plautus）。[13] 這些人都是重要的作者，他們的作品值得學者奉獻一生來研究，不論學者本人的信仰是什麼都沒有關係。同樣地，我那些研究莎士比亞、鄧約翰（John Donn）、[14] 狄更斯、T. S. 艾略特

---

10 譯注：中世紀文學作品《坎特伯利故事集》（*The Canterbury Tales*）的作者。
11 譯注：和索福克里斯齊名的古希臘劇作家。
12 譯注：羅馬帝國史學家。
13 譯注：古羅馬的劇作家。
14 譯注：十六、十七世紀的英國詩人。

（T.S.Eliot）[15] 等人的朋友也是如此。

對那些奉獻一生研究《聖經》的人也是如此。不同之處在於這個世紀仍有許多人相信《聖經》。我不會瞧不起那些珍惜《聖經》、將它當作被啟示話語的人，但除了虔敬地閱讀《聖經》以外，透過歷史的方法閱讀《聖經》也有其價值。無疑地，透過歷史的方式閱讀《聖經》會顯現出當中的一些短處：各種差異、矛盾、錯誤的宣稱、不可能的論述，或是有害的意識形態。但歷史的解讀可以讓我們對《聖經》的理解揭開更多的遠景和各式各樣的訊息。

更進一步來說，即使像我們這樣不相信《聖經》的人仍然能夠從《聖經》上學到不少東西。這是一本值得閱讀和研究的書籍，它不僅只是信仰上的文本，而是一部包含各種思想、信仰、經驗、活動、愛、恨、偏見或意見的歷史紀錄，這些構成了我們的文明和文化的基礎。《聖經》可以幫助我們思考我們生存最大的問題，為什麼我們在這裡？我們該做什麼？而這世界接下來會變成怎樣？它可以透過當中的範例啟迪我們或是警示我們。它可以催促我們追求真理、反抗壓迫、為正義努力並堅持和平。它可以鼓舞我們盡己所能去過更充實的生活。它可以鼓勵我們更多地為他人而活、而不只是為自己而活。在人類這種族的歷史上，這樣的教訓從來不會過時，對現今生活和思考的我們來說，過去重要的宗教思想家也從不會是和我們毫無無關聯的。

15　譯注：二十世紀美國、英國詩人。

鷹之魂 01

製造聖經：

聖經中不為人知的矛盾（以及為什麼我們看不出來！）

Jesus, Interrupted: Revealing the Hidden Contradictions in the Bible (And Why We Don't Know About Them)

作　　　者	巴特‧葉爾曼 Bart D. Ehrman
譯　　　者	黃恩鄰

副 總 編 輯	成怡夏
責 任 編 輯	成怡夏
行 銷 企 劃	蔡慧華
封 面 設 計	莊謹銘
內 頁 排 版	宸遠彩藝

出　　　版	遠足文化事業股份有限公司 鷹出版
發　　　行	遠足文化事業股份有限公司（讀書共和國出版集團）
	231 新北市新店區民權路 108 之 2 號 9 樓
	電話　02-22181417
	傳真　02-86611891
	客服專線　0800-221029

法 律 顧 問	華洋法律事務所 蘇文生律師
印　　　刷	成陽印刷股份有限公司

初 版 一 刷	2021 年 11 月
初 版 五 刷	2024 年 08 月
定　　　價	520 元
I S B N	9789860682144（平裝）
	9789860682137（ePub）
	9789860682120（PDF）

JESUS, INTERRUPTED: Revealing the Hidden Contradictions in the Bible (And Why We Don't Know About Them) by Bart D. Ehrman
Copyright © 2009 by Bart D. Ehrman
Complex Chinese Translation copyright © 2021
by Gusa Publishing, an imprint of Walkers Cultural Enterprise Ltd.
Published by arrangement with HarperCollins Publishers, USA
through Bardon-Chinese Media Agency
博達著作權代理有限公司

ALL RIGHTS RESERVED

國家圖書館出版品預行編目 (CIP) 資料

製造聖經：聖經中不為人知的矛盾 (以及為什麼我們看不出來!)/ 巴特‧
葉爾曼 (Bart D. Ehrman) 作；黃恩鄰譯 .-- 初版 .-- 新北市：遠足文化事
業股份有限公司鷹出版：遠足文化事業股份有限公司發行, 2021.11
　　面；　公分 .-- (鷹之魂；1)
譯自：Jesus, interrupted : revealing the hidden contradictions in the Bible (and
　　why we don't know about them)
ISBN 978-986-06821-4-4(平裝)
1. 聖經　2. 聖經研究

241.014　　　　　　　　　　　　　　　110017030